Matthias Wittekindt

Vor Gericht

*Ein alter Fall von
Kriminaldirektor a. D.
Manz*

Roman

Kampa

Für den Blick hinter die Verlagskulissen:
www.kampaverlag.ch/newsletter

Alle Rechte vorbehalten
Copyright © 2021 by Kampa Verlag AG, Zürich
www.kampaverlag.ch
Covergestaltung: Lara Flues, Kampa Verlag
Coverillustration: © Emmanuel Polanco
Satz: Tristan Walkhoefer, Leipzig
Gesetzt aus der Stempel Garamond LT / 210180
Druck und Bindung: CPI Books GmbH, Leck
Auch als E-Book erhältlich
ISBN 978 3 311 12537 2

I

Die Recherche

Exkursion auf die andere Seite

Als Manz an diesem Abend das Haus verlässt, steht die Sonne noch zwei Fingerbreit über dem Horizont. Er will zum Ruderclub, die anderen treffen. Vermutlich werden sie grillen, was trinken und sich mal wieder über Wolfgang lustig machen, der seit Wochen damit beschäftigt ist, ihren neuen Vierer mit sieben Schichten Bootslack neu aufzubauen.

»Soll ja halten«, hatte er erklärt, als Theo ihn fragte, warum es so lange dauert.

Ihr neuer Vierer ohne Steuermann wurde 1931 in Dresden gebaut. Sie haben ihn im Mai gegen den alten eingetauscht, denn ihr Steuermann, Robert, ist im April ganz plötzlich gestorben, und keiner der verbliebenen Freunde hat Lust, beim Rudern auf den leeren Sitz im Heck zu starren.

Zwei Mal die Woche rudern sie auf der Elbe. Das Bild, das die vier dabei abgeben, unterscheidet sich nicht von dem anderer aus ihrem Club. Wenn sie in Fahrt sind, ist der Blick gen Heck gerichtet, wenn sie pausieren, geht der Blick meist zur Seite.

So wie gestern Morgen zum Beispiel.

Es ist noch früh. Hinter ihnen, über dem Wasser,

Dunst. Tropfen tropfen von den Ruderblättern, man kann ihre Gesichter gut erkennen.

Ganz vorne im Boot sitzt Wolfgang, der auch die Kommandos gibt. Genau wie Manz stammt er aus Berlin, war dort im Bausenat tätig.

»Von der Ausbildung Stadtplaner und Jurist«, so hatte er sich Manz damals vorgestellt. »Aber reden wir von was anderem.«

Direkt vor Wolfgang, also genau genommen hinter ihm, wenn man vom Bug aus zählt, hat Henning, der Notar, seinen Platz.

»Familiendramen noch und nöcher. Vor allem bei Erbschaften. Na, ihr kennt das.«

Wie so oft, wenn sie pausieren, steht Hennings Mund offen. Sein linkes Augenlid hängt ein wenig.

»Ist schon so, seit ich zwölf bin.«

Dann kommt Theo, der sich bereits Mitte der Achtziger für Elektroautos eingesetzt hat und auch eins fährt. Er zieht die Ruderblätter stets etwas höher aus dem Wasser als die anderen.

Ganz hinten am Heck Manz. Der ehemalige Kommissar war während seiner letzten Berufsjahre Kriminaldirektor in Dresden.

Vier Männer mit vier Berufen. Und alle nicht auf den Mund gefallen. Sie hätten eine Menge zu berichten. Von ihren Aufgaben, die ja für sie alle ihr Leben waren.

Nur tun sie es nicht. Manz darf mal eine kleine Polizeigeschichte, »bitte mit Pointe!«, zum Besten geben, aber sonst ... Nicht zurück. Das ist die Devise.

»Nicht zurück?« Manz hat sich bei seinem Eintritt in

den Club über die Anweisung amüsiert. »Rudern wir denn nicht mit dem Rücken in Fahrtrichtung?«

Über solche Bonmots können Wolfgang und Theo lachen. Henning nicht. Er neigt zur Ernsthaftigkeit und … in letzter Zeit auch zum Zorn.

Gleich wird Manz die drei treffen. Sie werden sich anhören, was Wolfgang über seine Lackschichten zu sagen hat und dabei eine Flasche Bier trinken. *Henning vermutlich zwei*, denkt Manz.

Henning ist vierundsiebzig und somit der älteste. Theo und Wolfgang sind, genau wie Manz, kurz vor Kriegsende zur Welt gekommen. Sie haben im April gemeinsam ihren Dreiundsiebzigsten gefeiert. Noch zusammen mit Robert und natürlich auf dem Gelände des Ruderclubs, der einst dem Betriebssport gedient hat, und …

»… nein! Das ist keiner von diesen neuen, aufgemotzten Clubs. Bei uns sind nur Leute, die gerne rudern und reden!«

»Trinken?«

»Na gut. Rudern, reden und trinken.«

»Was ist mit dem Grill?«

»Unseren Frauen?«

»Gott, seid ihr kleinlich.«

Manz war es während seiner Ausbildung zur Gewohnheit geworden, sich Dinge, die ihm durch den Kopf gehen, vorzusagen, ja, regelrecht zu formulieren, und diese Gedanken, so sie mit seinem Beruf zu tun hatten, möglichst bald aufzuschreiben. Daraus war in seiner aktiven Zeit eine Methodik der wörtlichen Aussage entstanden, die ihn von seinen Kollegen unterschied.

Sicher waren die Marotte mit den ausformulierten Gedanken und sein gut entwickeltes Vorstellungsvermögen bei gleichzeitiger Verpflichtung auf das Faktische mit ein Grund, warum er es beruflich so weit gebracht hatte.

Riecht gut heute, die Elbe.
Der Wind trägt den Geruch zu ihm hinauf, alles scheint wie immer zu sein.

Dann jedoch, er hätte keinen Grund nennen können, verwirft Manz seinen Plan, geht nicht zum Ruderclub, sondern biegt scharf nach rechts ab. Auf die Zizzenbrücke, die hier die Elbe überspannt und Zizzwitz mit einer längst aufgegebenen Enklave aus den sechziger Jahren verbindet.

»Hey! Manz!«

»Christoph.«

»Alles gut?«

»Und bei dir?«

»Wo geht's hin? Wird bald dunkel.«

»Weiß ich noch nicht.«

»Wie weit ist Theo mit seinen Solarpanels?«

»Kommt gut voran, gestern fehlte ihm, glaub ich, ein Kabel.«

»Ich schau mal vorbei, Kabel hab ich genug. Was machst du morgen?«

»Na, was schon? Da bin ich im Ruderclub.«

»Dann sehen wir uns da. Grüß Christine.«

»Mach ich. Grüß Helga.«

Manz geht weiter, und er geht wie immer. Aufrecht. Sicher. Trotz seiner dreiundsiebzig.

Wer sich die Zeit nimmt, wer Manz eine Weile dort oben auf der Brücke beim Gehen betrachtet, sieht sofort, dass seine Muskeln, seine Gelenke, seine Koordination noch gut funktionieren. Man würde ihm sofort abnehmen, dass er, schon aus beruflichen Gründen, auf seine körperliche Verfassung achten musste und sich auch heute noch regelmäßig belastet. Es waren ja immer mal Situationen vorgekommen, wo es Mann gegen Mann ging. Da Manz zudem schlank ist, da sein Blick nicht auf den Boden geht wie bei denen, die bereits Angst haben zu fallen, wirkt er deutlich jünger, als er nach Jahren ist.

Noch jünger, noch eleganter vor allem, würde er wirken, wäre er anders gekleidet. Aber Manz hat ein Faible für dunkelgraue, manchmal auch olivfarbene Cordhosen, die er trägt, bis seine Frau sie unauffällig entsorgt.

»Lass uns doch mal in die Stadt fahren, dir was Schickes besorgen.«

Wie oft hat Christine ihm solche Vorschläge gemacht. Ohne Erfolg. Ein gewisses Maß an Sturheit, ein vielleicht schon zu sehr gefestigtes Selbstbild muss wohl vorausgesetzt werden.

Die Cordhosen kombiniert Manz in der Regel mit karierten Flanellhemden. Darüber trägt er stets eine Lederjacke, deren Taschen ausgebeult sind, da er dort viel verstaut. Schrauben zum Beispiel. Unterlegscheiben. Einen Notizblock. Sein Handy mit dem verkratzten Display, Kronenkorken, für die er keinen Mülleimer gefunden hat und Ähnliches mehr.

»Du bist so schön groß, hast ein markantes Gesicht und ein Kinn wie ein Bagger. Dir würde ein gut geschnittener Anzug viel besser stehen als diese … Vielleicht ein französischer? Etwas Elegantes wäre ein wunderbarer Kontrast.«

»Zu was?«

»Deinem Gesicht. Deinem Kinn.«

»Bitte?«

»Du hast die Figur dafür. Und den Ausdruck. Du guckst doch immer so grimmig.«

»Christine! Ich bin in einem Berliner Keller bei flackerndem Licht zur Welt gekommen, während alles wackelte und Mörtelstaub von den preußischen Kappen auf meine Mutter herabrieselte. Da wird man nicht plötzlich Franzose.«

So ungefähr hat er sich verteidigt. Und da steckt mehr dahinter als einfach nur Sturheit. Manz ist während seines Berufslebens genug alten Verbrechern begegnet, die sich jugendlich oder modisch gaben. Ihm fällt sofort auf, wenn Zähne zu weiß sind, Anzüge zu eng geschnitten oder Haare und Augenbrauen zu dunkel.

»Als Kriminaldirektor musste ich so rumlaufen. In Anzügen und bügelfreien Hemden. Jetzt kann ich sein, wie ich bin.«

»Du kultivierst deine Bodenständigkeit ein bisschen zu sehr, für meinen Geschmack.«

»Will sagen?«

»Irgendwann züchtest du Hasen.«

»Und auf Hasen kommst du …«

»Weil ich gerade an das Buch denken musste, aus

dem du Julia immer vorgelesen hast, als sie klein war. Erinnerst du dich? Unserer Enkelin liest du es auch vor.«

»*Die Häschenschule*.«

»Genau.«

»Weil meine Mutter es mir schon vorgelesen hat.«

»Deine Mutter, ich weiß.«

Manz ist keinesfalls egal, was seine Frau denkt und will. Er ist jederzeit bereit zuzugeben, wie sehr es ihm gefällt, dass Christine sich modisch kleidet. Jedenfalls findet er, dass sie mindestens zwei Klassen besser und eleganter aussieht als die Frauen der anderen Männer im Club. Ja, sie sieht fast so gut aus wie Maria, und die ist acht Jahre jünger. Eins allerdings hat Maria seiner Frau voraus. Sie kann besser rudern, synchronisiert schneller, kommt auch bei hoher Taktung gut mit.

Manz hat die Brücke bereits zur Hälfte überquert, als er, ohne rechten Zusammenhang, an die Fähre denkt. Kaum drei Momente später hält eine Frau neben ihm, steigt von ihrem Rennrad ab.

Manz erschrickt nicht, wundert sich aber ein wenig.

»Maria. Gerade hab ich …«

»Störe ich? Denkst du nach?«

»Nie. Wie geht's Johann?«

»Besser. Der Arzt hat ihn neu eingestellt, und er bekommt jetzt endlich seine Hüfte.«

»Klingt, als wäre dein Mann eine Maschine.«

»Heute nicht im Club?«

»Die werden auch mal ohne mich auskommen.«

»Klar. Und wo willst du hin?«

»Weiß ich noch nicht. Ich habe mich gerade gefragt, wie oft sie fährt.«

Manz zeigt runter aufs Wasser, wo gerade eine Fähre vom linken Flussufer ablegt.

»Die zur Zizzeninsel? Alle zwei Stunden. Jetzt im Sommer lohnt sich das. Wart ihr mal da?«

»Einmal und nie wieder. Christine gefiel es da überhaupt nicht. Sie möchte lieber in die Stadt, wenn sie mal Zeit hat.«

»Ist viel unterwegs, deine Frau. Stört dich das?«

»Warum fragst du?«

»Na ja, wenn man so viel allein machen muss.«

»Ich bin ganz gerne für mich.«

»Ist nett auf der Insel. Hin und wieder spielt eine Band, dann wird getanzt.«

»Christine mag keine Bierbänke, und den Wein fand sie schrecklich.«

»Sagt Johann auch. Außerdem ist es ihm zu weit, mit der Hüfte.«

»Wir könnten ja mal hinfahren.«

»Du und ich?«

»Nicht?«

»Doch. Kannst du denn tanzen?«

»Foxtrott kriege ich noch zusammen.«

»Hm.«

»Dachtest du Tango?«

»Nein, aber … Es kommt ein bisschen plötzlich. Willst du ganz rüber?«

»Wie?«

»Auf die andere Seite.«

»Weiß ich noch nicht.«

»Pass ein bisschen auf. Die Gegend … Du weißt ja, was für Leute da leben. Ich muss los, Johann braucht seine Medikamente.«

»Grüß ihn.«

»Klar …« Sie steigt auf ihr Fahrrad, radelt los. »Getanzt wird immer Freitag und Samstag …«

Manz sieht ihr nach, als sei es ein Abschied auf lange Zeit. Dabei wird er sie und Johann spätestens bei der Einweihung von Theos Solaranlage sehen. *Falls Johann dann wieder krauchen kann. Frag mich sowieso, wie der zu so einer Frau kommt.*

Am Ende der Brücke gibt es eine steile Treppe, die zum Uferweg hinabführt. Die nimmt Manz, registriert, dass es bereits dunkel wird, und geht dennoch weiter. *Alles verwildert, hier macht keiner was.*

Manz dringt immer tiefer in eine Gegend ein, die ihm äußerst fremd vorkommt, ist gezwungen, Abzweigungen zu nehmen, die ihn vom Fluss wegführen. Die Häuser gefallen ihm nicht. Auch der Geruch ist unangenehm, denn es riecht eindeutig nach Teer und schwefeliger Kohle. Er kennt das von früher. An manchen Tagen hat es in Berlin so gerochen. *Hing vom Luftdruck ab und vom Wind.*

Fünf Minuten später entdeckt er hinter den Büschen ein Feuer. Er geht näher ran, achtet darauf, dass er unentdeckt bleibt. Die Brandstelle hat die Größe eines Osterfeuers. Gespeist werden die Flammen von hölzernen Industriepaletten, uralten Briketts und großen Fladen Teerpappe. Jedes Mal, wenn neues Brennmaterial in die Flammen geworfen wird, wehen Funken in Richtung einer vor zwei Jahren geschlossenen Tankstelle.

Um das Feuer herum liegen Männer mit geschorenen Köpfen. Sie wirken matt und zufrieden. Diejenigen, die Brennmaterial holen, bewegen sich, als wären sie an Deck eines Schiffs.

Einen kurzen Moment lang verspürt Manz eine geradezu feurige Lust, sich zu zeigen. Er würde gerne hingehen und die ein bisschen ... *Einfach nur so.* Warum nicht, er hat Feierabend. *Lass!* Der Adrenalinschub, der seinen Körper flutet, muss erst mal niedergekämpft werden. *Lass die in Ruhe, obwohl ...* Drei oder vier würde er sicher schaffen. *Besser nicht, denk an deinen Rücken, du bist nicht mehr vierzig.*

Genau in diesem Moment fällt einer am Feuer um, als hätte ihn ein Schuss getroffen. Bleibt wie tot liegen. Manz hat so was schon gesehen. Männer, die nach einem Schuss in den Kopf stürzen. Er zieht sich zurück, geht weiter, meint zuletzt, er hätte die Orientierung verloren.

Endlich führt ihn ein Weg zurück an die Elbe. Er geht stromaufwärts, lässt das letzte Haus hinter sich und, *ach!*, ein Steg. *Nicht abgesperrt und so lang.* Hat er nach so etwas gesucht? Als Abschluss und Höhepunkt seiner kleinen Reise?

Manz tritt vorsichtig auf die Planken. Wippt. Das Holz federt, *ist sicher alt, pass bloß auf.*

Zuletzt steht er zehn Meter weit draußen über dem Wasser, das träge unter ihm hindurchströmt. Sein Blick geht rüber zum heimischen Ufer. Dort, *weiter links, ich bin ja ein Stück stromaufwärts gegangen,* sucht er, seinen Ruderclub ausfindig zu machen. Bei ihnen hängen doch so viele bunte Lichter, die Theo und Henning mit ihrer großen Leiter jedes Frühjahr installieren. *Gibt immer Streit, wenn sie arbeiten, und machen doch alles zusammen.*

Manz spürt, wie das Blut durch seine Füße strömt, und ein angenehmes, sehr allgemeines Gefühl von Zufriedenheit macht sich in ihm breit. Nur seinen Rücken, den spürt er. Dieses Körpergefühl, das sich manchmal zum Schmerz steigert, ist immer da. *Wenigstens seit drei Jahren, und irgendwann brauche ich auch eine Hüfte oder einen neuen Rücken.* Sein Arzt hat ihm letztes Jahr etwas aus Titan vorgeschlagen.

Es ist Anfang Juni, viele Millionen, wenn nicht noch mehr Blütenstände an Büschen und Bäumen verströmen einen so starken Duft, dass Manz sich ganz betäubt vorkommt. *Besser als auf unserer Seite, mit den ganzen Segel- und Ruderclubs. Riecht da immer nach Teer und Lack.*

Während Manz das ferne Ufer, das letztlich aus nichts als Lichtpunkten besteht, länger betrachtet, fühlt er sich immer einsamer. *Wie verlassen.* Eine Stimmung, die er in vollen Zügen genießt. *Vielleicht bin ich deshalb hierher. Ins Dunkle. Und mit Maria mal auf die Insel zum Tanzen ist doch eine gute Idee, wenn Johanns Hüfte das nicht mehr schafft.*

Manz hat drei längst erwachsene Töchter, zwei leben nicht weit weg in Dresden. *Fünf Enkelkinder!* Das eine oder andere wird regelmäßig bei ihnen abgegeben.

Dazu kommen noch die Freunde aus dem Ruderclub und die vielen Verwandten von Christine.

Nein, er ist weit davon entfernt, einsam zu sein oder sich in irgendeiner Form zu verabschieden. Und doch ist ihm auf einmal, als hätte sich die Welt verändert, als hätte eine Verstellung ins Spezielle stattgefunden, als wäre nicht mehr alles so, wie es war.

Da es außer undeutlichen Schatten und bunten Lichtpunkten letztlich nichts zu sehen gibt, da Manz sich vollkommen auf die, wie ihm scheint, nur geringe Differenz zwischen sich und dem da draußen einlässt, hat er zuletzt das Gefühl, sein Inneres würde sich ausweiten. Ja, es kommt ihm vor, als würde er sich in diese äußere Welt verströmen. Die schweifende, sehr wache Ruhe gefällt ihm. Er hat so was lange nicht mehr verspürt, kennt es aber von früher. Und so hat er auf einmal Lust, etwas zu unternehmen, aufzubrechen, eine Reise zu machen.

Ein Gedanke, ein innerer Alarm.

Was ...?

Schnelle Drehung. Kopf, Hals, Oberkörper. Er hat hinter sich ein Geräusch gehört, und an der Stelle, wo der Steg ans Ufer stößt, *da steht doch jemand.* Manz verwendet in seinen Gedanken das Wort Gestalt. Weil der am anderen Ende des Stegs keine Bewegung macht, nicht zu identifizieren ist.

Manz wartet. Lange. Und ist sich seiner Sache zuletzt nicht mehr sicher. Nachdem er sich davon überzeugt hat, dass keine Gefahr droht, dreht er sich wieder um.

Es war wohl nur eine Verrücktheit seiner überreizten

Wahrnehmung. *Sicher spielt der starke Duft eine Rolle, die sonderbare Gegend, in die ich geraten bin.*

Manz befindet sich in einem leicht ungeregelten Zustand, den er normalerweise durch Tätigkeit aufgelöst hätte. Doch an diesem Abend setzt er sich den so lange vermissten Empfindungen weitere zehn Minuten lang aus. Er verlässt den Steg erst, als er merkt, dass das Gefühl sich abgestumpft hat, dass er dabei ist, es künstlich und willentlich zu verlängern.

Jabłońskis Mappen

Der Brief kommt drei Tage nach seiner abendlichen Wanderung.

Er liegt zwischen zwei anderen in dem Stapel, den Christine ihm nach oben in sein Arbeitszimmer getragen hat. Manz liest die wenigen Zeilen drei Mal.

Zeisig?

Da klingelt nichts. Warum bittet man ihn, in Berlin als Zeuge zu einem Vorgang von 1990 auszusagen?

Manz greift nach seinem Handy und ruft einen Kollegen in Berlin an, der noch aktiv ist.

»Ich möchte mit Jabłoński sprechen ... Manz ... Ja, der bin ich ... Ausgezeichnet, danke der Nachfrage. Jetzt bitte Jabłoński.«

Manz zieht sich Block und Bleistift heran.

»Hallo Jabłoński, hier Manz ... Ja, danke, gut und dir? ... Freut mich ... Ja, das steht, wir fahren nach Norwegen ... Ach, ihr kommt mit, klappt es jetzt doch? ... Na, da wird Christine sich freuen ... Aber sicher ... Aber sicher doch. Jetzt pass auf. Ich habe hier ein Schreiben der Staatsanwaltschaft Berlin. Ich soll in einem Prozess aussagen. Tötungsdelikt zum Nachteil von Regina Zeisig. Sagt mir nichts, keine Ahnung, was das war. ... Ja, weiß ich, dass du das nicht darfst. Du sollst mir ja auch keine Geheimnisse der Staatsanwaltschaft verraten, aber vielleicht guckst du dir meine Protokolle von damals mal an und schreibst mir ein Memo. Nur, dass ich ungefähr ... Genau ... Ich weiß, dass du mir keine Fotos schicken darfst. Mir reicht ein kurzes Memo ... Ja, auch ein ganz kurzes. Also wenn es dir möglich ist, einem alten Freund, der dich selten um etwas bittet ... Wie? ... Ja, aber den Käse hat Christine weggelassen und stattdessen Schmand genommen ... Ich weiß, dass ihr in Polen alles besser könnt, jeder weiß das ... Danke ... Was denn noch? ... Für Norwegen? Na, das Gleiche, was du auch auf der Spree anziehen würdest. Wasserfest, nicht zu dick, nichts was scheuert und einen Pullover extra ... Ich mich auch, wir sehen uns spätestens an der Fähre, grüß Katja.«

Drei Tage später kommen einige Mappen.

Gott, hat der alles fotokopiert?

Die Masse an Material erklärt sich, als Manz zu blättern beginnt. *So viele Fotos!*

Die Schwarz-Weiß-Kopien, die Jabłoński ihm geschickt hat, sind von erstaunlicher Qualität, und als Manz die Aufnahme eines Tellers betrachtet, auf dem die Knochen eines halben Hähnchens liegen, kommt die Geschichte zurück. Nicht langsam. Seine Erinnerungen setzen sich sehr schnell wieder zusammen. *Der hellblaue Teppich. Sehr lange Fasern, sah aus wie in einem Puff.*

Als er Christine am Abend von Jabłońskis Mappen erzählt, kommt es zu einem Missverständnis. Sie meint, er würde eine unschöne Marotte entwickeln, wäre von der Krankheit mancher Rentner befallen, wolle sich aus sentimentalen Gründen mit seinen alten Fällen beschäftigen. Ihr Verdacht ist ärgerlich, hat er doch Kollegen, die so etwas tun, stets bemitleidet.

»Was du immer gleich denkst.« Er sagt das mit einem offenen Lächeln, das seine Falten am Hals schön zur Geltung bringt. »Als ob ich so was täte. Nein, ich muss vor Gericht aussagen. Sie haben Anklage in einer alten Sache erhoben und wollen wissen, was wir damals ermittelt haben. Machen sie immer so. Steht eben nicht alles in den Akten.«

»Eine deiner Ermittlungen in Dresden?«

»Da habe ich ja kaum noch draußen gearbeitet. Nein, aus Berlin.«

»Dann ist das aber lange her. Wann sind wir nach Dresden gezogen?«

»7. Januar 91.«

»Das weißt du noch so genau?«

»Ich habe den Fall damals abgegeben, und das Gericht will nun wissen, was die ersten Ermittlungen ergeben haben. Eins ist komisch. Ich meinte damals ganz sicher, wir hätten den Töter ermittelt. Oder wären wenigstens auf dem richtigen Weg.«

»Was für einen Töter?«

»Täter. Du hörst mir gar nicht richtig zu.«

»Du hast Töter gesagt.«

»Jetzt lass das doch mal mit dem Kleinkram. Jedenfalls steht jetzt jemand ganz anderer vor Gericht. Ich hoffe nur, es wurde seinerzeit niemand verurteilt.«

»Weil der dann unschuldig im Gefängnis gesessen hätte, weil du dich geirrt hast.«

»Kriminalbeamte irren sich nicht. Juristen irren sich.«

»Also bitte!«

»Doch! Ist so. Glaub mir. Es war nie meine Aufgabe, auf jemanden zu zeigen, ich hatte Abläufe zu rekonstruieren, Zeugen zu vernehmen und Beweise zu sammeln, die dann analysiert wurden.«

»So wie in den Filmen.«

»Es geht um einen Vorgang von 1990. Da war es noch nicht so wie in den Filmen, die du dir anguckst.«

»Du guckst die doch auch.«

»Muss das sein?«

»Was?«

»Immer so kleinlich, so …«

»Du schaltest auf RTL, nicht ich.«

»Weil ich müde bin und abends nicht nachdenken will. Ich hab vierzig Jahre gearbeitet.«

Es kommen nicht nur Bilder zurück, sondern auch Ausdrücke. Manz hat in seiner aktiven Zeit nie von »Fällen« gesprochen, immer von »Vorgängen«. Jetzt, als Rentner, spricht er anders. Wenn er seinen Freunden aus dem Ruderclub eine kleine Ermittleranekdote erzählt, redet er von seinen »Fällen«. Er meint, man würde ihn dann besser verstehen.

Lackschichten

Es riecht nach Bootslack. Wolfgang, Theo, Henning und Manz stehen unter der Weide neben dem aufgebockten Vierer. Eigentlich wollte er nur Wolfgang davon erzählen, aber die anderen haben natürlich doch mitgekriegt, dass er nach Berlin fahren wird, um auszusagen.

»Einer deiner alten Fälle?«, fragt Theo.

»Sonst hätten sie mich wohl kaum vorgeladen.«

»Und nun kommt alles wieder hoch«, brummt Wolfgang, der in gebückter Haltung an ihrem Vierer arbeitet. »Die Emotionen, die Zweifel …«

»Ihr stellt euch das viel aufregender vor, als es war. Ich habe während meiner Jahre in Berlin über vierhundert Tötungsdelikte bearbeitet.«

»Das kann ja gar nicht sein.«

Als ehemaliger Notar neigt Henning ein wenig zum Zweifeln und Korrigieren.

»Doch, das stimmt schon, nur … in neunzig Prozent der Fälle steht der Täter neben der Leiche, ist ganz verzweifelt und sagt: ›Das habe ich nicht gewollt.‹«

»Wie viele hast du aufgeklärt?«, hakt Henning nach.

»Fast alle. Bei drei Vorgängen sind wir gescheitert.«

»Wir?«

»Man bearbeitet so was nicht allein. Weißt du, Henning …«

Während Manz weiterspricht, sieht er plötzlich ein Gesicht vor sich.

Vera.

Die Kollegin, mit der er damals zusammengearbeitet hat. Vera ist auf einem der alten Tatortfotos mit drauf, die Jabłoński ihm geschickt hat. *Daher wohl.* Er wischt das weg, spricht über die Zeit seines Wechsels von Berlin nach Dresden.

Dank seiner ruhigen Art sowie der Tatsache, dass er nie mit seiner Methodik oder Ausbildung prahlte, hatten die neuen Kollegen ihn bald akzeptiert. Schon nach einem halben Jahr war er einfach nur Manz gewesen, so, wie er auch in Berlin Manz gewesen war. Er fügte sich so gut ein, als hätte es ihn dort schon immer gegeben, als sei er der Repräsentant eines universalen Typus.

Ein Manz.

Niemand in Dresden hatte noch groß erwähnt, dass er aus dem Westen kam. *Andere schon!* Ein leitender Kriminaldirektor in München hatte ihn mal gefragt: »Sag, hattet ihr drüben bei euch eigentlich freie Hand beim Ermitteln, oder musstet ihr irgendwem Rechenschaft ablegen? Das ist jetzt nicht persönlich oder kritisch gemeint.«

Man hielt ihn in München für jemanden aus dem Osten.

Manz kam weder aus dem Westen noch aus dem Osten, er kam aus Berlin.

»Sag mal, Wolfgang, warum machst du das eigentlich so ungemein gründlich? Sieben Lackschichten! Ich meine, wir sind alle weit über siebzig.«

»Sei nicht albern, Manz, hol dir ein Bier.«

»Im Ernst. Warum so gründlich?«

»Es ist ein uraltes Boot, es verdient etwas Liebe.«

»Bier?«, fragt Henning, der bereits auf dem Weg zum Schuppen ist.

Manz nickt. »Bring gleich zwei.«

»Für mich noch nicht«, befiehlt Wolfgang.

»Doch. Bring zwei Flaschen.«

»Du weißt, ich trinke nicht während der Arbeit.«

»Du machst jetzt mal Pause, Wolfgang. Denk an deinen Rücken.«

»Du hast es mit den Bandscheiben, nicht ich.«

»Du merkst es vielleicht nicht, aber du stehst ganz krumm.«

»Ihr hättet das Boot ja auch höher aufbocken können.«

»Wolltest du nicht, wegen der Zweige der Weide.«

»Wann fährst du nach Berlin?«

»In acht Tagen.«

»Musst dich gut vorbereiten!«, sagt Theo, indem er seine Stimme in der Art verstellt, wie er sich einen Lehrer vorstellt.

»Nur ein bisschen. Der Richter wird mir zwei, drei Fragen stellen. Kommt nicht so drauf an.«

»Erzähl doch mal. Worum geht es?«

»Keine alten Geschichten.«

Henning kehrt mit drei Flaschen Bier zurück. Kling-Klang.

Erst trinken sie, dann geht es wieder um Wolfgangs Schichten, die tief hängenden Äste der Weide und die Installation von Theos elektrovoltaischen Panels.

Nach einer Weile, die anderen bemerken es kaum, setzt Manz sich ab, geht zum Steg.

Die Vorgänge. Natürlich interessiert sie das. Ist ja auch spannender, als Wolfgang beim Schmirgeln zuzusehen.

»Noch ein Bier?«, hört er Henning rufen.

»Danke, nein. Muss gleich los!«

»Deinen Mordfall studieren!«, ruft Wolfgang, ohne seine Arbeit zu unterbrechen.

»Pass du lieber auf, mit deinem Rücken!«

Als Manz das Tor zum Ruderclub hinter sich schließt, hat er Wolfgang und die anderen bereits vergessen.

Mord in der Küche

»Was ist denn damals passiert?«, fragt Christine, als er gerade dabei ist, die Teller aufzudecken. Natürlich hat sie gleich gemerkt, dass er in Gedanken ist an diesem Abend.

»Sag doch mal. Das muss ja was Größeres gewesen sein, wenn die Staatsanwaltschaft nach so vielen Jahren noch Anklage erhebt.«

»Das war nichts Großes. Eine Frau. Schon älter. Und das war alles längst raus aus meinem Kopf. Komplette Leere. Du verstehst?«

Ein Blick von ihr. Ein spezieller.

»Als wäre es nie geschehen«, fügt er hinzu.

»Und was ist nie geschehen?«

»Sie wurde im Dezember 90 in ihrer Wohnung erwürgt. Eigentlich eher erstickt. Eine extrem brutale
Tötung. Regina Zeisig hieß sie. Zweiundsechzig. Salmbacher Straße, unten in Buckow.«

»Das weißt du noch?«

»Steht in den Akten, die Jabłoński mir geschickt hat.«

»Ach! Hat er was wegen Norwegen gesagt?«

»Ja. Es klappt jetzt doch, er kommt mit. Katja auch.«

»Damit rückst du erst jetzt raus? Und hör bitte auf,
ihn Jabłoński zu nennen. Du bist nicht mehr sein Vor-
gesetzter.«

»Vermutlich ging es um Geld. Man hat den Fall damals offenbar doch nicht aufgeklärt. Falsche Präferen-
zen. Zu wenig Zeit. Ich dachte … Komisch, oder?«

»Wie du redest.«

»Ich hätte mich nie mehr im Leben an diesen Vorgang
erinnert. Und doch ist alles noch da. Weißt du, was das
Komische daran ist?«

Er wirkt so wach, so engagiert, dass Christine lächeln
muss. Sie kann nicht wissen, dass dieses *Komische* für
Manz gar nicht komisch ist. Er weiß es ja selbst nicht, ist
nur ein wenig irritiert, weil er merkt, wie tief er schon
drin ist, im Alten.

»Und jetzt haben sie den Täter?«

»Ein Erfolg der Forensik. Ich schätze, sie haben unsere alten Spuren ausgewertet.«

»Unsere? Hast du den Fall damals mit Vera bearbeitet?«

»Du erinnerst dich an ihren Namen?«

»DNA?«

Manz nickt.

»Und hattet ihr den, der jetzt vor Gericht steht, in Verdacht?«

»Eigentlich nicht. Vera und ich haben den Vorgang damals nur gut zwei Wochen bearbeitet und den, der jetzt angeklagt ist, auch ermittelt und vernommen. Aber dass er es gewesen wäre? Dann wurde ich versetzt. Keine Ahnung, wie das damals in Berlin weitergegangen ist. Ich jedenfalls hatte ihn eigentlich nicht in Verdacht. Vera auch nicht. Er hatte ein Alibi, und wir waren zu offensichtlich und zu oft auf ihn hingewiesen worden. Von Zeugen, die viel gelogen haben. Wenn ich mich richtig erinnere, hatten Vera und ich damals das Gefühl, wir hätten gleich fünf Leute verhaften können.«

»Sie wurde von fünf Leuten erwürgt?«

»Das ist nicht komisch, Christine. Die Tötung war extrem qualvoll für das Opfer. Andererseits … Wenn sie nicht tot gewesen wäre, hätte man Frau Zeisig gleich mit anklagen können. Misshandlung Anbefohlener und einiges mehr.«

»Aber bei einer DNA-Analyse ist ja jetzt alles eindeutig.«

»Hm … Waren wohl auf der falschen Spur. Aber wir standen ja auch noch ganz am Anfang.«

Für den damals fünfundvierzigjährigen Ermittler Manz war die Ermordung von Regina Zeisig kaum mehr als Routine. Jetzt ist das, so jedenfalls kommt es ihm vor, etwas anderes. *Weil ich meine alten Sachen lese, das wird es sein.* Dabei war er sich doch ganz sicher, mit

28

seinem Beruf abgeschlossen zu haben, als er in Rente ging. Mit sechsundsechzig statt mit siebenundsechzig, ein Angebot. Und Berlin lag da bereits gut zwanzig Jahre hinter ihm.

Man hatte bei der Gelegenheit gleich seine ganze Abteilung aufgelöst. Kriminalisten wie ihn, »weil man Ihre Fähigkeit schätzt, sich in Vorgänge einzufühlen«, brauchte man nicht mehr, setzte eher auf die Forensiker oder ließ, falls die nichts Verwertbares fanden, Profiler kommen. Manz war ganz bestimmt kein Profiler gewesen, er hatte seinen Beruf Mitte der Sechziger gelernt.

»Oldschool«, so hatte es der leitende Kriminaldirektor aus München formuliert und ihn vermutlich noch am Tag seines Abschieds für einen aus dem Osten gehalten.

Weil er freiwillig ein Jahr früher ging, hatte Manz 2011 eine gute Abfindung erhalten. So waren Christine und er noch im Jahr seiner Pensionierung aus Dresden weggezogen. *Aber nicht zu weit*, denn zwei ihrer Töchter leben dort. Nur eben raus aus der Stadt. Hierher, an die Elbe, zehn Kilometer flussaufwärts, nach Zizzwitz.

Christine und er fahren auch heute noch regelmäßig nach Tschechien, mieten sich übers Wochenende in einer Pension ein und erkunden mit langen Spaziergängen und guten Wanderschuhen das Elbsandsteingebirge. *Wir sind ja beide noch fit.* Und was für ein Glück er hatte, als er durch Zufall drüben an der alten Tankstelle Wolfgang kennenlernte. *Kurz nach dem Umzug war das. Fing gleich an, mit seinem Ruderclub.*

»Du hast kräftige Arme«, hatte Wolfgang bereits bei ihrem zweiten Treffen gesagt. »Schon mal gerudert?«

Bald war Manz regelmäßig auf dem Wasser gewesen. Kein einziges Mal hatte er von seinen alten Vorgängen geträumt, es gab auch keine beunruhigenden Bilder in seinem Kopf.

Zwei Wochen später hatten sie ihn in ihren Ruderclub aufgenommen. Unkompliziert und so rasch, als hätten sie auf ihn gewartet. Manz hatte sich auch dort gut eingefügt und bald festgestellt, dass die Tatsache, dass sie im gleichen Alter waren, mehr wog als die Frage, ob einer von ihnen aus dem Osten oder Westen kam. *Außer vielleicht Henning, der denkt noch so und behauptet immer das Gegenteil.*

All das geht Manz durch den Kopf, während Christine den Aufschnitt aus dem Kühlschrank holt und alles auf einem Brett arrangiert. Sie hat ihn in Ruhe gelassen. Weiß sie, was mit ihm los ist? *Natürlich.*

»Kommst du?«

»Bin bereit.«

»Ach, die Teekanne …«

»Bleib sitzen.«

Manz nimmt das Sieb raus, trägt die Teekanne zum Tisch und stellt sie auf dem Meißner Stövchen mit den drei Elbfischern ab, das ihre Älteste ihnen zu Weihnachten geschenkt hat.

»Denkst du noch dran?«

»Ich wünschte, ich wäre das los.«

»Und was geht dir gerade durch den Kopf?«

»Hähnchenknochen.«

»Ach ja? Spielten die in eurem … Vorgang eine Rolle?«

»Gott, haben wir über diese blöden Knochen oft geredet.«

»Vera und du.«

»Ja. Und natürlich Grossmann von der Spurensicherung. Für den waren diese Knochen ein gefundenes Fressen.«

»Lebt Grossmann noch?«

»Keine Ahnung, warum fragst du?«

»Weil er immer gehustet hat.«

»Gehustet? Ich glaube, da verwechselst du was.«

Manz zieht die Butter zu sich heran und beginnt, sich ein Brot zu schmieren. Christine hört auf, Fragen zu stellen, schlägt ihr GEO SPECIAL auf und liest, wie so oft in letzter Zeit, einen Reisebericht. Manz bestreicht sich unterdessen sein Brot dick mit Mettwurst.

Jemand hatte in der Wohnung der Toten ein halbes Hähnchen gegessen. Mit Pommes Frites und Mayonnaise. Getrunken hatte er offenbar nichts. *Warum eigentlich nicht, Hähnchen ist doch salzig?* Nur das Opfer hatte getrunken. *Fruchtsaft, aber das war nicht der Anfang. Begonnen hat es draußen. Auf dem Grundstück. Der Plattenweg, das Laub auf den Platten, darum ging es. Anfangs ist das keinem aufgefallen. Außer natürlich Jabłoński.*

»Hör dir das an. Da sind zwei mit einem Zelt ins Death Valley gefahren. Jetzt schreiben sie, es sei teilweise unerträglich heiß gewesen im Zelt und teilweise sehr kalt. Und so ein GEO *Special* kostet zehn Euro. Ist das nicht frech?«

»Absolut!«

»Sag, wollen wir nicht im Herbst auch noch mal weg? Richtig weit weg. Nicht ins Death Valley, sondern irgendwohin, wo es kühl ist, luftig, wo wir uns nicht im Traum vorstellen können, wie es da aussieht und wie die Leute da leben.«

»Machen wir …«

»Hörst du mir zu?«

»Klar.«

Es hatte noch nicht zu regnen begonnen, als er in Buckow ankam, aber er hatte den Regen bereits gerochen. Die Bilder von damals lösen sich auf, sein Blick ist auf die Mettwurst gerichtet. *Wie lange schon?*

»Kommst du mit ins Bett oder willst du noch an deinem Vorgang arbeiten?«

»Heute nicht mehr. Hast du im Programm nachgesehen, was läuft?«

»Viele Krimis.«

»Und sonst?«

»Eine Dokumentation über Tibet?«

»Tibet klingt gut.«

Jabłoński und die alte Zeit

»Es war so still.«

Das sagte Günther Zeisig am Dienstag, den 18. Dezember 1990, noch vor dem Haus seiner Mutter. Manz hatte den Zeugen an diesem Tag nur kurz gesehen. Und nur dieser eine Satz war gefallen. Dann waren sie unterbrochen worden, und der Zeuge war verschwunden. Das erste einer ganzen Reihe von Missverständnissen. Günther Zeisig, damals neununddreißig, hatte seine Mutter tot in ihrem Schlafzimmer aufgefunden und die Polizei angerufen. Mehr wusste Manz zu diesem Zeitpunkt noch nicht.

»Ahorn!« Die Erinnerung wird sofort genau. *Zwei Bäume. Rechts vom Plattenweg, der auf das Haus zuführt. Zeisig hatte über die Blätter gesprochen, das meinte er mit »Stille«.*

Manz hat nicht laut gesprochen. Nicht den ganzen Satz. Nur die Worte »Ahorn« und »Stille«.

Er sitzt oben im Arbeitszimmer. Am Schreibtisch. Wo er normalerweise die Abrechnungen für den Ruderclub erledigt und kontrolliert, ob alle ihre Mitgliedsbeiträge bezahlt haben.

Christine hat das Haus direkt nach dem Frühstück verlassen. Eine familiäre Tragödie. Die mit einem Anruf begonnen hatte, als er gerade den Kaffee auf den Tisch stellte. Seine Frau war sofort nach Dresden gefahren. Eine Stunde später rief sie ihn kurz an und sagte, dass sie sicher noch zwei oder drei Tage bei der jüngsten ihrer drei Töchter bleiben würde.

»Julia braucht jetzt jemanden.«

»Soll ich kommen?«

»Besser nicht.«

Offenbar hatte seine Tochter ihren Mann rausgeschmissen.

»Nur bis sie sich beide beruhigt haben, es geht um eine Frau aus seinem Büro«, hatte Christine ihm am Telefon erklärt. Was Manz wahnsinnig ärgerte. Julias Tochter Emma ist sein Lieblingsenkelkind, und er ist der Meinung, wer ein Kind hat, der habe nicht das Recht und so weiter.

Manz steht auf, denn auf seinem Schreibtisch wird es eng. Also räumt er die Sachen des Ruderclubs ins Regal und breitet die Papiere aus, die Jabłoński ihm geschickt hat. Dann setzt er sich. Wobei er seine Hosenbeine ein Stück hochzieht, so, wie er es auch früher immer gemacht hat. Er schaltet seine alte Schreibtischlampe an. Die durfte er mitnehmen. Damals. Als er aufgehört hat.

Doch die alte Lampe nützt nichts. Manz hat Schwierigkeiten, wieder reinzukommen in den Vorgang Regina Zeisig.

Rausgeschmissen, warum? Hat er sich verknallt? In wen? Eine aus seinem Büro? Weil er mit der mehr Zeit verbringt als mit Julia? Weil sie die gleichen Probleme haben, die gleichen kleinen Siege feiern? Jämmerlich.

Entschlossen setzt er seine Brille auf, drückt den Bügel mit dem Zeigefinger fest auf den Nasenrücken und beugt sich über seine Papiere.

Drei dicke Ordner. Einer davon mit erstklassigen, nummeriert zugeordneten Fotokopien der Aufnahmen von damals. *Der verrückte Jabłoński. Bin gespannt, wie viele Koffer er in Norwegen dabeihat.* Den Ordner mit den kopierten Fotografien legt er rechts ab. Vernehmungsprotokolle und anderes Schriftliches links. So hat er es immer gemacht: Fotos rechts, Schriftliches links. Nur hat er damals für gewöhnlich nicht mit solchen Mengen an Fotos gearbeitet. Die Erinnerung an ein noch junges Gesicht wird genauer, die Formulierung bleibt die gleiche. *Der verrückte Jabłoński.* So haben Vera und er ihn genannt. Und Jabłoński war wirklich jung. *Einundzwanzig oder zweiundzwanzig. Gewissenhaft.* Er war Ende 1990 aus Ostberlin zu ihnen gestoßen.

»Dokumentation.«

Mehr hatte Jabłoński nicht erklärt, als er sich vorstellte. Einige Kollegen in der Karl-Marx-Straße meinten damals, Jabłoński wäre von der Stasi gekommen. Wie so oft schickten sie Manz vor. Weil er sich, wie sie glaubten, mit Kriminaldirektor Behrens so gut verstand. Was aber vor allem daran lag, dass die Frau von Behrens mit Christine befreundet war. Sie hatten ein paar gemeinsame Städtereisen gemacht.

»Sag mal, stellen wir eigentlich Leute von der Stasi ein?«

Behrens hatte gelacht.

»Wegen Jabłoński?«

»Er sagt nicht viel.«

»Das ist doch Unsinn, Manz! Jabłoński ist Berufsanfänger, der kann nicht bei der Stasi gewesen sein. Also regt euch ab. Früher oder später werden noch mehr Kollegen von drüben zu uns stoßen. Vielleicht schicken wir auch selbst welche rüber. Die Behörden müssen zusammenwachsen.«

»Es sei denn, die werden zu einem Staat in Föderation.«

»Das sind doch Luftschlösser. Christine und du, ihr wart ja oft drüben, du weißt, wie vergammelt da alles ist. Ohne uns kommen die niemals auf die Beine. Die werden sich schon einfügen müssen, die Kungelei mit den Russen ist vorbei.«

»Aber Jabłoński ist kein Ermittler, oder?«

»Dokumentation.«

»Du meinst Tatortfotograf?«

»Dokumentation, steht in seiner Dienstakte.«

»Die hatten andere Bezeichnungen, verstehe.«

Vermutlich wusste Behrens auch nicht mehr, hatte schlicht Anweisung erhalten, Jabłoński irgendwie in ein Team einzugliedern. Er hatte ihn Vera und ihm zugeordnet und Manz ein paar Tage später noch mal gefragt, ob ihm Dresden gefalle.

»Du hast mir doch mal erzählt, deine Frau hätte dort Verwandte.«

»Christine hat das deiner Frau erzählt, das meinst du.«

»Ist doch egal. Gefällt dir Dresden?«

Das war das erste Vorzeichen der neuen Zeit gewesen. Des Wechsels von Berlin nach Dresden. Der zweiten Hälfte seines Berufslebens.

Graustufen, aber nicht zu viele. Dank der guten Kontraste wirkt die Aufnahme beinahe plastisch. *Perfekt abgelichtet. Wie alles, was Jabłoński damals ins Visier nahm.*

Das Haus von Regina Zeisig war eins von denen, die man Anfang der fünfziger Jahre gebaut hatte. *Zwei Geschosse mit grauem Rauputz beschlagen.* Der Garten hatte über zweitausend Quadratmeter und war damit deutlich größer als die anderen in der Siedlung. Der Mann von Regina Zeisig hatte, wie Manz später erfuhr, vorgehabt, ein zweites Haus davorzusetzen, um es zu verkaufen. Doch das war nie passiert. So lag das Gebäude fünfzig Meter weiter zurück als die auf den Nachbargrundstücken. Manz muss lächeln, als er die Fotos durchgeht. Der verrückte Jabłoński hat damals wirklich alles fotografiert.

Kahl, lieblos. Zur Straße hin ein drei Meter breiter Streifen aus Holundergesträuch. Wirkt eher spätherbstlich als winterlich. Kein Schnee. Davon abgesehen sah der karge Garten aus, als würde er noch immer auf das zu bauende zweite Haus warten.

Wie Manz bald erfahren hatte, hing der Mann von Regina Zeisig weder an Haus und Grundstück, noch an seiner Frau oder den Kindern, denn er verschwand 1954. *Angeblich in die Schweiz.*

»Na, abgehauen ist er! Und euch hat er mir gelassen.«

Mit diesen Worten hatte Regina Zeisig es ihren Söhnen erklärt. Jedenfalls hatten sie das damals ausgesagt.

Manz erzeugt ein Bild von Regina Zeisig, platziert sie in einem Interieur aus den fünfziger Jahren. Er sieht auch die beiden kleinen Jungen. In seiner Vorstellung tragen sie kurze Lederhosen.

»Traurig war unsere Mutter nicht, als er weg war«, hatte Thomas Zeisig bei der Vernehmung zu Protokoll gegeben. »Es wurde nie über ihn gesprochen, also über unseren Vater. Wir hatten zu gehorchen.«

Für Regina Zeisig war das mit dem verschwundenen Ehemann der erste einer ganzen Reihe von Glücksfällen. Sie traf noch einige Männer, was stets auf das Gleiche hinauslief.

»Unsere Mutter hat immer die Richtigen kennengelernt, daher kommt ja das viele Geld.«

Der jüngere Bruder von Thomas Zeisig, Günther,
hatte etwas Ähnliches ausgesagt und hinzugefügt:
»Thomas und ich waren für sie ein Problem, wir mussten immer alles hundertprozentig machen. Wir durften
nicht stören, sonst gab's was mit der Latte.«

Als Manz später nachgefragt hatte, wie viele Männer
es denn genau waren, wichen die Aussagen der Brüder
voneinander ab.

Manz hatte Günther Zeisig gegenüber damals eine Bemerkung gemacht, sie war ihm förmlich rausgerutscht.
»Man könnte fast meinen, Sie seien bei Ihrer Kindheit
gar nicht anwesend gewesen.«

Günther Zeisig hatte diese Bemerkung mit einem
Senken des Kopfes quittiert.

Manz wusste zu diesem Zeitpunkt bereits, wie die
Brüder tickten. Vor allem über Thomas Zeisig hatte er
sich eine Meinung gebildet. In Manz' Augen war jeder
zweite Satz von ihm eine Lüge.

Ein monotones Geräusch, Manz nimmt es erst jetzt
wahr. Wolfgang mäht seinen Rasen. *Könntest du auch
machen, würde Christine sich freuen.*

Er setzt seine Brille ab, trinkt ein paar Schlucke Tee,
blickt aus dem Fenster. Sein Schreibtisch steht vor einer
der beiden Dachgauben, er muss also nur den Kopf he-
ben, um die real existierende Welt zu sehen. Die Elbe
fließt träge. Oben dunkle, abendliche Wolken. Darunter
ein feiner Dunst. *Vielleicht ein Gewitter, hat ja schon*

*heute Morgen so gerochen. Gott, die Polster der Garten-
stühle! Ach nee, hab ich ja reingeholt.* Manz hebt seinen
Kopf noch ein wenig mehr, wobei seine Lider sich etwas
senken. Das Grau seiner Augen … Er blickt jetzt in eine
nicht zu bestimmende, grau getönte Weite jenseits der
Elbe. Die Genauigkeit, mit der dieses und jenes zurückkehrt, die ist … *Ja, was denn? Erschreckend? Erstaun-
lich? Betörend?* Schwer zu sagen, wie bei jedem Gemisch.
Jedenfalls senkt sich sein Unterkiefer nach einer Weile.

Als sie angefunkt wurden, waren Jabłoński und er
eigentlich auf dem Weg zum Britzer Garten gewesen.
Dort hatte man eine junge Frau in der Nähe der Liebesinsel aus dem Hauptsee gezogen. Er erinnert sich gut an
diesen Moment, denn im Winter 1990/91 hatte sich sein
Leben radikal verändert. *Es gibt Jahre, die weghuschen,
und es gibt welche …* 1990 war so eins. *Für mich und …*
Noch mehr für Christine.

*Wir sprachen ja oft über Dresden, seit den Andeutun-
gen und Fragen von Behrens.* Die Erinnerung an einen
genau zu bestimmenden Moment kehrt zurück. *Ich
habe an Christine gedacht und an Dresden, als ich nach
Buckow zum Haus von der Zeisig umdirigiert wurde.*

Nach dem Fall der Berliner Mauer war plötzlich vieles anders gewesen. Jedenfalls für jemanden, der nicht
gerade ganz weit im Westen lebte. Christine war schon
nach ein paar Tagen zu ihren Verwandten nach Dresden
gefahren.

Und ich?

Er hatte angenommen, viele aus dem Osten würden in den Westen gehen, so wie ja auch der verrückte

Jabłoński zu ihnen nach Neukölln in die Karl-Marx-Straße gekommen war. Niemals wäre er darauf gekommen, dass auch welche aus dem Westen in den Osten versetzt würden. Er selbst schon gar nicht.

Christine war, als er den Vorgang Zeisig am Morgen des 18. Dezember 1990 übernahm, sehr aufgeregt gewesen. *Positiv aufgeregt!* Weil sie am Abend vorher mit ihrer Schwester in Dresden telefoniert hatte. Dort hatte sich der Teil ihrer Familie, der nach dem Bau der Mauer im Osten verblieben war, zusammengetan, und die wollten nun unbedingt, dass sie bald kamen.

»Hättest du doch niemals gedacht, dass du da die zweite Hälfte deines Lebens verbringen würdest!«

Hat er eben laut gesprochen?

Noch weniger hätte Manz gedacht, dass die Beschäftigung mit einem alten Vorgang so viele und vor allem so genaue Erinnerungen zurückbringen würde. Wusste er nicht sogar, was seine Frau vor achtundzwanzig Jahren gesagt hatte, und in welchem Tonfall?

»Du musst mir heute Abend den Koffer aus dem Keller holen, und übrigens, die Dresdner haben schon drei Wohnungen für uns gefunden. Altbau. Es gibt da noch welche. Die haben zwischen 120 und 140 Quadratmeter, das heißt, Julia bekommt endlich ein eigenes Zimmer. Und wenn ich dir jetzt sage, was wir an Miete bezahlen sollen! Also denk bitte dran. Der Koffer steht ganz hinten, weil wir doch die alte Küche davorgestellt haben. Da komme ich nicht ran. Das nächste Mal musst du wieder mitkommen, die Dresdner haben alle nach dir gefragt.«

Manz wusste, was die Treffen mit ihrer Dresdner Verwandtschaft für seine Frau bedeuteten. *Die Dresdner.* Christine und die Dresdner hatten all die Jahre Kontakt gehalten. *Wie oft waren wir unten? Dreißig Mal? Fünfunddreißig Mal? Eigentlich jedes Jahr.*

All diese Gedanken kommen ihm, während er noch immer aus seiner Gaube Richtung Elbe blickt. Dabei hatte er doch nur überlegt, was für ein Tag der 18. Dezember 1990 war. Der Tag, an dem sie ihn und Jabłoński in die Salmbacher Straße in Buckow umdirigiert hatten.

Manz war nicht der Erste vor Ort gewesen, denn ehe man einen wie ihn irgendwo hinbeorderte, waren in der Regel andere da.

Der erste Einsatzwagen hatte das Grundstück bereits zehn Minuten nach Günther Zeisigs Anruf erreicht, der zweite kam drei Minuten später. Einer der Polizeibeamten hatte das Grundstück gesichert, was nichts anderes hieß, als dass er an der Gartenpforte stand. Sein Kollege hatte sich um den Zeugen gekümmert und ihn gebeten, in einem der Einsatzfahrzeuge zu warten.

Die beiden Männer aus dem ersten Wagen waren zu diesem Zeitpunkt bereits im Haus, um nachzusehen, ob es einen Grund gab, etwas in die Wege zu leiten. Keiner der vier hatte Günther Zeisig weiterreichende Fragen gestellt. Was der Vorschrift entsprach. Sie sollten eventuellen Ermittlungen und Befragungen nicht vorgreifen. So hatte man nur das Nötigste ausgetauscht und sich erkundigt, ob es dem Zeugen gut ginge. Günther Zeisig hatte genickt. Er schien nicht das Bedürfnis zu haben, mit jemandem zu sprechen.

Nachdem die beiden Beamten die Tote im Haus kurz inspiziert hatten, ihre Liegesituation, ihren Zustand, riefen sie die Direktion in der Karl-Marx-Straße an.

»Leichenfund in der Salmbacher Straße. Ältere Frau. Könnte eine natürliche Ursache haben, aber es wäre wohl besser, wenn jemand von der Mordkommission käme.«

Dieser Anruf in der Karl-Marx-Straße sorgte später für Verwirrung, denn Manz war zu diesem Zeitpunkt bereits unterwegs in die Salmbacher Straße. Man hatte ihn von Kreuzberg aus informiert.

Manz und Jabłoński betraten das Grundstück um 17 Uhr 30, und Jabłoński hatte sofort angefangen zu fotografieren. Manz ließ ihn gewähren, er wusste immer noch nicht, was genau dieser junge Mann eigentlich tat und warum er ihm zugeordnet worden war.

»Dein Zeuge sitzt im ersten Wagen.«

Manz hatte dem Kollegen in Grün zugenickt, ging jedoch erst mal ins Haus. Bereits in der Diele nahm er einen starken Verwesungsgeruch wahr. Der Polizeibeamte, der beim Haus geblieben war, stand in der geöffneten Eingangstür. »Die liegt da sicher schon ein paar Tage. Vielleicht sollten wir die Heizung ausstellen.«

»Kein natürlicher Tod?«

»Weiß ich nicht.«

»Ihr habt doch veranlasst, dass jemand kommt.«

»Weil ihre Bluse aufgeknöpft ist. Und weil hier dieser

Stuhl steht, mit einem Schuhabdruck auf dem Polster. Möglicherweise wurden Schränke durchsucht.«

Stuhl mit Schuhabdruck. Eine der Spuren, die später die Spurensicherung beschäftigt hatten. Manz registrierte den Stuhl, auf den der Polizeibeamte ihn so ausdrücklich hingewiesen hatte, nur im Vorbeigehen. Er wollte erst mal ins Schlafzimmer, um einen Blick auf die Tote zu werfen. Bevor er den Raum betrat, nahm er ein ordentlich gefaltetes Stofftaschentuch aus der Innentasche seiner Lederjacke, bedeckte damit Nase und Mund.

Damals wie jetzt

Manz betrachtet die Schwarz-Weiß-Kopie von Jabłońskis Aufnahme und erinnert sich: *Vor dem Bett. Auf dem Rücken. Bodenbelag aus langen hellblauen Fasern, Mund und Augen weit geöffnet, ihr Gesicht so ausgetrocknet, dass alle Konturen ... Geiergesicht. Klar, dass sie seit Tagen tot ist.*

Das geht ihm zu schnell. Manz steht auf und holt einen Schreibblock. Der liegt im selben Regal, in dem er eben die Unterlagen des Ruderclubs abgelegt hat. Er muss erst nach einem funktionierenden Kugelschreiber suchen. Als er einen gefunden hat, legt er den Block auf seinen Schreibtisch, zieht die Hosenbeine ein Stück hoch, holt sich die Lampe ein bisschen ran, setzt sich wieder, holt die Bilder zurück und beginnt zu schreiben.

Abgesehen von der aufgeknöpften Bluse deutet bei erster Inaugenscheinnahme nichts darauf hin, dass ihr Tod gewaltsam herbeigeführt wurde. Die Tote liegt auf dem Rücken, ihr rechter Arm ist leicht abgewinkelt, der linke liegt quer über ihrem Oberkörper. Der Kopf der Toten ist etwas nach rechts Richtung Fußende des Betts gedreht, ihr Mund weit offen. Ihre Augen trüb.

Manz hat das Wort für Wort aufgeschrieben. Dann aufgehört.

Was schreibe ich da? Und warum mit der Hand? Ich benutze doch seit Jahren nur noch den Laptop.

Während die rechte Hand schreibt, stützt er sich mit der linken auf dem Oberschenkel ab. So hat er es immer gemacht. Mit leicht verdrehtem Oberkörper.

Er betrachtet eine von Jabłońskis Aufnahmen, die ausschließlich das Gesicht der Toten zeigen. *Der Mund, die Nase, die Wangen, ihre Augen, ihr etwas durcheinandergeratenes Haar.* Für Manz hat die Aufnahme des Gesichts einer Toten nichts Erschreckendes. *Liegt an der Schärfe, der guten Ausleuchtung*, die dazu verleitet das Gesicht der Toten ohne Empfinden oder Bedauern zu betrachten.

Er schreibt zügig. Es sieht etwas ungelenk aus, aber prinzipiell ist die Schrift noch da.

Aufschreiben.

Er war dafür bekannt gewesen, dass er in der Stunde vor Dienstschluss und auch zwischendurch stets alles aufschrieb, was er erfahren oder gedacht hatte. Auch Dinge, die erst mal unwichtig waren. Und nicht nur in

Stichworten, möglichst in Sätzen. So hatte er es auch den Jungen beigebracht. Später in Dresden, als er nicht mehr draußen eingesetzt wurde.

»Aufschreiben. Und bitte in Sätzen.«

»Oldschool«, hatte der leitende Kriminaldirektor aus München gesagt. Und natürlich lag er richtig damit. *Das mit dem Aufschreiben, nicht in Stichworten, sondern in Sätzen, das war schon very oldschool. Vermutlich hat man zuletzt zu Zeiten von Kaiser Wilhelm so gearbeitet.* Manz hatte darüber noch nie richtig nachgedacht.

Das mit den ganzen Sätzen gehörte damals zu den unabänderlichen Eigenheiten von Manz. Manchmal beschäftigte er sich auch mit einzelnen Worten. Nahm sich die Zeit, nach anderen, passenderen zu suchen. Er hatte sich sogar ein spezielles Wörterbuch gekauft, in dem die Herkunft von Worten geklärt wurde. Dass ihm so etwas Spaß machte, lag … *an meiner Mutter natürlich.* Die hatte ihm nicht nur aus Kinderbüchern allerlei gleichnishafte Tiergeschichten vorgelesen, sie hatten auch Silbenrätsel gelöst. So war das wohl entstanden, sein Interesse an Sätzen und Worten.

Nur, was soll ihm das hier nützen? Wird man ihm vor Gericht überhaupt Fragen stellen, die die Auffindesituation betreffen?

Na und?

So hatte er es damals gemacht, so macht er es jetzt. Alles aufschreiben, nicht nur um es festzuhalten, sondern um es sich zu vergegenwärtigen. Oft waren ihm die entscheidenden Gedanken erst während des Schreibens gekommen. Manchmal durch einzelne Worte, die ein

Zeuge benutzt hatte. Seine Kollegen hatten dann von Intuition gesprochen. Manz erklärte sich die gefundenen Zusammenhänge damit, dass Schreiben langsamer ging als Denken, dass also die Gedanken Zeit hatten, sich zu entfalten.

Ich beuge mich zu ihr hinab und sehe, dass sie zwei goldene Halsketten trägt. An ihren Fingern stecken Ringe, die ebenfalls echt zu sein scheinen. Auch die Ohrringe sind beide noch da. Auf den ersten Blick sieht es nicht danach aus, als sei Gewalt im Spiel gewesen. Nur ihre Haare, die sind ein wenig in Unordnung. Kann passiert sein, als sie nach einem Schwächeanfall zu Boden ging.

Das war damals sein Eindruck, das ist jetzt beim Betrachten der Fotokopien sein Eindruck. Es ist durchaus möglich, dass Regina Zeisig aufgrund einer Erkrankung das Bewusstsein verloren hatte und so in diese Lage gekommen war.

Ein Gedanke, Kopfdrehung nach links. Manz' Kopf vollzieht nach, was damals geschah. Es passiert wie von selbst. *Richtig, auf ihrem Nachttisch standen zwei Medikamentenpackungen sowie ein halb gefülltes Glas Wasser.* Er hatte damals sofort nach etwas in der Art gesucht.

Manz beugt sich über sein Blatt und schreibt.

Ich werfe einen Blick auf den Beipackzettel und sehe, dass es sich um ein Mittel zur Stärkung der Herztätigkeit handelt.

Er blättert in den Protokollen, findet die Stelle, staunt. Ist es nicht schon fast ein Erschrecken?

Hab ich damals genauso notiert. Wort für Wort.

Manz erlebt etwas, das einem Déjà-vu nahekommt. Dabei ist er doch jetzt ein ganz anderer als damals. Einer, der rudert. Einer, der für den Grill zuständig ist und für die Clubkasse. Einer, der mit seinen Enkeln spielt. Einer, von dem seine Frau sagt, es sei schön, dass er nicht mehr alles so ernst und genau nehme wie früher.

Manz schiebt das weg, beugt sich über sein Blatt, macht weiter. Die Schrift ist jetzt wieder so flüssig wie damals. Und da ist noch etwas. Seit drei Jahren plagen ihn Schmerzen im unteren Rückenbereich. Immer sind sie da, wenn auch meist nur latent. Manz spricht zwar, wenn jemand fragt, von seinen Bandscheiben, aber es ist etwas mit dem Iliosakralgelenk. Sein Arzt hat ihn ermahnt aufzupassen.

»Nicht so sehr beim Rudern, aber beim Sitzen.«

Ein guter Arzt. Denn genau so war es. Kaum, dass er zehn Minuten saß, um zum Beispiel die Abrechnungen des Ruderclubs zu machen, kamen die Schmerzen. Jetzt sitzt er seit über zwei Stunden am Schreibtisch. Und nichts tut weh. Nicht mal latent.

Er schreibt weiter.

Ich kehre noch einmal zu der Toten zurück und versuche mir vorzustellen, was passiert, wie die Liegeposition zu erklären ist. Ich stelle mir vor, dass Frau Zeisig vor ihrem Bett von einem Schwächeanfall oder einer Herzattacke überrascht wurde. Ihr ist schwindelig geworden, sie hat vielleicht Schmerzen gespürt, Angst bekommen. Falls sie nicht auf der Stelle tot umfiel, hätte sie sich vermutlich zusammengekrümmt und versucht, sich am Bett abzustützen, um nicht hart auf den Boden zu stürzen. Schließlich wäre sie zu Boden gegangen. Ihr Kopf hat dabei möglicherweise das Fußende des Betts gestreift, wodurch ihre Haare ein wenig durcheinandergerieten. Falls sie Schmerzen hatte, oder Angst, hätte ihr Körper sich vermutlich ein wenig zusammengekrümmt. Dabei wäre sie auf die Seite gerollt. Eine Liegeposition auf dem Rücken ist also nicht so natürlich, wie es zunächst den Anschein hat.

Andererseits weiß Manz natürlich nicht, wie lange sie noch bei Bewusstsein gewesen war, ehe der Tod eintrat.

Vielleicht hat sie sich auf den Rücken gelegt, um besser atmen zu können. Das wäre dann auch eine Erklärung für die aufgeknöpfte Bluse.

Da ungefähr war er damals mit seinen Überlegungen, als der Arzt vom Notfalldienst Neukölln das Schlafzimmer betrat. Manz überließ ihm die Tote, sah sich im Erdgeschoss um.

Die Wohnung macht auf den ersten Blick nicht den Eindruck, als sei sie nach Wertgegenständen durchsucht worden.

Manz wird diesen Satz vorlesen, falls man ihn danach fragt. Er weiß, dass es vor Gericht üblich ist, die beteiligten Ermittler, so sie etwas schriftlich niedergelegt haben, dies vorlesen zu lassen.

Das Gericht wird ja versuchen, sich ein möglichst genaues und umfassendes Bild von den Vorgängen zu machen – so wie ich jetzt.

Manz sieht sich für einen kurzen Moment vor dem Richter stehen. Er hat die Verhandlungsräume im Kriminalgericht Moabit noch gut vor Augen. Er hatte dort oft ausgesagt.

Er muss seine Hand ausschütteln, sie ist das schnelle Schreiben nicht mehr gewohnt. Davon abgesehen hat er eben bemerkt, dass er die falsche Zeitform verwendet. *Nicht Gegenwart, Vergangenheit, es ist ja vergangen für das Gericht.* Das muss er, will er den Text vor Gericht vortragen, von nun an richtig machen.

Als Nächstes ging ich in die Küche. Der Durchgang war so niedrig, dass ich den Kopf ein Stück einziehen musste. Offenbar hatte Frau Zeisig kurz vor ihrem Tod gegessen, denn auf dem Küchentisch stand ein Teller mit Resten eines halben Hähnchens. Auch in der Spüle stand Geschirr. Ein Teller, ein Glas, ein Messer. Davon abgesehen war alles peinlich sauber und aufgeräumt. Nichts, was nicht an seinem Platz war. Wie lange hätte eine Frau, die so ordentlich war, einen Teller mit Knochen auf dem Tisch stehen lassen?

Manz blättert, findet seinen Eintrag von damals. Er hatte sich am 18. Dezember 1990 beinahe exakt die gleiche Frage gestellt:

Wie lange hätte eine Frau, die so ordentlich ist, einen Teller auf dem Küchentisch stehen lassen?

Hähnchenknochen ... Daraus, dass am Tellerrand Mayonnaise klebte und einige bräunliche Splitter vorhanden waren, hatte Manz damals geschlossen, dass auch Pommes Frites verspeist worden waren. An dem Teller in der Spüle war keine Mayonnaise gewesen. Manz sah sich weiter in der Küche um – Manz sieht sich weiter in der Küche um. Jabłońskis Aufnahmen helfen ihm dabei.

Es gelingt, er steht wieder in der Küche von Regina Zeisig, erinnert sich sogar, wie ruhig es dort war. Hatte Thomas Zeisig diese Ruhe gemeint, als er von Stille sprach? Wie lange hatte er sich in der Wohnung aufgehalten, ehe er die Polizei anrief? Es hatte nach Verwesung gerochen. *Und das war immerhin seine Mutter.*

Dass Manz damals nicht angespannt war, sich nicht in Eile fühlte, lag daran, dass zu diesem Zeitpunkt noch gar nicht feststand, ob es überhaupt um eine Straftat ging. Er war schon einige Male in Wohnungen gewesen, in denen jemand verstorben war. So gesehen war er nicht auf der Suche nach etwas. Gleichzeitig wusste Manz, dass er die Wohnung nie wieder so unberührt und mit einer so unvoreingenommenen Einstellung betrachten würde wie bei dieser ersten Inspektion. Sollte der Gerichtsmediziner feststellen, dass hier einfach nur jemand verstorben war, würde er das alles schon bald vergessen.

Ich musste ständig vergessen. Ich wäre verrückt geworden, hätte ich alles behalten.

Aber wie war das wirklich mit dem Vergessen? Es waren doch offenbar sehr viel mehr Details hängengeblieben, als er angenommen hatte. Zum Beispiel der Teller mit den Knochenresten. *An die Tote erinnere ich mich weniger genau und auch mit weniger Emotion als an diesen Teller.*

Manz unterbricht seine Arbeit. Erst jetzt wird ihm bewusst, dass das, was er gerade macht, höchst sonderbar ist. Er vollzieht sein Vorgehen von damals mit einer vollkommen unvernünftigen Intensität nach.

Warum? Suche ich einen Fehler?

Manz muss nicht lange grübeln. Es ist so. Er sucht nach einem Fehler, denn er hatte den, der jetzt angeklagt wurde, nie ernsthaft in Verdacht. Und das, obwohl so viel auf ihn hinwies. *Obwohl so viele mit dem Finger auf ihn zeigten.*

Wo haben Vera und er damals den Fehler gemacht? Es muss einen Fehler geben, denn er kennt natürlich diesen Satz: »Die DNA lügt nicht.«

Manz versucht, noch einmal in Gedanken in die Küche von Regina Zeisig zurückzukehren. Er ist noch nicht fertig. Und wie damals hat er Zeit, niemand stört ihn. Es gelingt trotzdem nicht, denn seine Gedanken gehen erneut ins Private und Allgemeine.

Nicht alle arbeiten nach der gleichen Methode. Ich

gehörte immer zu denen, die sich viel Zeit nehmen. Haben sich damals manche Kollegen drüber lustig gemacht.

Im Dezember 1990, in der Wohnung von Regina Zeisig, tat Manz das aus einem Bauchgefühl heraus. Zwanzig Jahre später gehörte diese Vorgehensweise zum Repertoire sogenannter Profiler. Sich den Ort genau ansehen und sich vorstellen, was passiert sein könnte. So jedenfalls arbeiten deutsche Profiler, die sich nicht Profiler nennen, sondern Fallanalytiker. Die Deutschen orientieren sich dabei in erster Linie an den Tatsachen. Die Amerikaner arbeiten anders. Ihr Profiling geht mehr ins Psychologische, schweift sogar durch die Zeit. Meist in Richtung der Jugend.

Genese ...

Ihre Überlegungen gehen dabei bisweilen so sehr in die Breite, dass sie sich zuletzt im Phantastischen oder Allgemeinen verlieren. Manz und seine Kollegen hatten sich in Dresden einige Male deswegen gestritten. Er jedenfalls hatte sich nie als Profiler oder Fallanalytiker gesehen, er nahm sich einfach Zeit, entwickelte ein Gefühl für den Ort.

Auf der kleinen Arbeitsfläche des Geschirrschranks lag ein Zettel. Auf dem stand: *Milán, 30 Mark.* Das war der erste Hinweis gewesen, der erste Finger, der auf den Kleinen zeigte.

Und dann? Ach ja, ich ging raus, um Günther Zeisig zu vernehmen.

Der Beamte stand noch immer in der geöffneten Haustür und wiederholte, was er bereits gesagt hatte.

»Auf dem Stuhl, das ist ein schöner sauberer Schuhabdruck. Und hast du das schon gesehen?«

Er hatte auf ein Telefontischchen gezeigt, auf dem politische Broschüren sowie ein Stapel Flyer lagen.

»Frau Zeisig scheint für die Republikaner Werbung gemacht zu haben.«

Manz hatte genickt und anschließend das Haus verlassen. Dabei steckte er sich das zusammengefaltete Taschentuch in die Innentasche seiner Lederjacke. Draußen sah es aus, als würde es jeden Moment anfangen zu regnen.

»Wo ist mein Zeuge?«

»Im Wagen. Wo ist denn Vera?«

»Einsatz.«

»Die Tote aus dem Hauptsee?«

»Genau.«

»Da sind ja viele hinbeordert worden.«

»Ich nicht.«

Manz erfuhr erst später, dass man ihn vom Hauptsee abgezogen hatte, weil bereits beschlossen worden war, ihn nach Dresden zu versetzen. Oder besser gesagt, ihm ein Angebot zu machen, das er nicht ausschlagen würde. Die Tote aus dem Hauptsee war eindeutig erwürgt worden. Sie war jung, schwanger, lebte mit einem Türken zusammen. Man hatte Manz nicht mehr mit einer so heiklen Sache betrauen wollen.

»Dein Zeuge.«

Der Grüne öffnete die hintere Wagentür, was er nicht hätte tun müssen. Er tat es, weil Manz sich nie aufspielte, stets kollegial war. Manz hatte ihm bei Gelegenheit auch schon mal eine Tür aufgehalten. Es war nichts weiter dabei. Sie waren erwachsene Männer, die wussten, wie sie miteinander umzugehen hatten.

Manz bat Günther Zeisig auszusteigen. Der sagte noch einmal mit einem Druck, als hätte er darauf gewartet, das endlich sagen zu können:

»Es war so still.«

Manz hatte vor Ort nur diesen einen Satz notiert, denn die Befragung wurde unterbrochen. Der Arzt war mit der Untersuchung der Toten fertig und rief ihn ins Haus.

»Bitte sofort, ich muss zum Hauptsee!«

Als Manz auf das Haus von Regina Zeisig zuging, hatte es zu regnen begonnen. Es kam mit einer Wucht, dass sich die dünneren Äste der Bäume teils bogen, teils auf und ab wippten. Es kam mit einer Wucht, dass die Tropfen beim Aufschlag förmlich explodierten, mit einer Wucht, die den Polizisten am Tor veranlasste, breit wie ein Schuljunge zu grinsen, während er, so schnell er konnte, zu seinem Fahrzeug lief.

Günther Zeisig weigerte sich, mit ins Haus zu gehen. Ich ging also allein. Ich bat ihn nicht ausdrücklich, sich weiter zur Verfügung zu halten.

Der Arzt hatte Manz noch einmal ins Schlafzimmer geführt und mit einer ungefähren Geste auf den Körper der Toten gedeutet.

»Sie muss genauer untersucht werden. Auf ihrem

Nachttisch habe ich zwar Medikamente gegen Herzschwäche gefunden. Aber das sind keine starken Mittel. Außerdem scheint sie an einer leichten Form von Diabetes gelitten zu haben. Sie nahm ein entsprechendes Medikament. Liegt in der obersten Schublade. Angefasst hab ich nichts.«

Anschließend hatte er sich neben die Tote gekniet und gezeigt: »Ihr Hals ist auffällig. Hier. Und hier. Ich kann nach der langen Liegezeit nicht sagen, was genau das ist. Sie muss in jedem Fall obduziert werden.«

»Sie wurde erwürgt?«

»Das muss sich jemand genau ansehen. Außerdem bin ich sicher, dass sie bewegt wurde. Und zwar lange nach Eintritt des Todes.«

»Auf dem Teppich sind keine Schleifspuren.«

»Dann wurde sie getragen.«

Der Arzt war gegangen, und Manz hatte ein komisches Geräusch gehört, ein Gurgeln. Es dauerte einen Moment, ehe er begriff, dass es das Regenwasser im Fallrohr war.

Als Nächstes hatte Manz veranlasst, dass die Spurensicherung gerufen wurde. Erst jetzt, denn die Spurensicherung wird nicht gerufen, nur weil jemand gestorben ist. Als Manz das Haus verließ, fiel kein Regen mehr. Glitzern und Tropfen in den Bäumen, das ja. Aber kein Regen.

Die Spurensicherung dokumentierte an diesem Abend nur den unmittelbaren Auffindeort der Leiche. Um 20 Uhr 30 wurde der Körper von Regina Zeisig aus dem Haus gebracht.

Zwanzig Minuten später traf der Leiter der Spurensicherung, Herbert Grossmann, ein und sprach kurz über die Arbeiten am Hauptsee. Er tat weiter nichts als zwei Zigaretten zu rauchen und zu husten. Ließ anschließend das Haus versiegeln.

Kurz darauf fuhr das letzte Einsatzfahrzeug vom Grundstück.

Dass die Spurensicherung nicht die ganze Nacht hindurch arbeitete und nicht das gesamte Haus untersuchte, lag daran, dass viele aus Grossmanns Team beim Hauptsee eingesetzt waren und noch immer nicht klar war, ob es überhaupt um ein Verbrechen ging.

Auf dem Heimweg hatte Manz nicht mehr an die Tote gedacht. Ihm war eingefallen, dass er noch den Koffer aus dem Keller holen musste, denn seine Frau wollte ja am nächsten Morgen nach Dresden.

Christine war so glücklich, lief die ganze Zeit in der Wohnung herum, sprach über ihre Schwester und darüber, was für ein Zufall es damals war, dass ihre Mutter und sie zufällig im Westen waren, als die Mauer gebaut wurde.

So war Manz von einem Koffer über seine Frau und deren Schwester erneut auf Gedanken gekommen, die nicht das Geringste mit der Toten in Buckow zu tun hatten.

Frauen und Würstchen

Manz trinkt ein paar Schlucke inzwischen kalt gewordenen Tee und denkt eine Weile an Vera. Seine Gedanken sind nicht sehr persönlich. Er stellt sie sich einfach nur vor. Als Körper. Als Bild.

Nach einer Weile schüttelt er den Kopf, schiebt die Erinnerung weg, und beginnt damit, auf einem gesonderten Blatt aufzuschreiben, was ihm in den letzten Stunden zu seiner Frau eingefallen ist. Es sind nur einige Zeilen, in denen er versucht darzulegen, wie glücklich sie in diesen Tagen war und was er davon mitbekommen hatte. Er bricht ab, da er sich eine Packung Tempo-Taschentücher besorgen muss.

Tränen. Ganz plötzlich.

Manz versteht nicht, was passiert. Er hat nur vorgehabt, zusammenzufassen, was am ersten Tag ermittelt wurde. Was er liest, hat aber nichts mit dem Fall zu tun.

Christine war so überdreht und glücklich. Hab dann ja vorsichtshalber gleich beide Koffer aus dem Keller geholt und ihr beim Packen geholfen. Am Ende konnte ich sie überreden, eine Schlaftablette zu nehmen. Sie kam dann auch einigermaßen zur Ruhe.

Das also war die Krönung seiner Recherche zum Tod von Regina Zeisig. *Gedanken über meine Frau. Koffer aus dem Keller geholt. Eine Tablette gegeben. Sie zur Ruhe gebracht.*

Manz reibt sich übers Gesicht, wie Menschen es tun, die müde oder verwirrt sind. *Was wird das? Ein nachträgliches Tagebuch?* Er steht auf, räumt sein Teegeschirr zusammen.

Als er die Treppe hinuntersteigt, beginnt er erst zu kichern, dann laut zu lachen. Der Anfall geht nicht sofort vorbei, er muss aufpassen mit dem Geschirr, was ihn noch mehr erheitert. Es ist ein schönes, wohltuendes Lachen, Manz hat das Gefühl, ganz er selbst zu sein. Am Ende kommen erneut Tränen.

Eine Stunde später steht Manz auf dem Gelände des Rudervereins am Grill und unterhält sich mit seinen Freunden, als sei heute ein Tag wie jeder andere. Es geht um die Kajakreise nach Norwegen.

»Gute Nachrichten. Jabłoński wird doch mitkommen. Katja auch.«

»Wer ist Jabłoński?«, fragt Henning.

»Na, Jan. Ich hab euch von ihm erzählt.«

»Von Jan hast du erzählt, das stimmt.«

»Und der kann wirklich Kajak fahren? Die haben doch da nur ein paar Kanäle.«

»Wir in Berlin haben mit Sicherheit sehr viel mehr Wasser als ihr hier. Wir haben richtige Seen, nicht nur die Elbe.«

Manz, Theo und Henning haben diesmal ihre Frauen dazu überredet, mitzufahren. In den Jahren zuvor sind sie allein durch die Fjorde gepaddelt. Manz erzeugt eine kleine Fjordimpression. Mit Bergen, blauen Flächen und Wassertropfen an einem Paddel.

»Woran denkst du?«, fragt Wolfgang.

»Ich stelle mir vor, wie es sein wird, wenn wir oben sind, und ...«

Manz wendet seine Würstchen, wirkt etwas verträumt.

»Und was?«, fragt Wolfgang, als die Würstchen richtig liegen.

»Nichts.«

»Sag schon.«

»Na, ich finde es schön, dass unsere Frauen diesmal dabei sind. Uns bleiben ja nicht mehr so viele Jahre.«

»Aha.«

»Hätte ich nicht sagen sollen, tut mir leid, Wolfgang.«

»Wegen Henni? Muss es nicht.«

Manz greift entschlossen nach seiner Bierflasche, gießt einen Schwall übers Fleisch und hebt sie anschließend Wolfgang und den anderen entgegen.

Sie trinken gleichzeitig, setzen auch gleichzeitig ab.

»Nur Männer, das ist doch nichts«, sagt Henning, ohne sich was dabei zu denken. »Ich finde, darauf sollten wir noch eins aufmachen.«

»Für mich nicht«, sagt Manz. Auch die anderen winken ab.

Kurz darauf sind die Würstchen fertig.

Vernehmung Günther Zeisig

Am 19. Dezember 1990 setzte Manz die Befragung von Günther Zeisig fort. Diesmal auf dem Kommissariat in der Karl-Marx-Straße. Nachdem er die Personalien sowie einige andere Formalien abgefragt hatte, eröffnete er mit vier Worten.

»Es war so still.« Manz las den Satz demonstrativ von seinem Notizblock ab. »Das haben Sie gestern gesagt.«

Günther Zeisig zeigte zunächst keine Reaktion. »Es fing an zu regnen«, stellte er schließlich fest.

»Als ich wieder aus dem Haus kam, um Sie zu befragen, waren Sie weg.«

»Ich konnte da nicht mehr sein.«

Der Zeuge sprach ruhig, wirkte fast schläfrig, rieb aber ständig seine Finger. Manz hatte einen charakteristischen Dunst wahrgenommen.

»Haben Sie getrunken?«

»Nur Bier.«

»Wie viel?«

»Drei Flaschen.«

»Große?«

»Ich wollte ruhig werden.«

»Sie mussten zur Polizei. Und da waren Sie heute Morgen ein bisschen aufgeregt.«

»Ich war noch nie … Ich bin nicht vorbestraft.«

»Außerdem ist Ihre Mutter gestorben. Da ist man natürlich durcheinander.«

»Es war mehr, weil ich zur Polizei musste.«

»Aber Ihnen ist schon klar, dass Sie hier als Zeuge befragt werden.«

»Ich bin weg, weil sie war doch noch im Haus und ich wollte nicht sehen, wie man sie rausbringt. Außerdem hatte ich ja noch den Geruch an mir. Von der Verwesung. Von ihr. Deshalb bin ich weg. Ich wollte unter die

60

Dusche, mich sauber machen. Weil sie ja meine Mutter war.«

»Trotzdem müssen Sie jetzt versuchen, sich zu erinnern.«

»Woran?«

Das mit dem Fingerreiben war schlimmer geworden.

»An Ihren Satz.«

»Welchen?«

»Es war so still.«

»Was ist damit?«

»Nun, Ihre Mutter lebte in einer ausgesprochen ruhigen Gegend.«

»Das meinte ich nicht mit still. Mir war unheimlich. Schon als ich aufs Grundstück kam und auf das Haus zuging, wusste ich, dass was nicht stimmt. Ich hatte mehrmals bei ihr angerufen und sie war nicht rangegangen. Ich hatte Angst zu klingeln, weil ich Angst hatte, dass sie nicht aufmacht.«

»Sie hatten Angst, weil Sie Angst hatten.«

»Wie?«

»Eine Vorahnung. Oder war es eher ein schlechtes Gewissen?«

Günther Zeisig überlegte lange, ehe er sprach.

»Ich habe geklingelt, und sie ist nicht zur Tür gekommen. Mir war ja vorher schon aufgefallen, dass Laub auf den Platten lag.«

»Wir haben Dezember. Es war windig die letzten Tage. Im Garten wurde schon sehr lange nichts mehr gemacht. Warum sollte kein Laub auf den Platten liegen?«

»Der Wind weht es immer wieder hin. Meine Mutter

mochte das nicht, und ich glaube, deshalb dachte ich das ja auch.«

»Was?«

»Dass es so still ist.«

»Das Laub, von dem sie reden, lag auf den Platten des Wegs, der von der Gartenpforte zur Haustür führt, habe ich das richtig verstanden?«

»Laub vom Ahorn, da wächst ja nur Ahorn«, erklärte Günther Zeisig sofort. Dann überlegte er wieder. Und zwar so lange, dass Manz ihn fast unterbrochen hätte. Als er endlich sprach, klang es, als würde er etwas Bedeutendes mitteilen. Eine Art Familiengeheimnis. »Meine Mutter hat jeden Morgen gefegt. Aber nur den Plattenweg von der Straße zum Haus, nicht den ums Haus herum oder den vom Haus zur Garage.«

»Und warum?«

»Weil man diesen Weg von der Straße aus sieht. Weil meine Mutter so war. Es war ihr immer das Wichtigste, wie alles nach außen und auf andere wirkt. Deshalb ist sie ja auch so rumgelaufen. Mit ihren Klunkern und Pelzen. Und immer ist sie nach Neukölln. Hermannplatz. Weil da ihre Apotheke war. Bei ihr draußen in Buckow gibt es auch eine, aber sie ist immer zum Hermannplatz. Ist da auch essen gegangen. Entweder unten bei Karstadt oder in der Sonnenallee. Sie hat sich stundenlang da rumgetrieben. Eine Freundin von ihr wohnt in der Gegend. Zusammen mit ihrer Tochter oder jedenfalls mit einer jungen Frau. Die hat meine Mutter öfter besucht und mit den beiden dann was unternommen.«

»Wissen Sie, wie die Freundin heißt?«

»Ich glaube Kristine oder Krisztina. Polen sind das, leben aber seit Ewigkeiten in Berlin. Ich glaube, schon seit dem Krieg.«

Nach dieser Erklärung putzte Günther Zeisig sich die Nase und steckte das Taschentuch anschließend in seine Gesäßtasche, was einen Moment dauerte. Als er mit seiner Aussage fortfuhr, klang er wütend.

»Immer mit ihrem Schmuck! Den Goldketten, den Pelzen und ihrer Handtasche aus Schlangenleder. Das sah doch jeder, dass da Geld drin ist. Und immer gut frisiert und mit lackierten Nägeln. Richtig schick hat sie sich gemacht. Für ihren scheiß Hermannplatz. Und das jeden Montag, Mittwoch und Samstag.«

»So regelmäßig?«

»Montag, Mittwoch und Samstag. Das waren ihre Tage, ich musste sie ja immer fahren.«

»Wohnen Sie denn noch bei ihr?«

»Nein, in Kreuzberg. Adalbertstraße. Das haben Sie doch vorhin aufgeschrieben.«

»Sie könnten trotzdem bei ihr wohnen.«

»Ich musste sie immer abholen und zum Hermannplatz bringen. Zurück fuhr sie mit der S-Bahn und dem Bus. Wusste ja nie, wie lange es dauert. Dafür bekam ich fünfzehn Mark, weil … Ich hab ja im Moment keine Arbeit. Fünfzehn Mark! Meine Mutter war reich! Aber mir hat sie nie was gegeben. Prügel, als ich noch klein war, aber sonst. Ich hab ihr ja auch immer gesagt, dass sich am Hermannplatz Gesindel rumtreibt. Türken und Schlimmeres. Aber sie war nicht abzubringen. Also hat sie nur den Weg gefegt, den man von der Straße aus sehen kann.«

»Weil Ihre Mutter Wert auf Äußeres gelegt hat. Das habe ich richtig verstanden?«

»Vielleicht war es der Ungar. Vielleicht, dass der sie erwürgt hat. Den hat sie ja mit ins Haus genommen.«

Manz hätte nicht gedacht, dass es so schnell gehen würde, aber da passte schon mal was zusammen. *Milán, 30 Mark.* Für Manz hatte das zunächst nach einem Kroaten geklungen, aber Vera wies ihn darauf hin, dass der Name auch in Ungarn gebräuchlich sei.

»Sie kennen einen Ungarn, mit dem Ihre Mutter Kontakt hatte?«

»Sie hat gesagt, dass er bei ihr war. Wohl öfter sogar.«

»Und dass er aus Ungarn kommt.«

»Milán heißt er.«

»Und wie kommen Sie auf Ungarn?«

»Weil sie da Verwandte hat. Die Ungarn und Rumänen mochte sie. Sonst war sie nicht so gut auf Ausländer zu sprechen.«

»Haben Sie denn Anhaltspunkte, dass Ihre Mutter in letzter Zeit …«

»Ja! Das weiß ich todsicher. Und auch, dass er bei ihr war, also im Haus, und dass er Milán heißt.«

»Wann, sagten Sie, war das?«

»Kurz bevor sie ermordet wurde.«

»Sie wissen, wann ihre Mutter ermordet wurde?«

»Wie?«

»Als wir Ihre Mutter fanden, lag sie schon einige Zeit tot in ihrer Wohnung.«

»Nein! Ich weiß nicht, wann sie ermordet wurde. Aber ich schätze, dass es so war. Weil sie das mit dem Ungarn ein paar Tage vorher erwähnt hat. So was ist ja öfter vorgekommen bei ihr.«

»Dass sie am Hermannplatz jemanden kennengelernt hat?«

»Junge Männer.«

»Und die hat sie dann mit in ihr Haus nach Buckow genommen.«

»Ja.«

»Sie haben mit Ihrer Mutter darüber gesprochen?«

»Sie hat es gesagt. Ich habe nicht weiter gefragt, ich fand das zu eklig. Wenn ich was gesagt hätte, von wegen junge Männer und dass sie schon über sechzig ist, das hätte sie abgeschmettert. So was kann sie nicht haben. Sie kannten sie nicht. Die war knallhart. Und immer ihr Geld zusammengehalten. Alles ein Geheimnis. Aber sie hat manchmal gesagt, dass sie wieder einen kennengelernt hat oder dass wer bei ihr war. Angegeben hat sie damit. Was da sonst war, darüber wurde nicht gesprochen.«

»Sie haben dann, nachdem Ihre Mutter nicht öffnete, das Haus betreten und sie gefunden. Um wie viel Uhr war das?«

»Nein.«

»Bitte?«

»Ich bin nicht gleich rein. Bei der Polizei angerufen habe ich, das stimmt. Aber erst später. Erst nachdem ich sie gefunden hatte.«

»Das nahm ich an.«

»Ich bin aber nicht gleich ins Haus. Nicht gleich, nachdem ich angekommen war und sie nicht aufmachte. Ich hatte ja keinen Schlüssel.«

»Verstehe. Wie ging es weiter?«

»Ich habe meinen Bruder angerufen. Der hat einen.«

»Thomas.«

»Ja, der ist dann auch gekommen, aber wir kamen nicht rein. Weil er auch keinen hatte. Keinen Schlüssel. Ich bin dann zum Nachbarn rüber, und der ist mit mir hin. Mit seinem Schraubenzieher und dem Spachtel. Er hat noch gelacht, als ich ihm sagte, dass ich mal wieder rein muss. Ja und als er eben die Tür aufmachen will, da hat mein Bruder auf einmal den Schlüssel.«

»Sie brechen die Tür auf, wenn Ihre Mutter nicht auf Ihr Klingeln reagiert?«

»Weil sie manchmal nicht aufgemacht hat, wenn jemand bei ihr war. Manchmal ist sie auch umgekippt oder ihr ist komisch geworden.«

»Woran war sie erkrankt?«

»Na, das Herz wird es gewesen sein.«

»Dann bräuchte ich den Namen ihres Arztes.«

»Weiß ich nicht, bei wem sie war.«

»Aber sie hatte was mit dem Herzen.«

»Schon. Und viel getrunken. Nicht immer, aber an manchen Tagen. Eine Flasche Wodka? Kein Problem für sie. Meist lag es daran, dass sie umgekippt ist. Sie hat ja dann auch was für ihr Herz bekommen. Zur Stärkung des Muskels. Wir sind also rein, und da war schon dieser Geruch. Ich bin trotzdem weiter und hab sie im Schlafzimmer gefunden. Also in dem Schlafzimmer unten, das oben hat sie ja nicht mehr benutzt. Sie lag vor ihrem Bett mit einem Handtuch drüber.«

»Mit einem Handtuch drüber? Da sind Sie sicher?«

»Mit einem Handtuch. Also über ihrem Kopf.«

»Haben Sie das Handtuch weggenommen?«

»Nein.«

»Ihr Bruder? Oder der Nachbar?«

»Die haben sich doch gar nicht reingetraut ins Schlafzimmer, die haben in der Diele rumgelungert, also im Flur. Und ich hab auch nicht groß was gemacht. Sie haben sie doch gesehen, wie sie aussah. Meinen Sie, ich hätte Lust gehabt, da was anzufassen?«

»Als wir ins Haus kamen, lag kein Handtuch über ihrem Kopf.«

»Was soll ich sagen?«

»Sie, der Nachbar und Ihr Bruder waren also im Haus. Wie lange?«

»Weiß nicht. Zehn Minuten?«

»Ihr Bruder war aber nicht mehr da, als ich ankam. Im Protokoll der Kollegen, die zuerst vor Ort waren, steht ebenfalls nichts davon, dass Ihr Bruder und der Nachbar da waren.«

»Weil die weggegangen sind, nachdem mein Bruder und ich sie gefunden hatten. Der Nachbar ist wieder rüber, und …«

»Ihr Bruder und Sie? Ich dachte, Sie allein hätten Ihre Mutter gefunden.«

»Ja.«

»Gerade sagten Sie, Ihr Bruder sei dabei gewesen.«

»Nein, der war in der Diele. Also im Flur. Ich hab das

nur so gesagt, weil er ja auch im Haus war. Das meinte ich.«

»Ihr Bruder hat sich von einem möglichen Tatort entfernt? Einfach so?«

»Wir dachten ja, dass sie an ihrer Herzsache gestorben ist. Wir sind nicht gleich auf den Ungarn gekommen. Ich habe letzte Nacht noch mal mit meinem Bruder gesprochen, und der meinte auch, Milán könnte das gewesen sein. Dass der sie erwürgt hat.«

»Ihre Mutter wurde erwürgt?«

»Nicht?«

»Na, Sie sagten eben erwürgt.«

»Die Ungarn und viele, die aus dem Osten kommen, seit die Mauer uns nicht mehr schützt, die hängen da am Hermannplatz rum und warten auf ihre Chance. Da wird ständig geklaut. Und mit den Türken gibt's auch Ärger. Da wurden schon welche mit dem Messer abgestochen.«

»Ach ja?«

»Ich habe zu meinem Bruder gesagt, ich rufe die Polizei, und da ist er gleich weg. Er hatte Nachtdienst im Krankenhaus, er musste los.«

Vera

Nachdem Günther Zeisig gegangen war, kehrte Manz in sein Büro zurück. Er war so in Fahrt, dass er gar nicht auf die Idee kam, möglicherweise Vera dort anzutreffen. Er hatte sie nicht mal richtig begrüßt.

»Das ist ein Durcheinander! Ich sag dir …«

»Was?«

»Erzähl ich gleich. Bin mal gespannt, was der Bruder aussagen wird.«

Manz hatte bei Thomas Zeisig angerufen, ihn aber nicht erreicht.

Vera war zu diesem Zeitpunkt noch nicht in den Fall eingebunden. Auch lag von der Gerichtsmedizin noch kein Obduktionsergebnis vor.

»Was war denn so durcheinander?«

»Na, der Zeuge. Er redet so unklar. Seine Mutter soll schon öfter umgekippt sein. Einmal sagt er, weil sie Alkoholikerin war. Und dann wieder, weil sie es mit dem Herzen hatte. Junge Männer soll sie sich ins Haus geholt haben.«

»Soll heißen, er sagt dir nicht alles?«

»Ich weiß nicht, ob da was ist. Außer, dass ich eben einen Zeugen vernommen habe, der drei Bier intus hatte. Können auch fünf gewesen sein, so wie der geredet hat. Dafür fing er plötzlich an, von einem Ungarn zu sprechen. Und darüber, dass der seine Mutter erwürgt hat. Warum erwähnt er einen möglichen Tatverdächtigen zu einem Zeitpunkt, wo noch gar nicht klar ist, ob überhaupt eine Straftat vorliegt?«

Vera zuckte mit den Schultern.

»Er wusste nicht mal genau, wie er überhaupt ins Haus gekommen ist. Hatte angeblich keinen Schlüssel, hat dann seinen Bruder gerufen, weil der einen hat. Der Bruder kommt auch, hat aber keinen Schlüssel dabei.«

»So was.«

»Dann wird der Nachbar geholt, um die Tür aufzubrechen. Zuletzt war aber plötzlich doch ein Schlüssel da. Wo der herkam, weiß er nicht.«

»Er möchte nicht, dass du weißt, dass er Zutritt zum Haus hatte?«

»So könnte man das interpretieren.«

Manz hatte ein zweites Mal bei Thomas Zeisig angerufen, ihn auch diesmal nicht erreicht. Danach hatte er sich in der Pathologie erkundigt und erfahren, dass noch niemand mit der Leiche von Frau Zeisig befasst war.

»Ich fahr mal runter. Gehen wir nachher essen?«

Erst da sahen Vera und er sich ein paar Sekunden lang an. Richtig an, so wie sie es gewohnt waren, seit ein paar Wochen.

»Kannst du nicht mal mit Rolfes reden, dass er dich diesem Fall zuteilt? Ich brauche jemanden. Ich hätte dich gerne an meiner Seite.«

»Dann fühlst du dich besser.«

»Komm, lass. Ich hätte dich eben gerne dabei.«

»Weil du dich dann besser fühlst.«

Manz wurde klar, dass es so nicht ging. Er setzte sich wieder.

»Also gut, lass uns reden. Was machen deine Kopfschmerzen? Besser geworden?«

»Du hast Angst.«

»Ja, verdammt! Hab ich. Ich habe noch nicht mit Christine gesprochen. Und ich weiß, was du jetzt sagen wirst.«

»Du wolltest in die Gerichtsmedizin. Ich denke, das solltest du tun.«

Die Schwangere hat Vortritt

Der Obduktionsraum sah aus, wie man sich einen Obduktionsraum vorstellt. Das Gleiche galt für den Arzt, der gerade mit der Leiche einer Schwangeren befasst war.

»Warum wurde Frau Zeisig noch nicht untersucht?«

»Hallo Manz. Wie geht's?«

»Ich komme nicht weiter, kann vieles nicht einleiten, bevor ich nicht weiß ... Mir läuft die Zeit weg.«

»Der Kollege Staatsmann ist im Urlaub, und ...« Thorsten Schimmag zeigte vor sich auf den Tisch. »Die Schwangere vom Hauptsee. Das Mädchen war im siebten Monat. Ich wurde strikt angewiesen, die zuerst. Steht sicher bald alles groß in der Zeitung.«

»Hauptsee im Britzer Garten«, murmelte Manz. »Meine Tote wurde in der Salmbacher Straße gefunden. Das ist nur fünfhundert Meter entfernt.«

»Zwei Leichenfunde an einem Tag, das hatten wir schon öfter. Außerdem ist Frau Zeisig sicher schon drei oder vier Tage tot. Ich habe sie mir kurz angesehen, als sie reinkam. Eins allerdings ...«

»Soll herzkrank gewesen sein.«

»... eins kann ich dir jetzt schon sagen. Sie wurde bewegt. Und zwar geraume Zeit nach Eintritt ihres Todes.«

»Bewegt heißt?«

»Man hat ihre Lage verändert und ihre Bluse geöffnet.«

»Nachdem sie tot war.«

»Lange, nachdem sie tot war.«

Vergessene und tote Frauen

Wolfgang hat die fünfte Lackschicht aufgetragen. Alle müssen zugeben, dass es sich gelohnt hat, so lange zu schmirgeln.

»Und nach der fünften kommt die sechste.«

»Mit wie vielen Schichten willst du das Boot denn bemalen?«, fragt Theo.

»Bemalen werde ich es ganz bestimmt nicht.«

»Na, du weißt schon.«

»Ich denke, sieben Schichten werden reichen.«

»Sieben ist eine gute Zahl, darauf sollten wir trinken«, schlägt Henning vor.

»Prostprost.«

Kling-Klang.

»Sag, Manz, letzten Dienstag?«, fragt Theo. »Wir haben dich beim Installieren der Panels vermisst. Wo warst du?«

»Drüben.«

»Drüben gibt's nicht mehr«, sagt Henning.

»Auf der anderen Seite der Elbe. Wart ihr da mal?«

Theo schüttelt den Kopf.

»Ich würde da an deiner Stelle nicht hingehen«, sagt Wolfgang.

»Warum?«

»Ich habe gelesen, dass es dort schon öfter Ärger mit Nazis gab.«

»Klar leben da Nazis«, sagt Henning, als hätte jemand einen Auslöser betätigt. »Weil es doch im Osten überall Nazis gibt. Gerade auch hier in Sachsen! Weil man ja alles und alle, die sich wehren, gerne in einen Topf wirft.«

»Habe ich nicht gesagt.«

»Klang aber so.«

»Für dich, nicht für mich«, sagt Manz. Und seine Stimme ist kräftiger als die von Henning.

Manz, Wolfgang und Theo haben schon bei zwei, drei, fünf Gelegenheiten über Hennings neue Wut und sein neues Engagement gesprochen. Wolfgang war es zuletzt gelungen, sie zu beruhigen.

»Henning war Notar. Er trinkt ein bisschen viel, und dann redet er oder marschiert irgendwo mit. Nicht schön, aber er ist ein gefasster und verlässlicher Mensch. Glaubt mir.«

»Wenn ihr was für ihn tun wollt«, ergänzt Theo und sieht Manz dabei an, »dann sorgt dafür, dass nicht immer ein voller Kasten Bier im Schuppen steht.«

Das war's gewesen. Vorerst.

Auch heute bringen sie das Gespräch schnell auf etwas anderes. Sie sind alt, haben ihr aktives Leben gelebt. Keiner hat Lust, sich wegen einer Sache zu streiten, die sie am Ende doch nur belasten würde. Sie mögen Henning, sie wissen, wie viel er für den Ruderclub tut. Er ist es, der das jährliche Uferfest organisiert, er ist es, der die Frauen hin und wieder überredet, mal mit ihnen zu fahren. Keiner will, dass das alles durch etwas zerstört wird, das letztlich nicht mehr ist als Gerede nach drei Flaschen Bier.

Davon abgesehen haben sie schon ihren Steuermann verloren, und Wolfgang hat bereits die fünfte Lackschicht auf ihren neuen Vierer aufgetragen.

Später an diesem Abend sucht Manz noch einmal das Gespräch mit Wolfgang. In einem Café am Marktplatz, nicht im Ruderclub.

Da Wolfgang ebenfalls aus Berlin kommt, will Manz wissen, wie er es mit der Vergangenheit hält, mit den Erinnerungen an die alte Heimat und seinen Beruf.

»Denkst du hin und wieder an diese Zeit?«

»Welche Zeit genau meinst du?«

Eine ganze Weile geht das so. Zäh. Schließlich ist Manz klar, dass er etwas berührt hat, das Wolfgang unangenehm ist. Manz erkennt sich selbst wieder in dieser Abneigung, sich noch einmal auf das einzulassen, was lange vorbei ist. Ein paar Anekdoten, das geht. Geschichten über sonderbare Menschentypen, die einem im Beruf über den Weg gelaufen sind, Geschichten über einen besonders geglückten Urlaub kurz vor der Heirat, auch darüber kann man, *unter Kerlen wie uns*, mal ein paar Sätze fallen lassen. Doch das meint Manz nicht. Er will wissen, wie sehr sich Wolfgang mit seinem Beruf identifiziert hat. Er will wissen, ob ihm manchmal etwas fehlt. Doch da stößt er auf Granit.

»Weißt du, woran ich in den letzten Tagen ein paarmal gedacht habe? An meine Frau.«

74

»Du meinst Christine, oder?«

»Wen sonst?«

»Weil das so förmlich klingt. ›Meine Frau.‹ Und wie kommst du jetzt drauf? Ich meine, auf einmal an ›deine Frau‹ zu denken?«

»Vermutlich weil unsere Tochter Julia gerade in einer Krise steckt. Ehekrise. Ihr Mann ist vorübergehend ausgezogen, oder … Na, Julia eben, du kennst sie ja.«

»Heißt?«

»Sie hat ihn rausgeschmissen.«

»Ein Seitensprung?«

»Er hat auffällig oft von seiner Sekretärin gesprochen, mehr war da gar nicht, soweit ich weiß. Und da habe ich mich gefragt, wie man eigentlich dazu kommt, sich so festzulegen. Man lernt eine Frau kennen, bei Christine und mir ist das fast fünfzig Jahre her …«

»Goldene Hochzeit im nächsten Herbst!«

»Ja, aber die Frage, die ich mir stelle … Warum kommt nichts dazwischen? Warum darf nach unserer christlichen Auffassung nichts dazwischenkommen? Du verstehst?«

»Nein.«

»Als ich noch in Berlin war, während der letzten zwei Jahre, da fing Christine mit ihren Vortragsreisen an. Sie war oft zehn Tage lang weg. Für sie gab es nur noch ihren Beruf.«

Wolfgang wartet eine Weile, und da Manz seinen Gedanken nicht zu Ende bringt, hilft er ihm.

»Warum du in der Zeit keine andere kennengelernt hast? Meinst du das?«

»Zum Beispiel. Es hätte doch passieren können.«

»Na, ich denke … Ihr hattet doch schon die Kinder.«

Manz nickt. Es gilt mehr ihm selbst. Dann wechselt er erneut das Thema.

»Ich arbeite mich noch immer in meine Unterlagen ein. Der Vorgang aus Berlin.«

»Dein Prozess.«

»Genau. Und jetzt bin ich ziemlich tief in die alte Zeit reingestrudelt. Ich hatte zum Beispiel völlig vergessen, wie glücklich Christine war, als die Mauer fiel, und wie viel ihr ihre Familie bedeutet hat. ›Die Dresdner‹, so nannte sie die immer. Sie war so aufgekratzt, hat sich riesig gefreut. Und ich habe es gar nicht richtig mitgekriegt.«

»Wegen ihrer vielen Vortragsreisen.«

»Ja, vielleicht. Und weil ich ganz woanders unterwegs war. Dabei wusste ich doch immer, dass ich die Richtige geheiratet habe und keine andere will. Nicht nur wegen der Kinder.«

»Bist du denn damals … War da was?«

»Lass das doch mal, so kleinlich zu denken. Es geht mir darum, dass ich einen ganz wichtigen Abschnitt im Leben meiner Frau vollkommen übersehen habe. Wegen eines banalen Tötungsdelikts.«

»Ist nicht mehr zu ändern.«

»Weißt du, was mir passiert ist? Ich musste an einen Moment denken, da hatte Christine mich gebeten, ihre Koffer aus dem Keller zu holen.«

»Letzte Woche?«

»Nein, 1990. Sie kam an die Koffer nicht ran, weil wir

unsere alte Küche davorgestellt hatten. Und als mir das mit dem Koffer und unserer alten Küche wieder einfiel, da … musste ich weinen. Ich war ganz traurig, plötzlich. Ganz ergriffen. Das kann doch nicht sein! Wegen eines albernen Koffers und einer Küche entwickele ich derart heftige Gefühle?«

»Meine Henni ist vor drei Jahren gestorben. Was meinst du, woran ich denke, wenn ich Rasenmähe oder meinen Liegestuhl aus dem Schuppen hole?«

Vernehmung Herr Thomsen

Das Grundstück des Nachbarn von Regina Zeisig machte selbst im Winter einen gepflegten Eindruck. Es gab Rabatten sowie ein Rondell, in dem kräftige Stauden wuchsen. Die Empfindlicheren von ihnen hatte Thomsen mit Stroh abgedeckt, teils auch eingebunden, um sie vor dem Frost zu schützen. Auch hier führte ein Plattenweg zum Haus. Der war frei von Laub, wurde von schmiedeeisernen Laternen beleuchtet. Die Eingangstür des zwar schlichten, aber frisch gestrichenen Hauses bestand aus Mahagoni, die Klingel hatte die Form einer Hand. Vera und Manz sahen Thomsen, noch ehe er an der Tür war. Allerdings etwas verzerrt. Was an den in die Tür eingelassenen Butzenglasscheiben lag.

Manz stand einen halben Meter hinter Vera, Jabłoński hatte bereits eine Anzahl Aufnahmen vom Außenbereich gemacht.

»Guten Morgen Herr Thomsen. Wir hatten telefoniert.«

»Ja, natürlich. Wie darf ich Sie ansprechen? Frau Kommissar?«

»Wenn Sie wollen. Das ist mein Kollege Manz, und das ... Jan, kommst du bitte? Das ist Herr Jabłoński.«

»Ein Pole bei der Polizei. Phantastisch. Kommen Sie doch bitte rein.«

Vera zeigte Thomsen ihren Ausweis. Manz verzichtete darauf. Er versuchte, den Mann einzuschätzen, über dessen Fähigkeiten er schon einiges wusste. *Öffnet auf Verlangen Türen.* Jabłoński legte einen neuen Film ein, während er das Haus als Letzter betrat.

»Folgen Sie mir bitte. Ich habe Kaffee gemacht.«

In der Diele viele Einbauschränke. *Gut eingepasst, kein Millimeter verschenkt.* Manz hielt es für wahrscheinlich, dass Thomsen sie selbst gebaut hatte.

»Hier rein bitte, da ist es schön warm.«

An den Stirnseiten des Wohnzimmers zwei offene Schrankwände aus honigfarbenem Holz. Ebenfalls millimetergenau eingepasst. An der Längsseite eine tabakfarbene Couch unter einem orangeroten Bild mit einem Segelboot. Auf der anderen Seite des gekachelten Tischchens zwei bequeme Sessel. Dahinter das Blumenfenster mit vielen Bänkchen und Stellagen.

»Nehmen Sie bitte auf der Couch Platz.«

»Danke.«

»Einen schönen Ausblick haben Sie.«

»Als das Haus gebaut wurde, kostete so eine Panoramascheibe ein Vermögen.«

»Sie züchten Orchideen?«

»Kein billiges Hobby.«

»Darf ich ein paar Aufnahmen machen?«, fragte Jabłoński, und Manz fühlte sich erneut in seiner Annahme bestätigt, dass Jabłoński verrückt war.

»Aufnahmen von meinen Orchideen? Na, wenn es was nützt. Zucker?«

»Nein. Auch keine Milch.«

»Ich wusste nicht, ob sie eher Gebäck nehmen, oder … Also habe ich mich für Obsttorte entschieden.«

»Ist es nicht ein bisschen früh für Obsttorte?«

»Der Gedanke ist mir auch gekommen, als ich vorhin den Tisch eingedeckt habe. Kaffee werden Sie aber nehmen?«

Vera stellte die Fragen, Manz schrieb mit.

Es hatte am Morgen eine kurze Besprechung im Kommissariat gegeben. Auf der war bestimmt worden, dass Vera von dem Vorgang am Britzer Hauptsee abgezogen und Manz zugeteilt wurde. Wie so oft überließ Manz es ihr, die Fragen zu stellen. Er würde sich einklinken, falls er das für nötig hielt.

»Dann legen Sie mal los, Frau Kommissarin. Fragen Sie.«

Thomsen schien sich auf den Besuch gefreut zu haben. Jabłoński war inzwischen dazu übergegangen, den Raum zu fotografieren.

»Sie leben alleine?«

»Richtig.«

»Und Sie waren vorgestern auf dem Grundstück von Frau Zeisig.«

»Günther hat mich geholt. Sein Bruder war auch da. Sie sind mal wieder nicht reingekommen.«

»Mal wieder heißt, dass Sie schon öfter die Tür für die beiden geöffnet haben?«

»Sie hat, wenn sie zu Hause war, nie abgeschlossen, man braucht nur einen Schraubenzieher und einen Spachtel. Und öfter habe ich das nicht gemacht, nur wenn es nötig wurde. Frau Zeisig war zuckerkrank.«

»Mit zuckerkrank meinen Sie, dass Frau Zeisig an manchen Tagen nicht mehr in der Lage war, die Tür zu öffnen?«

»Genau.«

»Als Nachbar haben Sie ja sicher einiges von Frau Zeisigs Leben mitbekommen. Wie würden Sie sie beschreiben?«

»Umtriebig. Günther hat sie dreimal die Woche mit dem Auto zum Hermannplatz gefahren. Dafür musste sie ihn aber bezahlen, denn eigentlich war das ja keine große Liebe zwischen ihr und ihren Söhnen. Ja, und wenn sie dann mal nicht aufmachte, kam er zu mir rüber, und ich habe ihm geholfen. Manchmal war das auch nötig. Da saß sie auf der Couch und war ganz benommen. Aber ob das am Zucker lag? Auf dem Tisch stand meist eine Flasche Wodka, die war fast leer. Ich würde ihr keinen Vorwurf machen, wenn sie hin und wieder etwas getrunken hat. Sie war ja doch viel allein. Geht einigen älteren Frauen so, schätze ich.«

»Dass sie Wodka trinken?«

»Ich meine, Frau Kommissarin, dass Frauen öfter allein sind, weil die Männer ja meist vor ihnen sterben oder sich absetzen. So wie der Mann von Frau Zeisig. Sie hatte zwei kleine Jungen damals. Das ist dann alles nicht leicht.«

»Frau Zeisig war also viel allein.«

»Ja und nein, wenn ich so sagen darf. Sie war öfter auf Reisen, und am Montag, Mittwoch und Samstag ist sie zum Hermannplatz, und manchmal hat sie sich da wen aufgegabelt.«

»Was für Leute waren das?«

»Junge Männer. Ausländer. Sie hat immer gesagt, die würden ihr Sachen im Haus reparieren. Ich fand das traurig. Aber sie war eben viel allein. Und dass es Ausländer waren … Wenn sie es so gehalten hat, dann war das ihre Sache. Ich mische mich in solche Geschichten nicht ein. Dass ich im Notfall die Tür öffne, war natürlich eine Abmachung.«

»Mit Frau Zeisig.«

»Mit ihrem Sohn. Mit Günther hatte ich diese Abmachung. Der hatte natürlich ein Interesse daran, reinzukommen. Er hat ja keine Arbeit. Und er trinkt. Also kommt er her, damit seine Mutter ihm Geld gibt. Vorgestern, als er zu mir kam, hatte er auch eine Fahne.«

»Woher wissen Sie, dass er Geld bekam?«

»Von ihr.«

»Sie haben mit Frau Zeisig über solche Familieninterna gesprochen?«

»Wir sind seit fast vierzig Jahren Nachbarn.«

»Sie kannten sie also ganz gut«, stellte Manz fest.

»Unter uns: Sie war keine besonders angenehme Person. Und das ist noch vorsichtig ausgedrückt.«

Manz sah Vera kurz an, die nickte. Sie wusste, dass Manz andere Fragen stellte als sie.

»Sie war nicht angenehm in welcher Hinsicht?«

»Geldgierig.«

»Hatte sie einen Beruf?«

»Unterwegs war sie viel. Aber gearbeitet? Ich glaube nicht.«

»Wenn sie aber doch so viel unterwegs war …«

»Ja, aber immer erst so ab zehn oder elf, nie morgens in der Früh.«

»Woher wissen Sie das so genau?«

»Morgens hat sie gefegt. Den Weg zum Haus.«

»Verstehe. Und das Verhältnis zu ihren Söhnen war nicht gut, sagen Sie.«

»Rumkommandiert hat sie die. Schon als sie klein waren. Wir Alteingesessenen nannten die beiden immer ihre Knechte. Und geizig wie gesagt.«

»Wie kommen Sie auf geizig? Haben Sie Geschäfte mit ihr gemacht?«

»Geschäfte nicht, aber ich habe mir zwei, drei Mal was von ihr geliehen. Sie hat fünfzehn Prozent Zinsen verlangt.«

»Wie viel haben Sie sich denn geliehen?«

»Jeweils 3000 Mark. Ich glaube, jetzt reicht's aber mal.«

Dieser Satz galt Jabłoński, der gerade eine Schublade aufzog. Vera bat ihn daraufhin, im Auto zu warten.

»3000 Mark, das ist viel Geld«, stellte Manz fest, nachdem Jabłoński gegangen war. »Sie hat Ihnen das Geld einfach so in die Hand gedrückt?«

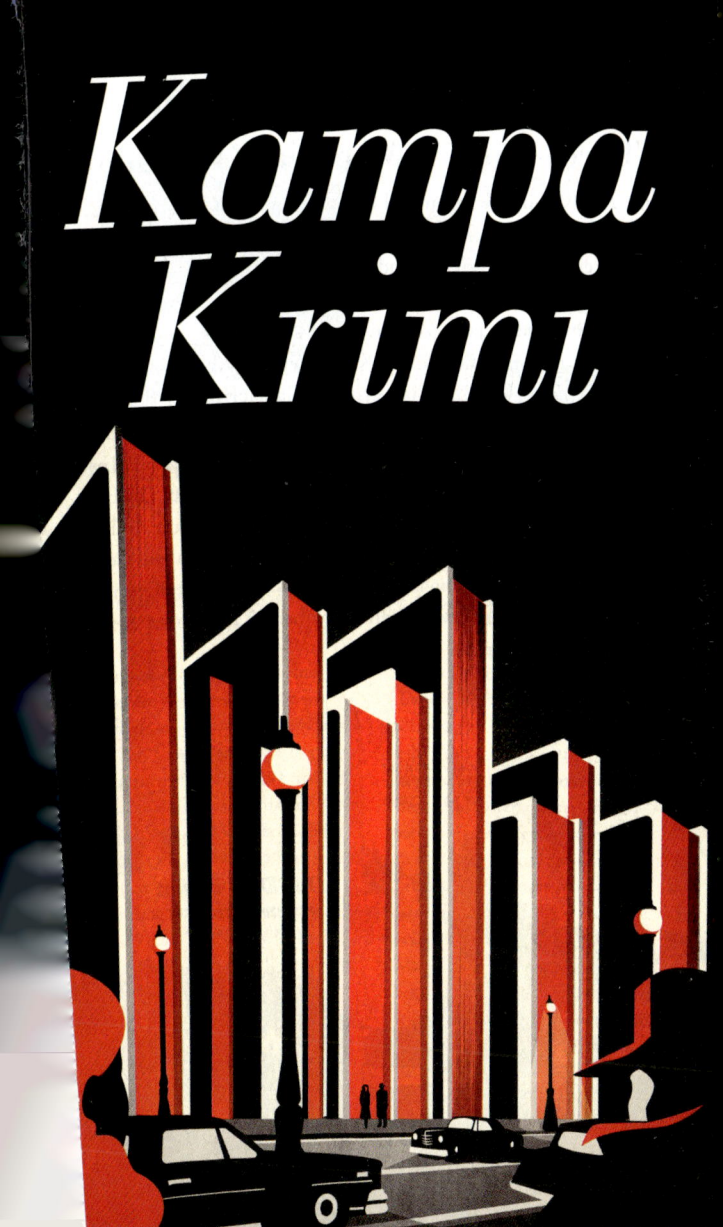

Kampa
Krimi

Kommissar Maigret
Paris und Frankreich

Muss Maigret, laut Jean-Luc Bannalec »der Kommissar der Kommissare«, überhaupt noch vorgestellt werden? Er ist eine Legende, sofort erkennbar an seiner Pfeife und seinem schweren Mantel, seinem Büro am 36, Quai des Orfèvres mit Sicht auf die Seine und dem Kanonenofen, der nur im Sommer nicht vor sich hinblubbert. »Verstehen und nicht urteilen«, lautet die Devise Maigrets. Er sucht keine Beweise oder Indizien, sondern versetzt sich in das Opfer und die Verdächtigen, begibt sich in ihr Milieu und versucht, sie zu verstehen. Mehr braucht er nicht, um den Täter zu finden ... Doch, ab und zu ein Glas Bier oder etwas Hochprozentiges und etwas im Magen. Zum Glück gibt es in Frankreich an jeder Straßenecke ein Bistro oder Restaurant. Oder Madame Maigret hat zu Hause am Boulevard Richard-Lenoir etwas für ihren stets hungrigen Mann gekocht.

240 Seiten | Gebunden
€ (D) 16,90 | sFr 21,90
€ (A) 17,40
ISBN 978 3 311 13001 7

Maigrets
erster Fall

SIMENON
Maigret
Maigret und
Pietr der Lette

Ein luxuriöses Hotel auf Mallorca: fünf Sterne – und zwei Tote

ein Blaulicht, dafür Sonnenuntergänge an den schönsten Strän-
en der Welt. Er hasst Fingerabdrücke, vor allem auf Kristallglä-
rn. Statt durch endlose Verhöre, muss er sich durch Sechs-Gänge-
enüs quälen. Seine Berichte sind gefürchtet, auch wenn sie nie-
anden hinter Gitter bringen. Ben Martin hat einen Traumjob:
s Hotelinspektor reist er inkognito um die Welt, um Ausstat-
ng und Service der Hotels zu testen. Aber keine Nachlässigkeit
Service ist so schlimm wie eine Leiche am Hotelstrand ...

ca. 256 Seiten | Gebunden
€ (D) 16,90 | sFr 21,90 | € (A) 17,40
ISBN 978 3 311 12516 7

Schicken Sie eine E-Mail an newsletter@kampaverlag.ch
oder eine Postkarte mit Ihrer Adresse an Kampa Verlag,
Hegibachstr. 2, 8032 Zürich in der Schweiz.
Wir erschlagen Sie nicht mit Werbung,
sondern schicken Ihnen nur halbjährlich
unseren Kriminewsletter oder Krimiprospekt.

WSLETTER
ODER
ATALOG

www.kampaverlag.ch

Illustration: © iStock: Svetlana Aganina / Cover: Mathieu Persan © Kampa Verlag

Maigret ermittelt in der Bretagne.

208 Seiten | Gebunden
€ (D) 17,90 | sFr 24,50 | € (A) 18,40
ISBN 978 3 311 13006 2

Seit in Concarneau ein Weinhändler fast erschossen und in den Flaschen des Hotels Gift gefunden wurde, herrscht helle Aufregung in der bretonischen Hafenstadt. Und so sitzt Maigret im Café im Hôtel de l'Amiral, raucht Pfeife und beobachtet das Kommen und Gehen und die verängstigten Stammgäste. Warum glauben sie, die nächsten Opfer zu sein? Und was hat es mit dem gelben Hund auf sich, der an jedem Tatort auftaucht?

Dieser Maigret spielt in Bannalecs Bretonisches Vermächtnis *eine zentrale Rolle.*

Maigret

Die Sammleredition
48 der 75 Bände sir
bereits erschiene

© 2020 by Kampa Verlag / ISBN 978 3 311 80101 6

»Oh nein. Ich musste einen richtigen Vertrag unterschreiben. Frau Zeisig hat ja als junge Frau bei einer Bank gearbeitet. Das Geld habe ich immer bar bekommen. Eingewickelt in Haushaltsfolie.«

»Warum in Haushaltsfolie? Hat sie mal was darüber gesagt?«

»Nein. Mir war das egal, solange die Scheine echt waren. Ich war nach meiner Scheidung ein paar Monate ohne Arbeit. Hatte ja vorher in der Firma meines Schwiegervaters gearbeitet. Aber nach der Scheidung … Meine Frau war auch dort beschäftigt, hat Rechnungen geschrieben und so. Das ging nicht, dass wir uns da ständig über den Weg liefen. Irgendwann hatte ich wieder Arbeit und habe das abgestottert. Die Zeisig war knallhart, was das anging. Und hat sich dann auch noch beschwert, dass sie Günther Geld geben muss. Der ist Alkoholiker!«

»Das sagten Sie schon.«

»Daran wird sie nicht ganz unschuldig sein. Aber wenn da was ist, wenn das kein natürlicher Tod war, dann würde ich auf den Älteren tippen. Auf Thomas.«

»Wissen Sie, ob Frau Zeisig auch anderen Personen Geld geliehen hat?«

»Bestimmt.«

»Woraus schließen Sie das?«

»Weil sie, als ich mir das erste Mal Geld von ihr geliehen habe, da hatte sie gleich einen Vertrag zur Hand. Sie hat mein Haus inspiziert und sich die Papiere für meinen Wagen angesehen. Den Fahrzeugschein. Wegen der Sicherheit. Auch wie sie über die Zinsen, eventuell anfallende Verzugszinsen, und die Raten geredet hat. Das war nicht so, als ob einem die Nachbarin mal aushilft, das war ein Geschäft. Aber ich glaube nicht, dass einer von ihren Schuldnern sie erwürgt hat, weil … Ist sie denn wirklich ermordet worden?«

»Es ist besser, wenn wir die Fragen stellen«, sagte Vera.

»Waren Sie in letzter Zeit bei ihr im Haus?«

»Warum ist das wichtig?«

»Weil wir dort viele Fingerabdrücke gefunden haben.«

»Ich war öfter dort, ja, aber nicht an dem Tag.«

»An dem sie ermordet wurde?«

»Von Mord habe ich nichts gesagt!«

»Sie benutzten eben das Wort ›erwürgt‹.«

»Ich weiß gar nichts, ich war schon Wochen nicht mehr dort. Aber wenn Sie nach ihrem Umgang fragen, also wen sie reingelassen hat: Da waren wie gesagt immer mal junge Männer bei ihr. Auch in der Woche, in der ich sie zum letzten Mal gesehen habe, war einer da. Mindestens drei Mal ist der gekommen. Südländischer Typ, aber kein Türke, Jugo oder Italiener. Vielleicht ein Rumäne, oder … Mit den Rumänen und Ungarn hatte sie es, weil ihre Großeltern oder Eltern da herkamen. Jedenfalls war dieser junge Mann zwei Mal bei ihr, in der Woche, bevor es dann still wurde, drüben.«

»Wann genau war das?«

Thomsen überlegte eine Weile und zog schließlich einen Tischkalender zurate, der in der Schublade lag, die Jabłoński zuvor aufgezogen hatte.

»Hier. Das muss in der Woche so um den zehnten herum gewesen sein.«

»Sie erwähnten eben, dass es ›still‹ wurde?«, sagte Vera. »Was meinen Sie mit ›still‹?«

»Sie hat nicht mehr gefegt.«

Auch Manz hatte die Stille sofort mit den Blättern auf dem Weg zum Haus in Verbindung gebracht und mit der ersten Aussage von Günther Zeisig. Er fand es komisch, dass beide Zeugen das Wegfegen von Blättern als das eindeutigste Lebenszeichen werteten. Er konnte den Gedanken nicht weiterverfolgen, denn Vera hatte sich mit ihrer nächsten Frage auf das Naheliegende konzentriert.

»Sie könnten sich also vorstellen, Herr Thomsen, Sie sind sich fast sicher, dass Frau Zeisig regelmäßig Geld verliehen, dass sie das quasi beruflich gemacht hat.«

»Sie hat sich öfter darüber beschwert, dass alle ihr Geld wollen und unleidlich werden, wenn es ans Zurückzahlen geht.«

Manz mischte sich erneut ein: »Wenn Sie sagen, dass dort öfter Leute ein und aus gingen, dann glaube ich Ihnen das. Sie haben ja einen ganz guten Blick auf das Grundstück.«

»Ich habe sie nicht observiert.«

»Natürlich nicht. Ich meinte damit, dass Sie hin und wieder mal rübergesehen haben. Zum Beispiel von hier aus. Man sieht den gesamten Eingangsbereich.«

»Ich sitze immer in diesem Sessel, das Sofa ist nur für Besuch.«

»Verstehe.«

»Aber ich sehe natürlich hin und wieder mal rüber. Wie man das bei seinen Nachbarn eben macht. Hier in der Siedlung wurde schon öfter eingebrochen. Das war eine ganze Serie. Wie ich gehört habe, Albaner oder Rumänen.«

»Wann war das?«

»Letztes Jahr.«

»Wenn Sie hin und wieder zum Grundstück Ihrer Nachbarin rübergesehen haben, können Sie sich daran erinnern, ob Frau Zeisig in der Zeit zwischen, sagen wir, letztem Freitag und Montag Besuch hatte?«

Thomsen zog erneut seinen Kalender zurate.

»Mittwoch und Donnerstag war ich in Hamburg bei meinem Bruder, und am Freitag habe ich im Keller ein Regal eingepasst, das mein Bruder mir überlassen hat. Deshalb war ich ja in Hamburg. Um das Regal abzuholen. An den anderen Tagen? Nein, mir ist nichts aufgefallen. Tut mir leid. Aber was anderes fällt mir gerade ein: Sie hat für einen Franzosen Geld in die Schweiz gebracht. Und das waren wohl größere Summen.«

»Das hat sie Ihnen gesagt?«

»Es ging immer mal um diesen Franzosen und um ein Schweizer Nummernkonto. Die Zeisig war eine ziemliche Angeberin, und wenn sie betrunken war, hat sie geredet, ob man es nun hören wollte oder nicht. Ich dachte immer: Was geht mich das an? Aber was meinen Sie denn, wie die zu ihrem vielen Geld gekommen ist? Richtig gearbeitet hat sie ja nie. Wir sind ungefähr gleichzeitig hergezogen. Sie damals noch mit ihrem Mann. Zweiundfünfzig war das. Da war sie Anfang zwanzig. Sie sah sehr gut aus, das muss ich sagen. Und immer sehr weiblich angezogen. Aber auch akkurat. Wie eine Geschäftsfrau. Sie wissen, was ich meine. Selbst mit sechzig sah sie noch gut aus, die hat auf sich geachtet. Aber gearbeitet? Nicht, dass ich wüsste.«

»Wer dieser Franzose war …«

»Tut mir leid.«

»Na gut, das werden die Söhne uns ja sicher erklären können.«

»Wenn sie nüchtern sind.«

»Kommen wir noch mal darauf zurück, wie die Brüder am Dienstag ins Haus kamen.«

»Na, der Günther hat mich geholt, weil kein Schlüssel da war. Ich wollte gerade die Tür öffnen, als Thomas auf einmal doch einen Schlüssel hatte. Er sagte: ›Ah, hier!‹ Und da hielt er ihn auch schon in der Hand. Angeblich hat er ihn unter einem Blumentopf gefunden. Die große Geranie rechts von der Tür.«

»Haben Sie gesehen, wie er ihn da rausgeholt hat?«

»Nein.«

»Sie sind dann alle drei ins Haus gegangen.«

»Ich nicht. Oder nur einen Meter weit. Es roch ja schon nach Leiche.«

»Und die Söhne von Frau Zeisig?«

»Das kann ich Ihnen nicht genau sagen. Mir war ganz schlecht von dem Geruch, ich hab auf nichts mehr geachtet. Aber reingegangen sind beide.«

An dieser Stelle brachen sie die Vernehmung ab. Grossmann hatte geklingelt.

»Kommt ihr bitte rüber? Wir haben etwas gefunden, das ihr euch ansehen solltet.«

Die Fahrt mit dem Kajak

Manz richtet sich auf, blickt runter zur Elbe und denkt dabei über die Vernehmung von damals nach. *Thomsen hat nichts gesagt, das nach einer eindeutigen Lüge roch.* Zu diesem Schluss waren Vera und er damals gekommen.

Manz betrachtet die Kopie eines Fotos. *Muss eins der ersten gewesen sein, die Jabłoński damals gemacht hat.* Die Luft ist dunstig, das Haus im Hintergrund wirkt wie eingetrübt. Auf dem Foto sieht man links vorne im Anschnitt einen der Polizeiwagen. Im Zentrum der Aufnahme steht der Weg, der zum Haus führt. Er beschreibt eine leichte Kurve. Der Polizeiwagen im Vordergrund wirkt so unscharf wie hinten das Haus. Offenbar hatte Jabłoński auf den Weg fokussiert. Und auf dem liegen tatsächlich einige Blätter.

Hat der verrückte Jabłoński noch vor mir erkannt, dass der gefegte Weg in den Aussagen eine Rolle spielen wird? So wie Thomsen sie damals beschrieben hat, muss die Zeisig wie eine Sekretärin ausgesehen haben. Oft auf Reisen, viel außer Haus. Woraus hat er geschlossen, dass sie nie arbeiten ging? Weil sie morgens fegte?

Manz lächelt, diese Frau war grotesk.

Hat ordentlich gefegt, professionell Geld gegen Wucherzinsen verliehen und sah aus wie eine hübsche Sekretärin, die ihre Söhne regelmäßig verprügelt. Wie passt das alles zusammen?

Manz kommt nicht drauf. Also geht er runter in die

Küche und macht sich einen Kaffee. Durchs Küchenfenster sieht er Wolfgang, der den Rasen vor seinem Haus mäht. *Das dritte Mal diese Woche, Thomsen hatte recht damals, man sieht öfter mal rüber zu seinem Nachbarn.*

Wolfgang gibt sich Mühe mit den Kanten.

Ist es das, worauf es hinausläuft, wenn man über die Nachbarn redet? Eine, die immer den Weg gefegt, einer, der immer den Rasen gemäht hat. Wolfgang ist aber kein Gärtner, er war eine wichtige Figur im Berliner Bausenat, hat eine Vorgeschichte. Was für eine war die Zeisig?

Manz blickt auf seine Uhr, *halb vier, noch so früh,* und fasst einen Entschluss. Er braucht frische Luft, will sich bewegen, vielleicht sogar anstrengen. Also geht er zum Ruderclub, holt sein altes Kajak aus dem Schuppen, säubert es oberflächlich und lässt es zu Wasser.

Wie lange hab ich das nicht mehr gemacht? Alleine rausfahren.

Als er einsteigt, meint Manz, das Fahrzeug würde doch recht stark schwanken. *Lange nicht mehr dringesessen.* Sobald er sein Gefährt etwas in Schwung gebracht hat, hört das auf.

In einem Kajak sitzt man noch tiefer als in einem Ruderboot. Jedenfalls fühlt es sich für Manz so an. Dazu kommt, dass er auf sich allein gestellt ist. Er beschließt, vorsichtshalber nicht zu weit in die Mitte des Stroms zu paddeln, da die Strömung der Elbe bisweilen recht stark ist. Manz entscheidet außerdem, flussaufwärts zu fahren. Falls er irgendwann erschöpft ist, kann er sich einfach von der Strömung mitnehmen und zurück zum Club tragen lassen.

Zwei Stunden später ist er noch immer nicht müde. *Viele Graureiher.* Einige Male hat er aufpassen müssen, weil das Kajak in die Wellen größerer Lastkähne kam. Es ist bereits halb sechs. Nun, für den Rückweg wird er weniger Zeit brauchen, da die Strömung auf seiner Seite ist.

Während er weiter flussauf paddelt, denkt Manz noch mal an das Bild, das die Zeugen damals von der Toten gezeichnet hatten. Es war widersprüchlich. Von dieser Erkenntnis aus macht er einen gedanklichen Sprung und muss zugeben, dass er selbst nicht anders war. Allerdings in einem sehr viel persönlicheren Fall. Und so kommt er wieder auf Christine. Er hat immer gemeint, dass sich ihre beruflichen Aufgaben erst nach ihrem Umzug nach Dresden so erweitert hätten, dass sie erst da angefangen hätte, ihre Vorträge zu halten. Das war doch auch naheliegend, da ja damals viele im Osten arbeitslos wurden. Vor allem für jüngere Menschen war das eine Katastrophe. *Und das war doch ihr Fachgebiet. Programme zu entwickeln für die Wiedereingliederung junger Arbeitsloser.*

Gestern, als er über Vera und sich nachdachte, hat er gemeint, dass das alles nur passieren konnte, weil Christine so oft für einige Tage, manchmal sogar eine Woche lang weg war. *Da hielt sie also auch schon Vorträge.* War es nicht sogar so, dass sie damals mehr Geld verdiente als er? *Das Haus, in dem wir leben, verdankt sich das nicht eher ihrem Einkommen als meiner Abfindung?*

Auf solche Kleinigkeiten hatte er nie geachtet. Auch jetzt dauert es eine Weile, ehe er wieder weiß, wie es war, wie es heute noch ist. Denn Christine hatte ja nicht aufgehört zu arbeiten, als sie das entsprechende Alter erreichte. Er hatte sich immer vorgestellt, dass sie auf ihren Reisen vor Arbeitslosen sprach. *Dabei hat sie es mir doch erklärt.* Sie instruierte Menschen, die mit der Vermittlung von Arbeitslosen befasst waren. Vermittelte Programme. Wies auf Gelder hin, die für so etwas bereitgestellt wurden. Seit ihrem Umzug nach Dresden hat sich ihr Betätigungsfeld nach und nach verändert. *Klar, das Haus musste abbezahlt werden. Jetzt berät sie Firmen, die Arbeitslose vermitteln.* Und doch stellt er sich seine Frau noch immer als eine vor, die hinter einem Pult steht und zu einer Gruppe schlecht gekleideter Menschen spricht. Warum hat er so ein falsches Bild vom beruflichen Werdegang seiner Frau? *Doch, wusste ich alles. Aber irgendwie auch nicht.*

Als Manz da angekommen ist mit seinen Überlegungen, sieht er den Plattenweg mit den Ahornblättern und dann Wolfgang, der ihren neuen Vierer mit einer Lackschicht nach der anderen behandelt.

Über mich? Was werden sie da sagen? Er hatte kräftige Oberarme und konnte gut rudern?

Manz schiebt das weg und geht noch weiter zurück. Bis zu der Zeit, als er Christine kennengelernt hat. Auch da ist alles sehr ungenau. Zwei Dinge immerhin meint er zu wissen.

Sie hat mir gefallen, weil sie gut aussah und wusste, was sie will. Andererseits ... Kam sie mir nicht schon damals sehr auf ihren Beruf bezogen vor? Der schien ihr doch immer das Wichtigste zu sein. Kalt? Nein, kalt ist Christine nicht. Selbstbewusst, das ja. Und sehr mütterlich. Passt denn mütterlich zu selbstbewusst, oder ist Christine nur innerhalb der Familie so? Mütterlich. Vera war alles andere als mütterlich. Kühl. Beinahe unnahbar. Das war es wohl. Mich hat das Kalte gereizt.

Manz krempelt seinen linken Ärmel ein Stück hoch. *Schon 19 Uhr? Ist er tatsächlich über drei Stunden den Fluss hinaufgepaddelt? Nicht, dass ich am Ende in Tschechien lande. Sollte spätestens um halb zehn zurück sein, diese Nussschale ist bei Dunkelheit für andere Wasserfahrzeuge kaum zu erkennen.*

Er wendet. Manz hat sich zwar Gedanken über Fahrzeit und Strömung gemacht, aber nicht an Regen gedacht.

Es beginnt als feines Geniesel. Unangenehm, aber nicht weiter schlimm. Dann nimmt die Stärke des Regens zu. Manz' Entschluss, Kajak zu fahren, ist so plötzlich gekommen, dass er an einiges nicht gedacht hat. So hat er weder etwas zu trinken noch ordentliche Regenbekleidung dabei. Also versucht er schneller zu werden, was ihm zunächst auch gelingt. Aber er hat noch immer zwei Stunden Fahrt vor sich. *Mindestens.*

Manz beginnt sich Sorgen um seine Kräfte, seine Gesundheit, seine Sicherheit zu machen. *Mit dem Fluss ist nicht zu spaßen, jedes Jahr ertrinken hier welche. Nun gut, ich bin in einem Boot, nicht im Wasser.*

Und doch fühlt es sich nach einer Weile so an, als sei er im Wasser. *Nass bis auf die Knochen.* Der Regen lässt nicht nach, jetzt nimmt auch noch der Wind zu. Der ist, wie Manz schnell bemerkt, kalt. *Und das mitten in diesem glühheißen Sommer.*

Die Bäume am Ufer bewegen sich heftig hin und her. *Kalt. Liegt aber nicht am Wind, sondern daran, dass ich nass bin.*

Was kann er tun? Natürlich, das Ufer ist nur zehn Meter entfernt. Aber dort ist nichts. Kein Dorf, keine Stadt. Außerdem ist die Böschung sehr steil, wird durch große Steine geschützt. Er würde im Wasser aussteigen und ans Ufer schwimmen müssen. *Was dann?* Es gibt, das weiß er, weiter oben eine Straße. Soll er dort hinlaufen, sich klatschnass hinstellen, um zu versuchen, jemanden anzuhalten? Nein, da ist es schon besser, wenn er paddelt.

Vor allem musst du an was anderes denken.

Manz bekommt seine aufsteigende Unruhe in den Griff. Er ist hier in Deutschland, kann sich zur Not ans Ufer retten. Er wird nicht ertrinken. Wichtig ist jetzt nur, dass er sich nicht überanstrengt, sondern ein gleichmäßiges Tempo hält. *Klappt schon, du bist kein Anfänger.*

Der Regen wird immer dichter. Manz paddelt näher ans Ufer. Er muss ja wissen, wo er fährt. Sollte er das Ufer aus den Augen verlieren, würde er womöglich zu weit raus, in die Fahrrinne geraten, und dort sind immer noch Lastkähne unterwegs. Näher ans Ufer ist kein Problem, nur gerät er jetzt in den Bereich der Buhnen, jener dammartigen steinernen Bauwerke, die den Fluss daran hindern sollen, die Ufer abzutragen. Die muss er nun einzeln umfahren. Gegen 20 Uhr 30 merkt Manz, dass ihn die Kräfte verlassen. Er spürt seine Arme kaum noch, die Muskeln fühlen sich an wie aus Stein.

Da er wegen des Regens vom Ufer kaum etwas sieht, kann er nur der Uhrzeit nach schätzen, wie weit er vom Ziel entfernt ist. *Wenigstens eine Stunde, eher mehr.*

Ihm kommt die Idee, sich mit dem Vorgang Regina Zeisig zu befassen. Doch ausgerechnet jetzt, da ihm diese Beschäftigung genützt hätte, gelingt es nicht. *Offenbar eine Sache, die nur in der Bequemlichkeit funktioniert, eine Sache für einen Rentner im Sessel.* Er meint, sich an einige Gesichter zu erinnern, aber das bringt ihn nicht weg von der Gefahr, der er sich auf geradezu leichtsinnige Weise ausgesetzt hat. *Wie bin ich auf diese schwachsinnige Idee gekommen?* Er wollte sich doch nur ein bisschen anstrengen, um nicht noch tiefer in seiner Recherche zu versinken. Manz fängt an, laut zu sprechen, geht hart mit sich ins Gericht.

»Was soll das, zwei Frauen gegeneinander auszuspielen, dich für etwas zu rechtfertigen, das seit fast dreißig Jahren überhaupt keine Rolle mehr spielt! Christine hat nie erfahren, dass Vera und ich ein Verhältnis hatten, während meiner letzten Monate in Berlin. Für sie ist die alte Geschichte doch gar nicht existent! Und komm bloß nicht auf die Idee, jetzt noch auszupacken! Komm bloß nicht auf die Idee! Komm bloß nicht mit der großen Wahrheit!«

So schimpft er, ja, es ist beinahe ein Brüllen. Und weil er so brüllt, weil er sich ganz in sich selbst reingedreht hat, ist er nicht vorbereitet, als ihn die Welle von achtern trifft. Dabei hat er doch das Rauschen gehört. Oder nicht? Etwa ein, zwei Minuten vorher. Als ihn der Lastkahn überholte.

Sein Heck wird seitlich angehoben, Manz macht eine falsche Bewegung und kentert. Hängt plötzlich kopfunter im Boot. Die Paddelstange hat er verloren, er wird es nicht schaffen, sich aufzurichten. Wenn er Pech hat, wird er mit seinem Kopf gegen einen Stein prallen, und … Nun, das ist nicht sein größtes Problem, er muss vor allem raus aus dem Boot. *Gott, wie … Gott!* Er kämpft, die Luft wird knapp und er hängt an irgendwas fest. Noch ein paar Sekunden, und er wird … *Ruhig, bleib ruhig. Nein!* Manz' Bewegungen, sein Zerren, sein Kampf werden immer hastiger. Die Lungen verlangen danach, sich zu füllen. Also strengt er sich noch mehr an, meint, ein Brennen in den Armen zu spüren. Gleich wird er das Bewusstsein verlieren, und dann … Ganz plötzlich hört er auf, zu kämpfen. Ihn überkommt ein Gefühl großer Leichtigkeit. *Ob es wohl so ist, wie manche behaupten? Dass im Moment des Todes das ganze Leben verbeizieht? Wie ist das eigentlich? Werde ich nach meinem Tod auftreiben oder absinken?* Und wann und wo würde man ihn finden?

Pommes mit Mayonnaise

»Da«, sagte Grossmann, nachdem er Manz und Vera in die Küche von Regina Zeisig dirigiert hatte. »Die hätten wir fast übersehen. Wer baut sich auch die Kellertür hinter einem Regal der Vorratskammer ein? Und jetzt bitte schön langsam, es geht sehr steil runter. Passt auf, dass ihr euch nicht den Kopf anrennt.«

Grossmann ging voran.

»Die Heizung wurde früher offenbar noch mit Kohle betrieben. So …« Grossmann hebelte an zwei Griffen, öffnete eine niedrige Stahltür. »Hier wurde früher das Brennmaterial gelagert. Wir haben zuerst nur pro forma reingesehen.«

Manz bekam Platzangst, meinte, er könne nicht atmen.

»Da unten, an den beiden Rohren.« Grossmanns Stimme dröhnte in dem engen Raum. Der gebündelte Strahl seiner Taschenlampe erfasste, worum es ihm ging. »Kabelbinder. Vier am Rohr, und da liegen auch noch welche.«

»Alle festgezurrt, aber durchgeschnitten«, sagte Vera. Auch ihre Stimme klang ganz fremd dort unten. Dann leuchtete Grossmann zur Decke, dort hingen große Haken.

»Und als Drittes noch das hier.« Grossmann leuchtete zwei fleckige Handtücher an, die über einem Rohr hingen. »Die müssen auch untersucht werden.«

»Ist das Blut?«

»Wenn, dann ist es schon älter.«

»Und was soll das darstellen?«, fragte Vera. »Eine Folterkammer?«

»Ich weiß nicht, wir werden eine Weile brauchen, ehe wir das alles untersucht haben.«

Manz atmete ein paarmal tief durch, als sie wieder in

der Küche standen. Und Grossmann war noch nicht fertig. Er zeigte auf den Teller, auf dem noch immer die Knochen lagen, und erklärte mit einer Verstellung der Stimme zum Geheimnisvollen: »Hähnchen.« Eine kleine Pause. »Dazu gab es offenbar Pommes mit Mayo.«

Manz nickte.

»Zuerst haben wir dem keine große Bedeutung beigemessen, aber in der Spüle standen noch ein Teller und ein Glas. Auf diesem Teller fanden sich Brotkrümel.«

»Sie hat also ein Hähnchen mit Pommes Frites gegessen und dazu eine Scheibe Brot«, sagte Vera.

»Nicht so schnell. Wir haben nämlich in der Speisekammer noch das hier entdeckt.« Grossmann reichte ihr zwei Beutel der Spurensicherung. In jedem befand sich eine Art Paket, mit Alufolie umwickelt. »In diesem«, erklärte er, »befindet sich ein halbes Hähnchen. In dem anderen sind Pommes Frites.«

»Mit Mayonnaise?«, fragte Manz, ohne sich groß was dabei zu denken.

»Mit Mayonnaise«, sagte Grossmann. Und noch immer sprach er, als würden sie gerade die Grabkammer von Tutanchamun inspizieren. Dabei wirkte die lichtgelb gestrichene Raufasertapete eigentlich recht fröhlich. Das Gleiche galt für die gerahmten Reproduktionen nach Vorlagen von Heinrich Zille, die an den Wänden hingen. Auf einer war der berühmte *Wurstmaxe* abgebildet. Auch auf anderen Reproduktionen viele Kinder, die recht neckisch und nackicht wirkten. Alle Bilder hatten zwei Dinge gemeinsam. Es ging entweder ums

Essen, oder kleinen Kindern wurde auf den Popo geklopft.

»Sie hat also zwei halbe Hähnchen mit zwei Portionen Pommes gekauft und nur eine Mahlzeit gegessen«, fasste Vera den Befund kühn zusammen.

»Da bin ich nicht sicher.« Grossmann öffnete den Kühlschrank. »Seht ihr? Gurkensalat. Obstsalat. Krautsalat. Das da ist Tofu. Und das ist Käse mit einem Fettgehalt von 1,5 Prozent.« Er ging zu einem Regal und holte ein paar Kochbücher heraus. »*Vegetarisch kochen, Die Asiaten wussten es schon immer, Kochen ohne Fleisch, Länger leben ohne Fett.*«

»Eine Vegetarierin mit einem Folterkeller?«, fragte Vera. »Das kriege ich nicht zusammen.«

»Eine Vegetarierin, zwei halbe Hähnchen und zweimal Pommes mit Mayo«, konterte Grossmann.

»Du willst sagen, sie hatte Besuch.«

»Natürlich könnte sie auch Lust gehabt haben, mal über die Stränge zu schlagen. So was soll auch bei Vegetariern vorkommen. Nur, warum kauft jemand zwei Portionen, wenn er nur eine isst?«

»Jemand hat zwei Portionen mitgebracht, das meinst du. Er hat seine Portion gegessen, sie hat ihre in die Speisekammer gelegt. Weil sie so was nicht mochte. Und stattdessen ein Brot gegessen und ein Glas Saft getrunken.«

Grossmann zuckte mit den Schultern. »Ich wollte euch nur zeigen, was ich gefunden habe. Im Mülleimer lag noch die Thermoverpackung, in der die Sachen ins Haus gekommen sind. Nebst Kassenzettel. Hier:

Grillstation Karstadt am Hermannplatz. 14.12.90 um 12 Uhr 16. Der 14., das war Freitag. Vielleicht hilft euch das, den Todeszeitpunkt einzugrenzen. Man isst Grillhähnchen und Pommes für gewöhnlich nicht kalt.«

»Und warum wurden die beiden halben Hähnchen nebst Pommes am Hermannplatz gekauft, wenn sie in Buckow wohnt?«, fragte Vera und sah Manz an. »Gibt es in Buckow keinen Grillstand?«

»Doch, an der S-Bahn. Vielleicht hat das jemand mitgebracht, der noch nicht oft in Buckow war oder ein Auto fährt.«

Als sie gerade zurück in ihrem Büro waren, rief Thorsten Schimmag an, er hatte die Tote mittlerweile obduziert. Manz ging sofort runter. Vera fühlte sich nicht wohl, die Kopfschmerzen, die sie schon seit einigen Wochen immer mal wieder plagten, waren schlimmer geworden.

Als Manz den Obduktionsraum betrat, stand Schimmag vor einem großen Becken aus Edelstahl und war damit beschäftigt, das Ausgussssieb zu reinigen.

»Sie wurde erwürgt. Kein Geschlechtsverkehr in letzter Zeit. Weder freiwillig noch unfreiwillig. Eins weicht vom Üblichen bei Frauen ihrer Generation ab. Jedenfalls von solchen aus Buckow. Frau Zeisig hat sich während der letzten Jahre einigen Schönheitsoperationen unterzogen. Nicht gerade billig, was sie hat machen lassen. Sie war auch sonst körperlich gut in Form. Zu Lebzeiten muss sie einen recht sportlichen und jungen

Eindruck gemacht haben. Eher wie Mitte vierzig als sechzig.«

»Und?«

»Na, in der *BZ* stand, sie sei eine Omi gewesen.«

»Die *BZ* schreibt auch, dass Boris Becker zusammen mit Pink Floyd demnächst ein Konzeptalbum aufnehmen wird.«

»Lass das, Manz. Du machst mir Angst. Morgen früh zur Besprechung bekommt ihr den kompletten Bericht. Wo ist Vera?«

»Kopfschmerzen.«

»Schon wieder? War sie mal beim Arzt?«

»Wegen Kopfschmerzen?«

Schimmag zog sich neue Handschuhe an und konzentrierte sich auf die Leiche eines jungen Mannes, dessen gesamter Körper von Hämatomen bedeckt war.

Zurück im Büro rapportierte Manz Schimmags Befund. Damit bekam der Fall eine andere Einstufung.

»Was ist mit deinen Kopfschmerzen?«

»Besser.«

Als Nächstes fuhren Manz und Vera zur Wohnung von Thomas Zeisig. Sie klingelten vier Mal. Beim letzten Versuch drückte Vera volle dreißig Sekunden auf den Knopf. Niemand öffnete.

»Wo steckt der?«, fragte Manz. »Er hat sich vom Tatort entfernt, ich habe ihn gestern nicht erreicht, und jetzt ist er wieder nicht da.«

»Zur Fahndung ausschreiben?«

»Bis jetzt ist er nur Zeuge.«

Als sie wieder im Auto saßen, hakte Vera noch mal wegen des Befunds von Grossmann nach.

»Glaubst du, das mit dem Hähnchen grenzt die Tatzeit ein?«

»Wenn sie wirklich Vegetarierin war, hat wohl eher jemand anderes die beiden Portionen mit ins Haus gebracht.«

»Jemand, der nicht wusste, dass sie Vegetarierin ist.«

»Dann hat er seine Portion verspeist, während sie eine Scheibe Brot gegessen hat. Später war sie nicht mehr in der Lage, die Teller abzuwaschen und die Hähnchenreste zu entsorgen.«

»Du wiederholst, was Grossmann gesagt hat. Keine eigene Idee?«

»Warum? Grossmann hat recht, sie war sehr ordentlich. Du hast die Wohnung gesehen. Ich kann mir kaum vorstellen, dass sie, als Vegetarierin, einen benutzten Teller samt Geripppe, das nach Fett und Tier riecht, längere Zeit auf dem Tisch stehen lässt.«

»Es wäre genauso gut möglich, dass derjenige, der das Hähnchen gegessen hat, ihr Haus verließ und der Täter kurz darauf eintraf.«

»Auch möglich, richtig. Aber selbst wenn der Täter nichts mit dem Hähnchen zu tun hat und erst später kam … Rechne mal mit: Auf dem Kassenzettel der Grillstation stand 14.12., 12 Uhr 16. Vom Hermannplatz bis zum Haus von Frau Zeisig braucht man nicht mehr als eine halbe Stunde. Dann wurde gegessen. Vermutlich, solange das Hähnchen noch warm war. Wie lange braucht man dafür? Fünfzehn Minuten? Anschließend kommt es zu einem Streit oder, aus was für Gründen auch immer, zu einem Angriff. Ich denke eher, die Tötung war nicht geplant, sonst hätte der Täter wohl kaum etwas zu Essen mitgebracht. Heißt, sie wurde am Freitag, den 14. Dezember, irgendwann nach 13 Uhr getötet. Vermutlich zwischen 13 und 14 Uhr. Von mir aus auch 15 Uhr. Aber kaum später, denn sonst hätte sie die Reste ja wenigstens in den Mülleimer geworfen.«

Vera zuckte mit den Schultern. Manz war noch nicht fertig.

»Der Nachbar scheint recht genau zu wissen, wer im Haus ein und aus geht. Aber am Freitag hat er seine Regale im Keller angebracht.«

»Ausgerechnet.« Vera startete den Wagen.

»Lass uns noch mal zu Thomsen fahren«, bat Manz.

»Warum?«

»Ich will die Telefonnummer seines Bruders haben. Wir müssen wissen, ob Thomsen am Mittwoch und Donnerstag wirklich in Hamburg war. Außerdem will ich die neu angebrachten Regale sehen.«

Hühnerfrikassee mit extra viel Kapern

In Thomsens Keller waren wirklich neue Regale installiert worden, und sein Bruder hatte die Reise nach Hamburg telefonisch bestätigt. Über das weitere Vorgehen würde man sich am nächsten Morgen bei der Besprechung beraten.

Als Manz nach Hause kam, war es still. *Kinder sind bei der Oma, Christine in Dresden, die Wohnungen ansehen ...*

Zuerst überlegte Manz, *zu Vera fahren?*, entschied sich dann aber dagegen. Er wusste ja nicht mal, ob sie zu Hause war. Er wusste eigentlich gar nichts. Auch nicht, was ihn selbst und seine Gefühle anging. Was reizte ihn so an einer Frau, die Grossmann und Schimmag bei mehreren Gelegenheiten als distanziert, ja beinahe gefühllos beschrieben hatten? *Gefühllos ist sie bestimmt nicht, nur etwas ...* Bei ihren kleinen Eskapaden hatte sie kein einziges Mal über ihren geschiedenen Mann gesprochen. *Dabei ist das doch alles noch frisch.* Wenn er mit ihr schlief, war sie immer sehr fordernd, und *kühn.* Keine Frage, Vera war anders als Christine. *Fast schon das Gegenteil.* Vielleicht war es das, was ihn reizte. Es bedeutete aber auch, dass Vera ihm selbst nach zwei Monaten noch fremd, ja beinahe falsch oder verboten vorkam.

»Jetzt hör mal auf.«

Manz hatte Hunger, ging in die Küche. Als er im Kühlschrank nachsehen wollte, war etwas anders als sonst. Christine hatte am Griff zwei Pappkarten befestigt. Einmal die vom Pizzaservice und dann noch die vom Asiaten. *Was ist denn das für eine neue Marotte?* Wie gut sie ihn zu kennen glaubte. Aber alles wusste sie eben doch nicht. Manz war nämlich weder nach Italienisch noch nach Asiatisch. Davon abgesehen musste er ja auch nicht alles so machen, wie seine Frau sich das dachte.

Er öffnete den Gefrierschrank. Der Anblick einer Packung Hühnerfrikassee machte ihm spontan Appetit, Speichel lief ihm im Mund zusammen.

Während er die Packung herausnahm, fiel ihm ein, dass eigentlich extra Kapern und schön viel Zitrone dazugehörten. *Schade. Na, wird auch so gehen.*

In der Küche angekommen, entzündete er zwei Gasflammen, stellte Töpfe mit Wasser auf den Herd. In einen schüttete er Salz. Als Nächstes ging er ins Wohnzimmer und schaltete den Fernseher ein. Neben der Fernbedienung lag ein weiterer Zettel. Auf dem stand: *K 6 um 20 Uhr 30.* Manz verstand nicht. Es gab auf seiner Dienststelle kein Kommissariat 6.

Es war kurz nach acht, Helmut Kohl hielt gerade eine Rede. Es ging ihm darum, den anderen Ländern Europas die Angst zu nehmen, Deutschland könne zu stark werden. Das Wasser kochte noch nicht, also schaltete er weiter. Ein Bericht über Legebatterien in Niedersachsen. Also noch mal gedrückt, und noch mal. Manz verließ sich auf sein Glück. In einem Sender, der auf die 6 programmiert war, wurde gerade das Abendprogramm angekündigt. Offenbar lief in zwanzig Minuten die 68. Folge einer amerikanischen Krimiserie. Die mit seinem Lieblingsermittler, einem Dicken mit Schnauzbart. Erneut ein Gefühl schönster Vorfreude.

Als er vor dem Herd stand und das sprudelnde Wasser betrachtete, dachte Manz noch mal kurz an den Kassenzettel, den Grossmann in der weggeworfenen Tüte der Grillstation gefunden hatte. Ihm kam die Tatsache, dass eine Portion Hähnchen mit Pommes unangerührt in der Speisekammer lag, jetzt doch nicht mehr so vielsagend vor. *Diabetes, da war sie vielleicht nicht mehr so gut zu Fuß, und man kann so was ja auch noch mal warm machen. Obwohl, Pommes? Nee.*

Manz schob den Gedanken beiseite. Es gehörte zu seinen Grundsätzen, laufende Vorgänge im Büro zu lassen. Er wusste, dass einige Kollegen das anders machten. Sehr engagierte Kollegen. Nicht wenige von ihnen waren geschieden.

Vorsichtig ließ er zwei Tüten Reis in den Topf mit dem Salzwasser gleiten.

»Mist!« *Zu früh. Das gefrorene Frikassee braucht mindestens vierzig Minuten.*

Er beeilte sich, die Packung Hühnerfrikassee aus ihrer Pappe zu pulen. Da erst sah er, dass Christine auf der Rückseite ein Post-it angeklebt hatte. Darauf stand: Kapern und Zitronen im Kühlschrank ganz unten.

Zunächst wurde Manz von einem Gefühl starker Zuneigung erfasst. Dann schlug das ein bisschen um. Christine war, was das Psychologische anging, offenbar sehr viel versierter als die meisten seiner Kollegen. Aber warum gerade heute all diese Post-its? *Hat sie doch sonst nie gemacht.*

Drei Minuten später saß er auf seiner Couch. Die Bierflasche stand auf der Glasplatte des Couchtischs. *Wäre Christine hier, dann gäbe es einen Untersetzer. Na und?* Einen kurzen Moment dauerte es noch, dann stand er auf und holte den Untersetzer.

Manz trank einige Schlucke, fühlte sich frei und genoss es, wie die kalte Flüssigkeit in ihn hineinfloss. Kurz darauf wurde er Zeuge, wie in Amerika jemand, von dem nicht mehr zu erkennen war als eine schwarze Silhouette, einen Mann in einem Luxusappartement ermordete. Zwei Mal schlug der Täter mit seiner Eisenstange zu. Nach Manz' Erfahrung war das falsch. *Entweder ein Mal oder zehn Mal.*

Während der Werbepause holte er sich ein zweites Bier. Inzwischen hatte er eine große Portion Reis mit einer ganzen Packung Hühnerfrikassee und einem Glas Kapern verdrückt.

Er fühlte eine angenehme Bettschwere, als er den Fernseher ausschaltete. Christine würde auch morgen nicht da sein, also dachte er kurz an die Möglichkeit, einfach alles stehen zu lassen. Doch sein Verantwortungsgefühl war stärker. Als er sein Geschirr in die Spülmaschine stellte und anschließend Arbeitsplatte und Spüle abwischte, tat er es auf die gleiche Art, wie Christine es machen würde. Er dachte sogar daran, den noch immer lebenden Weihnachtsstern auf der Fensterbank zu gießen. Irgendwie kam er gegen bestimmte Gewohnheiten nicht an.

»Sie hätte das Hähnchengerippe bestimmt entsorgt. Als Vegetarierin ... Schluss jetzt!«

Hatte er schon wieder laut gesprochen? Das musste er sich abgewöhnen. Noch war er jung, aber im Alter würden solche Marotten schlimmer werden.

Zu Bett.

Das mit den Post-its, den Kapern und der Zitrone hatte ihn erschüttert. Was wollte Christine ihm damit sagen? Dass sie wusste, was er tat und dachte? Gleichzeitig hatte ihn während der letzten Stunden doch ein so gutes und wohliges Gefühl umfangen.

Er hatte etwas begriffen, ja fast schon entschieden, ohne sich dessen bewusst zu sein. Und so kam ihm, während sein Körper allmählich die Bettdecke erwärmte, ein sehr angenehmer Gedanke.

Ich bin wie die anderen. Wie viele heute Abend wohl den Krimi auf Kanal 6 gesehen haben? 100 000? 200 000? 300 ... Und wie viele erst in Amerika oder der ganzen Welt! Über die Jahre sind das Millionen!

Zu sein wie alle, ohne ein herausstechendes Merkmal auszukommen, hatte Manz schon immer gefallen.

Seine Bettdecke wurde wärmer, sein Atem ruhiger. Nur die Gedanken plätscherten noch ein bisschen herum, verwöhnten ihn mit wohligen Bildern.

Hühnerfrikassee, Kapern, Zitrone ... Reis in sprudelndem Wasser ... Zwei Flaschen Bier ... Der Weihnachtsstern auf dem Fensterbrett hinter der Gardine. Wie schnell kann es doch passieren, dass man ihn dort vergisst! Hm? Warum wohl hat Christine mich nicht mit einem Post-it darauf hingewiesen, dort auf der kleinen emaillierten Gießkanne?

Die Frage blieb unbeantwortet, er war eingeschlafen.

Frau Zeisigs Rippen

Als Manz am nächsten Morgen auf dem Weg zur U-Bahn am Kiosk vorbeikam, sah er das Gesicht von

Gorbatschow auf den Titelseiten einiger Zeitungen. Gorbi gefiel ihm, Gorbi gefiel vielen.

Minus drei Grad aber noch immer kein Schnee. Die U-Bahn war überfüllt, kam aber pünktlich.

Der Besprechungsraum war überheizt, wie immer. Schimmag hatte ein Fenster geöffnet, Grossmann hatte es wieder geschlossen.

»So, wenn ihr alle euren Kaffee habt ...«, sagte Rolfes.

Ein Schaben und Quietschen von Stuhlbeinen auf Linoleum.

Der Raum war vierzig Quadratmeter groß. Weiß gestrichen. Am Kopfende eine Leinwand. In der Mitte des Raums standen vier Tische. Ordentlich zusammengeschoben. Auf der einen Längsseite saßen Grossmann und Schimmag. Ihnen gegenüber: Vera und Manz. Rolfes hatte, seiner Position entsprechend, am Kopfende Platz genommen.

Rauchen war gestattet, Grossmann war bei seiner Dritten. Schimmag fing sofort an.

»Wie ich Manz schon gestern kurz mitgeteilt habe, wurde Frau Zeisig erwürgt. Vielleicht auch erstickt. Der Tötungsvorgang hat vermutlich eine ganze Weile gedauert. Sie wurde, wenn ich das laienhaft sagen darf, sehr ungeschickt erwürgt. Adern im Kopfbereich der Ermordeten sind dabei geplatzt ...« Schimmag hatte auf Nachfrage von Manz erklärt, dass mit Regina Zeisigs Herz alles in Ordnung war. Danach kam er auf das Erwürgen zurück, sprach ausführlich über verschiedene Arten von Stauungsblutungen.

Dann kam etwas, das neu war.

»Ihr wurden vier Rippen gebrochen. Eine davon ist in die Lunge eingedrungen. Ich würde mich darauf festlegen, dass der Angreifer beim Würgen auf ihrem Brustkorb kniete. Daher ist es gut möglich, dass sie primär erstickt ist. Das Würgen diente vielleicht nur dazu, sie am Schreien zu hindern. Blutaustritt aus dem Mund, geringe Menge, da wie gesagt eine der Rippen die Lunge punktiert hat. Daher der Befund im Flur.«

»Ein versehentlicher Mord?«, fragte Vera.

»Jedenfalls war es eine für das Opfer extrem brutale Tötung, die ohne Weiteres zehn Minuten gedauert haben kann. Was ein großes Maß an Entschlossenheit und Kaltblütigkeit beim Täter voraussetzt.«

Manz schrieb mit, das tat er immer. Vera nahm eine Tablette mit einem Schluck Wasser, Rolfes war damit befasst, einen kleinen eingetrockneten Fleck auf seiner Krawatte zu entfernen.

»Jetzt etwas, das ich mir nicht erklären kann. Lange nach ihrem Tod muss noch mal jemand bei ihr gewesen sein. Sie wurde bewegt, und jemand hat ihre Bluse geöffnet. Um den Hals hingen zwei Goldketten, als sie in die Obduktion kam. Außerdem trug sie diverse Ringe ...«

Er warf Grossmann einen Blick zu, der daraufhin mit der charakteristischen Stimme eines Kettenrauchers am Morgen erklärte: »Gesamtwert 4000 bis 6000 DM.«

Nachdem er das gesagt hatte, hustete Grossmann kurz ab.

»Es ging also nicht darum, sie zu berauben«, murmelte Rolfes, der noch immer nicht zufrieden war mit dem Fleck auf seiner Krawatte.

Manz sah das, schenkte dem keine große Beachtung. *Gibt eben Eigenarten von Menschen und allgemeine Gepflogenheiten.* Zu Beginn seiner Karriere hatte Bollmann, einer der ganz alten Kollegen, ihm mal erzählt, dass die Ermittler früher, er meinte damit die 30er oder 40er, bei Besprechungen gerne auf den Kanten einzeln stehender Tische gesessen hätten, ihre Hüte weit in den Nacken geschoben, die Krawatten gelockert, Kippen in den Mundwinkeln, Bierhumpen in der Hand. Nun, wenn Bollmann erzählte, musste man immer ein bisschen was abziehen.

Die Zeiten hatten sich geändert. 1990 war nicht 1940. Sie saßen inzwischen auf Stühlen und benutzten, wenn es etwas an die Wand zu werfen galt, einen modernen Röhrenprojektor, keinen Diaapparat. Was allerdings zur Folge hatte, dass niemand unter dem an der Decke montierten gut dreißig Kilo schweren Gerät sitzen wollte.

Außer Grossmann rauchte keiner.

Der bestätigte nun, dass Regina Zeisig vermutlich im Flur getötet wurde. Seine Mitarbeiter hatten dort eine kleine Blutspur nachweisen können.

»Sie hat sich gewehrt, aber nur schwach«, fuhr Schimmag fort. »Wir konnten Material auf ihren Fingernägeln sichern.«

»Du meinst, *unter* ihren Fingernägeln?«, korrigierte Manz.

»Nein, auf den Fingernägeln. Sie hat vielleicht versucht, den Angreifer von sich wegzuschieben. Wir fanden dementsprechend nur sehr wenig Material. Das haben wir selbstverständlich gesichert. DNA. Wir haben ja in Berlin vorletztes Jahr den ersten Mörder mit dieser Methode überführen können. Wie gesagt, es ist zu wenig, um jetzt damit zu arbeiten, aber in einigen Jahren …«

»Habt wirklich ihr vorletztes Jahr diesen DNA-Nachweis geführt?«, hakte Manz nach. »Ich dachte, das wäre von einem Labor in England gemacht worden.«

»Ja, in England, und es ist in unserem Fall extrem wenig Substanz da. Aber wir arbeiten zusammen mit den Kollegen in Baden-Württemberg daran, so etwas bald auch hier in Berlin zu können.«

Vera mischte sich ein: »Du sagst: extrem wenig Material. Falls sich irgendwann mal etwas mit der neuen Methode nachweisen lässt, käme da eine Spurenübertragung infrage? Ich meine, bei einem Kampf … Da würde sie doch kratzen, sich festkrallen. Warum also auf den Fingernägeln? Ist das nicht eindeutig eine Spurenübertragung?«

»Wenn ich dir darauf antworten würde, müsste ich lügen.«

»Ah ja?«

»Was diese DNA-Methodik angeht, sind ohnehin noch einige juristische Fragen zu klären. Ihr erinnert euch sicher daran, dass es vor einigen Monaten einen ziemlichen Aufruhr gab, weil dieser ewige Jungrebell Hans-Christian Ströbele meinte, diese Art von Beweis sei ein nicht zu verantwortender Eingriff in das Persönlichkeitsrecht und so weiter und so weiter. Juristengeschwätz. Irgendwann sind wir weiter, dann ist so was Alltag und kein Hahn kräht mehr nach Ströbeles Spitzfindigkeiten. Kurz gesagt: Bringt uns einen Verdächtigen, und wir sagen euch in einigen Jahren, ob er es war.«

Freundliches, kollegiales Hochziehen der Mundwinkel von Vera und Manz.

Als Nächstes war Grossmann dran.

»Regina Zeisig wurde am 18.12. irgendwann zwischen 17 Uhr und 17 Uhr 30 von ihren Söhnen tot aufgefunden. Ermordet wurde sie zwischen dem 13. und 15. – Dezember natürlich. Wir haben einen Kassenzettel gefunden, der die Tatzeit etwas eingrenzt. Vermutlich starb sie am 14., gegen Mittag. Das Opfer lag im Schlafzimmer vor dem Bett. Die Fenster sowie die Tür zum Schlafzimmer waren geschlossen.«

Thorsten Schimmag unterbrach ihn: »Da der Raum geschlossen war, gab es keinen Befall durch Insekten. Wegen der langen Liegezeit konnten wir den Todeszeitpunkt auf diesem Wege nicht näher bestimmen. Entschuldige, wenn ich dich unterbrochen habe.«

»Kein Problem. Das Haus von Frau Zeisig hat im Erdgeschoss drei Räume. Ein Wohnzimmer, an das ein großes Esszimmer angrenzt, welches sie offenbar als Schlafzimmer benutzte. Dort wurde sie gefunden. Dazu kommen noch ein kleines Bad und die Küche. Im oberen Stockwerk gibt es einen größeren Raum, der aber nicht mehr benutzt wird. Vermutlich das ehemalige Schlafzimmer. Es gibt zwei weitere, etwas kleinere Zimmer sowie ein Bad. Sie hatte zwei Söhne, nicht wahr?«

Manz nickte.

»Ich beginne unten. Die Wohnung hat eine große Diele. Wie sagt ihr hier in Berlin dazu? Flur?«

»Diele.«

»Die Wände dieser Diele sind komplett mit Wandschränken ausgekleidet. Diese Schränke wurden vom Täter oder den Tätern entweder gar nicht durchsucht, oder das wurde sehr behutsam gemacht. In einem dieser Wandschränke fanden wir ganz hinten 26 200 Mark in bar.«

»Noch mal«, bat Rolfes, der von nun an seine Krawatte in Ruhe ließ.

»26 200 Mark in bar. Und zwar aufgeteilt und jeweils abgepackt in Haushaltsfolie. Zwei Päckchen à 5000. Eins mit 3700. Zwei Päckchen à 3500. Zwei mit 2500. Sowie eins mit fünf Hundertern. Dazu eine Münzsammlung, die etwa 9000 Mark wert sein dürfte. Der oder die Täter haben entweder nicht danach gesucht oder die Schätze nicht gefunden. Vielleicht wurden er oder sie auch bei der Suche gestört. Es gab einen Schuhabdruck auf einem gepolsterten Stuhl, was ein Hinweis darauf sein könnte, dass jemand vorhatte, die oberen Schrankfächer zu durchsuchen.«

»Fingerabdrücke?«

»Oben am Schrank?«

»Ja?«

»Ihre und die von drei weiteren Personen. Die ihrer beiden Söhne müssen wir noch abgleichen. Aber selbst, wenn die dort etwas angefasst haben – es war das Haus ihrer Mutter.«

»Was wurde in dem Schrank aufbewahrt?«, fragte Vera.

»Bettwäsche aus den fünfziger Jahren und Christbaumschmuck. Falls in dem Schrank gesucht wurde, geschah das sehr vorsichtig, man möchte fast sagen, rücksichtsvoll. In ihrem Kleiderschrank hingen sechs Pelzmäntel sowie zwei Pelzjacken. Nerz, Chinchilla, Zobel, Blaufuchs, Persianer und, man glaubt es oder auch nicht: Bison! Allein diese Pelze sind etwa 200 000 Mark wert. Offenbar war Frau Zeisig wohlhabender, als das Haus vermuten lässt. Wir konnten in Schlafzimmer, Diele und Küche die Finger- und Handabdrücke sehr vieler Personen sichern. Wirklich sehr vieler Personen, ich betone das. Der Abgleich mit Angehörigen und Bekannten steht wie gesagt noch aus. Ist über Frau Zeisigs Freundes- und Bekanntenkreis schon etwas bekannt?«

»Wir haben einen Nachbarn befragt, der öfter im Haus war«, sagte Vera. »Die beiden Söhne waren sicher hin und wieder dort. Frau Zeisig soll außerdem eine Freundin gehabt haben, die wir noch ermitteln müssen. Und dann ist von jungen Männern die Rede, die sie regelmäßig ins Haus gelassen hat.«

»Viele junge Männer?«

»So wurde uns gesagt. Gelegenheitsbekanntschaften vom Hermannplatz. Angeblich vorzugsweise Rumänen und Ungarn. Türken mochte sie nicht.«

»Ach ja? Interessant. Der erste Angriff erfolgte wahrscheinlich im Bereich zwischen Küche und Diele. Dort fanden wir entsprechende Wischspuren am Türrahmen. Frau Zeisig wurde dann in die Diele gedrängt, oder der

Kampf hat sich in diese Richtung entwickelt. In der Diele wurde sie dann vermutlich getötet. Denn dort fanden sich kleine Mengen Blut. Dazu kann der Kollege Schimmag sicher Genaueres sagen.«

Schimmag nickte.

»Nachdem der oder die Täter Frau Zeisig getötet hatten, wurde sie ins Schlafzimmer verbracht, wo sie drei bis fünf Tage später von ihren Söhnen …«

Manz unterbrach ihn: »Der jüngere, Günther, hat ausgesagt, er habe sie entdeckt. Sein Bruder sowie der Nachbar hätten sich in der Diele aufgehalten. Günther Zeisig hat mir außerdem erklärt, der Kopf seiner Mutter sei mit einem Handtuch abgedeckt gewesen. Habt ihr irgendwo ein Handtuch gefunden?«

»Dazu wollte ich gerade kommen. Im Bad hing eins, mit Anhaftung einer kleinen Blutspur.«

»Aber ihr habt es da nicht hingebracht?«

Ein strenger Blick von Grossmann war die Quittung für diese Frage. Rolfes band seine Krawatte ab und ließ sie neben sich zu Boden gleiten.

»Gut, dann werden wir den Sohn noch mal fragen«, sagte Manz. »Der hat nämlich behauptet, er hätte nichts angefasst.«

»Drei Sachen noch, bevor wir zum Keller kommen«, sagte Grossmann. »Der Kollege Jabłoński hat Aufnahmen vom Außenbereich gemacht. Das war sehr vorausschauend, da es anfing heftig zu regnen, bevor meine Leute vor Ort waren. Wirklich sehr vorausschauend. Außerdem sind seine Fotos von exzellenter Qualität. Man sollte ihm das vielleicht sagen.«

Vera nickte.

»Dank dieser Aufnahmen konnten wir nachvollziehen, dass sich vor den Fenstern niemand aufgehalten hat. Eins war nämlich nicht ganz geschlossen. Dafür gab es an der Haustür Spuren. Die wurde mehrfach gewaltsam geöffnet.«

»Der Nachbar hat die Söhne manchmal auf diese Weise ins Haus gelassen.«

»Ach ja? Hatten die keinen Schlüssel?«

»Wenn, dann hatte der ältere ihrer Söhne einen, den müssen wir aber erst mal finden, um ihn …«

Ein scharfes Klopfen, dann der gut frisierte Kopf einer Frau. Zwischen Türblatt und Laibung.

»Da ist ein Arzt am Telefon, der sofort jemanden sprechen will. Es geht um den Tod von Regina Zeisig. Scheint wichtig zu sein. Der Arzt fragt, ob sie möglicherweise ermordet wurde.«

Vera verließ den Raum.

»Ich mache trotzdem weiter«, sagte Grossmann. »Du kannst die Kollegin ja informieren. Ihr bekommt ohnehin meinen Bericht.«

Im Folgenden wurde noch mal über das halbe Hähnchen in der Speisekammer sowie das aufgegessene Hähnchen in der Küche gesprochen. Manz machte sich weiter Notizen.

»Jetzt zu dem Zettel, der in der Küche lag. Auf dem steht: *Milán, 30 Mark.* Wir sind noch nicht fertig, aber ich habe in der Küche das Haushaltsbuch von Frau Zeisig gefunden. In dem hat sie ihre Ausgaben für Lebensmittel genau aufgelistet. Da schreibt sie immer DM.

Also zum Beispiel: *Paprika, Saft, Gurken – 5,90 DM*. Sie schreibt nie Mark, immer DM. Die Schrift ist auch eine andere. Auf dem Zettel konnten wir Abdrücke des Opfers und einer weiteren Person sichern.«

»Die gleichen wie auf dem Verpackungsmaterial des Hähnchens?«

»Nein. Jetzt zum Keller. Bei den Flecken auf den beiden Handtüchern handelt es sich um Menschenblut.«

»Blut aus wenigstens drei Quellen!«, ergänzte Schimmag.

»Auch auf dem betonierten Boden haben wir einige kleinere Blutflecke gefunden. Dort lagen diese Kabelbinder herum. Aufgeschnitten. Zwei Paar davon an Heizungsrohren. Obwohl ich während meiner beruflichen Praxis schon einiges gesehen habe, vermute ich nicht, dass dort Personen gefangen gehalten oder gar gefoltert wurden. Allein die Tatsache, dass Regina Zeisig eine Frau war, spricht statistisch gegen diese Vermutung. Wahrscheinlich wurde der Raum früher als Werkstatt oder Ähnliches genutzt, und verschiedene Personen haben sich dort hin und wieder geschnitten. Möglicherweise wurde dort Holz zum Anfeuern der damaligen Brennanlage gehackt oder gesägt. An den Kabelbindern fand sich jedenfalls kein Blut. Da hat niemand versucht, sich loszureißen oder etwas in der Art. Eher ist anzunehmen, dass damit Holz gebündelt wurde.«

In diesem Moment kehrte Vera Steinig zurück.

»Das war ein Arzt vom medizinischen Notfalldienst Kreuzberg. Offenbar war er im Haus, bevor die Kollegen eintrafen. Er hat dort den Tod von Frau Zeisig festgestellt und sie dabei auch bewegt. Er bestätigt, dass ihr Gesicht mit einem Handtuch abgedeckt war, das er ins Bad gebracht hat. Jetzt etwas, das nicht mit der Aussage von Günther Zeisig übereinstimmt: Während der Arzt sie untersuchte, waren beide Söhne im Raum, der Nachbar hat sich im Flur aufgehalten. Das soll aber schon um 16 Uhr 30 gewesen sein.«

»Es waren nacheinander zwei Ärzte vom Notfalldienst da? Warum das?«

»Der Kreuzberger Arzt wurde von einem der Söhne angerufen. Dieser Arzt hat den Tod auch ordnungsgemäß nach Kreuzberg gemeldet. Offenbar wurde der Notfalldienst dann noch mal verständigt, und es kam ein zweiter Arzt. Diesmal aus Neukölln.«

»Hat der erste Arzt Frau Zeisig die Bluse aufgeknöpft?«

»Ja.«

»Und er hat sie bewegt«, stellte Schimmag fest.

»Richtig. Er wollte die Größe der Liegeflecke feststellen. Er hat ausgesagt, der ältere der beiden Söhne habe ihm dabei geholfen.«

»Thomas?«, fragte Manz. »Sein Bruder hat ausgesagt, der sei gar nicht mit im Raum gewesen.«

An der sich anschließenden zweiten Besprechung nahmen so viele Personen teil, dass die meisten stehen mussten. Es ging um die Tote aus dem Hauptsee. Dieses Treffen zog sich über mehrere Stunden hin, wurde von der Mittagspause unterbrochen. Vera wies noch einmal darauf hin, dass die Fundorte von Regina Zeisig und der Toten aus dem Hauptsee nur etwa fünfhundert Meter auseinander lagen.

Am späten Nachmittag war es Vera endlich gelungen, Thomas Zeisig zu erreichen. Der erklärte ihr, er müsse gleich zur Arbeit, habe Nachtdienst.

»Was sind Sie von Beruf?«

»Krankenpfleger.«

»Wo?«

»Urbankrankenhaus. Ich kann da nicht einfach wegbleiben.«

»Wann ist Ihr Dienst zu Ende?«

»Morgen früh um halb drei.«

»Können Sie um zehn hier sein?«

Sie einigten sich auf zwölf Uhr.

Idiot!

Fast ertrunken, fast nicht mehr rausgekommen aus dem scheiß Kajak. Weil du ein Idiot bist und nicht mehr du selbst.

Manz erinnert sich noch gut an die Todesangst, die er ausgestanden hat. Sein verzweifeltes Zerren und Zappeln, das unbedingte Verlangen seiner Lungen, sich zu füllen.

Er hat entschieden, sein Abenteuer vom Vortag für sich zu behalten. Irgendwann wird er erklären müssen, warum sein Kajak nicht mehr existiert. Das war abgetrieben, nachdem es ihm zuletzt doch noch gelungen war, sich zu befreien.

Wie ein Torpedo aus dem Wasser geschossen, Luft in mich reingerissen. Ein paar Sekunden noch, und ich wäre ertrunken.

In Panik war er anschließend wie um sein Leben geschwommen, wobei er Glück hatte, dass er sich so nahe am Ufer befand. Selbst dort war die starke Strömung zu spüren gewesen.

Ich war ein Idiot, gestern, und …

Manz ist zum Ruderclub gegangen, steht neben Wolfgang am Boot.

… zu schlapp heute, zu durcheinander, um weiterzumachen.

»So still?« Wolfgang muss noch einmal fragen, ehe Manz den Kopf hebt. »Ist was passiert?«

»Passiert? Nein. Ich kriege vielleicht eine Erkältung.«

»Du willst für dich sein.«

»Ja, heute Abend … Tut mir leid, Wolfgang.«

»Steig nicht zu tief ein. Du kennst ja unsere Devise.«

»Nicht zurück.«

Es ist noch da, steckt wie ein Körpergefühl in ihm drin. *Ich hätte sterben können.*

Als er versucht hat, über die steile, mit großen Steinen gesicherte Böschung an Land zu klettern, ist er zweimal abgerutscht und hat sich sein rechtes Schienbein aufgeratscht. Es blutete stark. Das hat er zuerst gar nicht gemerkt, denn sein Körper war schon ganz taub vor Kälte. Ein einziger Gedanke beherrschte sein Handeln. *Zur*

Straße. Dort ist er von einem Streifenwagen eingesammelt und nach Hause gebracht worden. Den Polizisten hat Manz erzählt, er habe am Ufer gestanden, sei auf den glatten Steinen der Böschung ausgerutscht und so ins Wasser geraten.

Zu Hause angekommen hat er erst mal sehr lange und heiß geduscht.

Das alles ist noch da. Es kommt ihm vor, als wollte eine böse Macht ihn bestrafen, als hätte er etwas in seinem Leben zu korrigieren. Täte er das nicht, würde er weitere Fehler machen … »Hör auf zu spinnen!«

»Wie bitte?«

»Ach nichts, Wolfgang, nichts.« Auf einmal fühlt er sich in seinem Ruderclub nicht mehr wohl. »Ich gehe, habt's noch schön.«

Wolfgang nickt, Theo nicht.

»So früh? Ist was mit dir?«

»Nichts. Alles in Ordnung.«

Nach seiner Heimkehr vom Ruderclub fühlt Manz sich wie zerschlagen. Auf sein tägliches Bier wird er verzichten. Stattdessen macht er sich einen Kräutertee mit viel Honig, holt die Familienalben aus dem Regal, blättert darin, bis er müde wird. Viele Aufnahmen von den Kindern und anderen Verwandten. Unter die meisten hat Christine die Namen der abgebildeten Personen geschrieben. *Wieso hat sie mir das nie gezeigt?* Unter einer Aufnahme steht: *Dezember 1990.* Und daneben: *Schwierige Zeiten.* Manz erschrickt, als er sich sieht. Christine hatte ihn von hinten fotografiert. Er steht auf dem Balkon ihrer Berliner Wohnung, im Hintergrund erkennt man schwach und etwas überbelichtet den Mariannenplatz.

Nur ein Schatten. War ich das damals für sie?

Geständnisse

Als Christine am nächsten Tag aus Dresden zurückkehrt, will Manz sofort alles wissen.

»Und? Was ist los bei denen? Zieht Julias Mann bald wieder ein?«

»Er heißt Frank!«

»Ja, weiß ich. Zieht er irgendwann wieder ein?«

»Sie telefonieren miteinander. Julia sagt, sie bräuchte noch Zeit. Du hättest mal anrufen können.«

»Ist denn da was, mit seiner Sekretärin?«

»Kollegin. Nicht alle Frauen, die in einem Büro arbeiten, sind Sekretärinnen. Er behauptet, nein. Aber Frank hat wohl ein bisschen zu sehr und zu oft von ihr geschwärmt. Das Ganze hängt, wenn ich das richtig verstanden habe, damit zusammen, dass Julia zurück in ihren Beruf will und nicht gerne Geschichten von Frauen hört, die in der Lage sind, selbstständig größere Aufgaben zu übernehmen. Sie hat sich ja in ihrem Anwaltsbüro eine gute Position erarbeitet.«

»Also kein Seitensprung.«

»Sie traut ihm so was nicht zu.«

»Und wegen so einer affigen Geschichte zieht er gleich aus? Was ist denn das für ein Waschlappen? Die haben Kinder!«

»Ich glaube, Kinder sind heutzutage kein Grund mehr, dem Partner alles zu verzeihen. Warum hast du nicht angerufen?«

»Du hättest doch auch anrufen können.«

»Das ist deine Antwort?«

»Ich war … Es tut mir leid, ich bin ein bisschen abgetaucht, habe mich erkältet. Ich bin in die Elbe gefallen.«

»Wie bitte?«

»Nichts Schlimmes, nur eine Dummheit. Erzähl ich dir später.«

Er hatte zuerst vorgehabt, ihr die gleiche Geschichte aufzutischen wie der Polizei und denen im Ruderclub, hat sich dann aber entschlossen, die Wahrheit zu sagen. Dazu aber braucht er den richtigen Ort. Auch darüber hat er bereits nachgedacht.

»Pass auf, Christine! Ich mache dir einen Vorschlag.«

»Hoppla!«

»Ja, hoppla. Es ist so schön warm heute, was hältst du davon, wenn wir zum Italiener gehen?«

»Zu welchem?«

»Na, zu deinem. Am Marktplatz. Da könnten wir auch vorher noch einkaufen. Wir haben keine Tomaten mehr, keine Kartoffeln, keine Eier und bestenfalls eine halbe Gurke …«

»Warum erzählst du nicht jetzt, was passiert ist? Oder gibt es da ein Geheimnis?«

»Ja, aber nur das meiner Dummheit. Ich hole den Korb. Fahren wir mit dem Fahrrad?«

Der Marktplatz von Zizzwitz ist von einzigartigen, teils über zweihundert Jahre alten Gebäuden umstanden, die aussehen, als hätte man sie vor vier Wochen fertiggestellt. Nach dem Einkauf auf dem Wochenmarkt haben sie Glück und finden auf der Terrasse von Christines Lieblingsitaliener einen Tisch mit Blick auf den Platz.

Der Kellner kommt schnell, Christine bestellt Seeteufel im Salbeimantel, er Spaghetti Carbonara.

Manz beginnt von Norwegen zu erzählen, überreicht Christine zwei Prospekte, die Wolfgang ihm gegeben hat, und fängt an, von den Farben des Meers zu schwärmen. Doch nach fast fünfzig Jahren Ehe kommt er damit nicht weit.

»Du wolltest mir von einer Dummheit berichten.«

»Ich bin mit dem Kajak gekentert, habe mich völlig idiotisch verhalten, alle Regeln ignoriert.«

»Was für Regeln?«

»Ich bin viel zu weit den Fluss rauf, dann fing es an zu regnen, und ...«

Manz bricht ab und starrt eine Weile ins Weite. Es riecht schon wieder so stark nach Blüten.

»Ich glaube«, sagt er so abwesend, als wäre Christine nicht wirklich gemeint, »ich werde ein bisschen verrückt.«

»Wegen deiner Beschäftigung mit den Akten? Es kommt zu viel Altes hoch?«

»Woher ...«

»Oh, dafür könnte ich dir mehrere Gründe nennen.«

»Ich habe die letzten Tage tatsächlich nichts anderes gemacht, als mich mit den Akten zu beschäftigen.«

»Du bist Kajak gefahren.«

»Ich glaube, manches ist genauer zurückgekommen, als ich es damals erlebt habe. Ich weiß dann gar nicht, ob das alles wirklich so war. Das Ganze kommt mir vor wie in manchen Träumen. Ich kann meine Realität nicht mehr sicher von der Wirklichkeit ... Du weißt, was ich meine.«

Wie leicht das geht. Ihr einfach alles gestehen. Nichts zu verbergen. So müssen sich damals einige Täter gefühlt haben, die Vera und er vernommen und dazu gebracht haben, die Wahrheit zu sagen. Jetzt, da Manz es ausgesprochen hat, kommen ihm seine Verrücktheiten gar nicht mehr schlimm vor.

»Hast du mit jemandem darüber gesprochen?«

»Mit Wolfgang, aber der will da nicht ran. Er hat was gegen das Alte. Weißt du ja.«

»Wegen Henni. Wenn ein Mann wie Wolfgang seine Frau verliert ...«

»Einer wie Wolfgang? Meinst du, mir ginge es anders?«

»Ich weiß nicht, wie das ist, mit dir und der Vergangenheit. Ich habe nur das Gefühl, du redest die ganze Zeit um etwas herum.«

»Wolfgang und ich sind uns, was das angeht, ziemlich ähnlich. Ich war ja auch immer dagegen. Sentimentales und so. Jetzt habe ich mir unsere Fotoalben angesehen.«

»Meine Fotoalben.«

»Die Kinder sind schnell groß geworden.«

»Die Kinder sind Mitte vierzig.«

»Man vergisst so vieles. Im Guten wie im Schlechten.«

Manz schüttelt den Kopf, als hätte er etwas Falsches gesagt. »Ich nehme das alles viel zu ernst.«

»Du wurdest gebeten vor Gericht auszusagen und bereitest dich vor.«

»War ich manchmal schwierig? Ich meine, während meines letzten Jahrs in Berlin.«

»Oh ja.«

»Hast du damals daran gedacht, dich von mir zu trennen?«

»Oh ja.«

»Das war jetzt ein Scherz.«

»Du fährst nach Berlin, machst vor Gericht deine Aussage und kommst anschließend wieder zurück. Keiner hat vor, dir den Kopf abzureißen.«

»Weiß ich. Trotzdem.«

»Was?«

»Weil ich glaube, dass damals irgendwas ganz und gar falsch gelaufen ist.«

»Ach ja? Das ist dein Eindruck?«

Er schweigt. Es ist schwierig.

»Sag doch einfach, was dich bedrückt. Ich werde dich schon nicht fressen.«

»Na, weil ich meine, es besser zu wissen als die Kollegen von heute. Weil ich meine, ich müsste etwas korrigieren. Das ist nicht nur idiotisch, das ist peinlich! Ich weiß natürlich vom Verstand her, dass sie inzwischen viel bessere technische Möglichkeiten haben als wir damals. Aber irgendwas in mir kann sich nicht damit abfinden, dass ich … jemand bin, von dem nichts mehr erwartet wird.«

»Und ich? Unsere Kinder? Unsere Enkelkinder? Du freust dich doch immer, wenn sie kommen.«

»Natürlich. Aber das ist das Normale, das ist …«

Manz unterbricht sich erneut, merkt, dass er dabei ist, sich in Widersprüche zu verstricken. *Wie sie mich ansieht. Als würde sie auf etwas warten. Auf eine schöne saubere Aussage vermutlich.* Nur, um eine solche Aussage hinzukriegen, müsste er erst mal selbst wissen, was damals, in dieser sonderbaren Übergangszeit, mit ihm geschehen ist. Warum hat er seine Christine mit einer Frau betrogen, die ihm letztlich beinahe egal war? Vera war ja nicht mal jünger gewesen als Christine. *Besser ausgesehen hat sie auch nicht. Nur anders. Dunkler. Nein, es muss etwas mir Unbekanntes gewesen sein, das mich damals zu diesem Unsinn … Schlimm ist das eigentlich nicht.* Abgesehen von Vera haben ihn andere Frauen doch nie ernsthaft interessiert. *Außerdem … Fast jeder Mann, jede Frau hat doch früher oder später mal solche Ambitionen.*

»Was willst du mir denn nun eigentlich sagen?«

»Ich frage mich, woher das plötzlich kommt. Dieser Aufruhr. Ich war doch die letzten Jahre nicht so. Jetzt habe ich sogar überlegt, einen alten Kollegen aus Berlin zu bitten, mir weitere Akten zu schicken, damit ich weiß, was nach meinem Weggang ermittelt wurde.«

»Welchen Kollegen willst du denn bitten? Jabłoński, den wir seit fast dreißig Jahren Jan nennen?«

»Natürlich darf er mir die Akten meiner Nachfolger nicht geben. Wozu brauche ich die auch?«

»Rudern füllt dich möglicherweise nicht aus.«

»Was soll ich denn sonst machen, in diesem Nest?«

»Wir könnten mal nach Dresden fahren. Bummeln.«

»Einen französischen Anzug kaufen!«

»Wir könnten auch ins Theater. Eine Ausstellung besuchen. Oder tanzen gehen.«

»Tanzen? Wir haben nie groß getanzt, ich kann das gar nicht.«

»Du scheinst wirklich sehr viel vergessen zu haben. Davon abgesehen finde ich es offen gesagt nicht so beunruhigend, dass du dich mit einem alten Fall beschäftigst. Ich fand es eher sonderbar, dass du, nachdem du in Rente gegangen bist, nie mehr von deiner Arbeit gesprochen, dass du so einen radikalen Schnitt gemacht hast. Du warst doch gut in deinem Beruf. Und du glaubst offenbar, dass mit den Ermittlungen, die nach deinem Weggang geführt wurden, möglicherweise etwas nicht in Ordnung war.«

»Damit wird schon alles in Ordnung gewesen sein. Wir waren eben damals auf der falschen Spur.«

»Vera und du.«

»Genau. Und es ist weder sinnvoll noch vernünftig, dass ich versuche herauszufinden, wo wir den Fehler gemacht haben. Es war ja nicht mal ein Fehler. Wir waren nur ganz kurz … Ich war dann weg, und Vera ist im Februar gestorben.«

»Von ihr hast du auch nie mehr gesprochen.«

»Warum sollte ich? Ich war in Dresden, und Vera und ich, wir waren uns nie besonders nahe.«

»Da hatte ich aber einen anderen Eindruck. Du hast immer sehr viel von ihr gesprochen.«

»Das stimmt doch gar nicht!«

»Oh doch. Und dann plötzlich gar nicht mehr.«

»Weil wir nach Dresden umgezogen sind. Was soll dieser Unsinn? Ich rede davon, dass ich ein ernsthaftes Problem habe, mich in etwas verstricke und du bringst es auf so einen banalen Nenner. Viel über Vera gesprochen! Na und? Sie war meine Kollegin. Mein Nachfolger hatte eben mehr Erfolg.«

»Wobei?«

»Er hat sich auf den Richtigen konzentriert.«

»Auf wen?«

»Na, auf den, den sie jetzt angeklagt haben.«

»Und warum wurde so spät Anklage erhoben? Hat der Kollege achtundzwanzig Jahre ermittelt?«

»Hab ich doch schon drei Mal gesagt. Sie haben die DNA ausgewertet. Das Opfer hatte Spuren von Haut an den Fingernägeln. … Sonderbarerweise auf und nicht unter den Fingernägeln. Auf den Fingernägeln, das kommt in der Regel eher bei einer Spurenübertragung vor. So jedenfalls glaubten wir damals. Das war ja alles noch neu.«

»DNA. Spurenübertragung. Kann ich mir alles vorstellen. Aber warum kommt die Aufklärung so spät? Man macht solche Untersuchungen seit zwanzig Jahren.«

»Weil der Fall schon lange zurückliegt vermutlich. Wenn kein Hahn mehr danach kräht, bleibt das eben liegen. Du kannst dir gar nicht vorstellen, wie viele solcher Altfälle es gibt.«

Christine wiederholt das Wort »Altfälle«, als sei es ein

Genuss, es auszusprechen. Überhaupt scheint sie die Situation sehr zu genießen. Und dann passiert es. Sie und Manz sehen sich einen kurzen Moment lang in die Augen. Wirklich in die Augen, nicht irgendwo ins Gesicht. Ihre sind blau. Blau kann einem recht kühl vorkommen. Dabei lächelt sie doch.

»Lass das bitte.«

»Was?«

»Mich mit deinem Blick inspizieren.«

Christine hebt ihre Tasse zum Mund, trinkt in kleinen Schlucken. Manz hat schon immer in den Gesten seiner Frau gelesen, heute achtet er noch mehr darauf.

»Meine alten Protokolle und Jabłońskis Fotos, das hilft natürlich, nur … Es setzt sich alles so übergenau zusammen. Viel genauer als auf den Fotos.«

Er wiederholt den letzten Satz noch einmal, aber sie sieht ihn nicht mehr an, wirkt beinahe gelangweilt.

Er folgt ihrem Blick. Aber da ist nichts, was sie nicht kennen. Der alte Platz mit der Schule aus rotem Backstein, dem Rathaus und einer Reihe Geschäfte.

Endlich sieht sie ihn an.

»Vielleicht hast du ja recht.«

»Womit?«

»Vielleicht ist tatsächlich etwas falsch gelaufen, bei den Ermittlungen. Nicht bei deinen – bei denen, die gemacht wurden, nachdem wir nach Dresden gezogen sind. Wolltest du das eigentlich?«

»Was?«

»Nach Dresden umziehen. Du hast keinen Mucks gesagt. Gab es einen Grund, von dem ich nichts weiß?«

»Nein, alles lief bestens. Aber wo wir gerade über die alte Zeit reden. Du kanntest Kriminaldirektor Behrens sehr gut, nicht wahr?«

»Ich kannte seine Frau. Ihn habe ich nur gelegentlich gesehen.«

»Hast du damals mit ihm über meine Versetzung gesprochen?«

»Nein. Du kennst mich. Beruf und Privates, das sind für mich zwei Paar Schuhe. Warum fragst du?«

»Weil ich nie begriffen habe, warum ich so plötzlich von dem Fall abgezogen und nach Dresden versetzt wurde.«

»Weil sie dort gute Leute brauchten. Warst du unglücklich deswegen?«

»Die Zeisig hat sich immer junge Männer nach Buckow geholt. Rumänen und Ungarn.«

»Interessant. Und was hat sie mit denen gemacht?«

»Im Keller angebunden. Mit Kabelbindern.«

»Gott, was für eine Frau.«

»Schlimm, oder?«

»Und was hat sie dann mit ihnen gemacht, in ihrem Keller?«

»Wenn ich das wüsste. Wir haben es nie rausgefunden. Aber da war sehr viel Blut. Überall. An den Wänden, an der Decke …«

»Du veräppelst mich.«

»Mit den Kabelbindern wurde vermutlich Brennholz gebündelt.«

»Wir spaßen ein bisschen. Haben wir lange nicht mehr gemacht. Ich finde übrigens, und das ist jetzt ernst gemeint, dass es an der Zeit ist, Schluss zu machen. Mit deinen Cordhosen.«

»Einfach so?«

»Ich rede seit Jahren davon.«

Hermannplatz

Dunstig war es gewesen, an dem Morgen. Und ein bisschen süßlich hatte es gerochen, wegen der vielen kleinen Autos aus dem Osten. Berlin zeigte sich mit seiner typischen trägen Gespanntheit, seiner produktiven Unruhe. Es waren eindeutig mehr Menschen in der Stadt seit dem November des letzten Jahres. Die Türken hatten sich am schnellsten auf die neue Situation eingestellt. Den ganzen Kottbusser Damm runter waren kleine und kleinste Geschäfte entstanden, in denen äußerst preiswerte Elektroartikel und Haushaltsgeräte aus dem Karton heraus verkauft wurden. Viele Artikel standen direkt auf dem Bürgersteig.

Was für ein Gewimmel, und das schon um kurz nach neun. Menschen auf dem Weg zur Arbeit. Menschen, die hier auf dem Platz lebten, Menschen, die aus der vergangenen Nacht heimkehrten. Und natürlich die Käufer und Verkäufer. Die meisten verweilten hier nicht. Viele kamen aus der U-Bahn oder den Bussen, die vor Karstadt hielten. Manche, die vorher im Bus gesessen hatten, nahmen den Weg zum Eingang der U-Bahn, andere kamen ihnen von unten mit weit ausgreifenden Schritten entgegen, um ihren Bus nicht zu verpassen. Wobei einige die

Straße riskant kreuzten, um sich den Weg nach vorne zur Ampel zu sparen. Natürlich wurde gehupt.

Ein strömendes Durcheinander aus Körpern, glänzenden Linien, Flächen. Busse, ausscherende Taxis, die sich einordneten, Autos, die schnell und riskant die Spur wechselten, um dann doch wieder zum Stehen zu kommen.

Und zwischen all dem »die Erschöpften«, wie Manz die Junkies und Obdachlosen damals nannte.

»Hier!«, rief Vera und winkte ihm aus einiger Entfernung zu. Manz reagierte zu langsam, war noch ganz in seine Betrachtung versunken und … Wollte er ihr nicht etwas sagen?

»Jetzt komm bitte!«

Sie akzeptierte zwar meist, dass er sich bei Ermittlungen mehr Zeit nahm als sie, aber das war kein Grund, mitten auf einem nichtssagenden Platz stehen zu bleiben.

Unten bei Karstadt hatten sie mit zwei Verkäuferinnen am Grillstand gesprochen. Die amüsierten sich über ihre Fragen.

»Wer hier letzte Woche zwei halbe Hähnchen gekauft hat?«

»Am 14., das war Freitag.«

»Das ist jetzt aber nicht Ihr Ernst, oder?«

Das war vorauszusehen gewesen. Zur Apotheke, Ecke Hermannplatz, Karl-Marx-Straße waren es nur zweihundert Meter.

»Jetzt komm doch bitte. Komm!«

»Mal ganz ruhig, Vera, uns läuft schon nichts weg.«

Der Apotheker war Mitte sechzig, 1,80 groß, Haare nach Façon geschnitten, Haltung vorbildlich.

»Polizei? Wie kann ich helfen?«

Vera zeigte ihm ein Foto, das Grossmann in der Salmbacher Straße gefunden hatte. Der Apotheker nickte weder, noch murmelte er, sondern sprach es einfach aus: »Das ist Frau Zeisig. Gehen wir doch nach hinten, da stört uns niemand.«

Vera folgte ihm, blickte dabei kurz über ihre Schulter, um sicherzugehen, dass Manz sich keinen neuerlichen Impressionen hingab.

»Ich möchte meine Kunden nicht irritieren, das werden Sie verstehen.«

»Natürlich.«

Ein Lagerraum. An den Wänden raumhohe Regale aus weiß lackiertem Stahlblech, gefüllt mit Medikamenten.

»Sie kennen Frau Zeisig?«, fragte Vera, die wieder die Führung übernahm.

»Als Kundin. Ja. Ist ihr was passiert? Sie können sich gerne setzen.«

»Geht schon, danke. War Frau Zeisig krank?«

»War?«

»Ich frage, Sie antworten. Einverstanden?«

»Ob sie krank war, als sie das letzte Mal herkam, das meinte meine Kollegin.«

»Diabetes. Aber nur in sehr leichter Form.«

»Und sie kauft hier ihre Medikamente?«

»Medikamente und Vitamine. Frau Zeisig hat ihre Ernährung umgestellt. Wegen der Diabetes. Wenn nur alle so konsequent wären wie sie … Oben in der Hermannstraße, im Reformhaus, die können Ihnen sicher auch einiges sagen. Da geht sie immer hin, nachdem sie bei uns war.«

»Sie lebt also gesund.«

»Sie sieht jedenfalls blendend aus. Warum fragen Sie? Frau Zeisig hat doch sicher keine Straftat begangen. Wurde sie überfallen?« Er überlegte kurz. »Wegen ihres Schmucks?«

»Wie kommen Sie darauf?«

»Wenn die Polizei nachfragt …«

»Hat sie mal nach Schnaps gerochen?«, fragte Manz.

»Sie ist ein bisschen einsam. Das hat sie mir mal erzählt. Mehrfach, um genau zu sein. Dabei ist sie eine beeindruckende Erscheinung. Ich weiß nicht, wie viele Pelze sie besitzt, aber sie hat ständig andere an. Und das sind echte Pelze.« Er verließ den Raum, man hörte ihn rufen: »Fräulein Schramm! Kommen Sie mal?«

»Hat er eben Fräulein gesagt?«, fragte Vera. Keine Antwort von Manz.

Fräulein Schramm, Ende zwanzig, sehr hübsch, schulterlange, unten leicht eingedrehte Haare einer bestimmten Färbung, hielt eine Packung Schlafmittel in der Hand.

»Die Pelze von Frau Zeisig, die sind echt, nicht wahr? Das haben Sie doch gesagt.«

»Die sind echt.«

»Ganz sicher?«

»Hundert Prozent.«

»Danke, Fräulein Schramm.«

Fräulein Schramm hatte die Tür nicht richtig geschlossen, das fiel Manz auf.

»Echte Pelze. Sie haben es gehört. Dazu noch ihr Schmuck. Ich habe Frau Zeisig mehrfach davon abgeraten, hier am Hermannplatz damit rumzulaufen. Eigentlich würde sie ohnehin eher an den Ku'damm gehören. Da laufen ja viele so rum. Stellen sich im Pelz an die Currywurstbude und sind, wie sie sind. Berlin. Wir haben eben auch unseren Adel. Aber warum wollen Sie das alles wissen? Was ist ihr denn passiert? Wurde sie verletzt?«

»Ja.«

»Hier am Hermannplatz?«

»In ihrem Haus in Buckow.«

»War es einer von ihren jungen Männern?«

»Weiter.«

»Ach, nichts.«

»Uns wurde gesagt, Frau Zeisig hätte sich regelmäßig und auch länger am Hermannplatz aufgehalten. Sie hätte hier manchmal Bekanntschaften gemacht.«

»Frau Zeisig ist zweiundsechzig Jahre alt. Sie wirkt aber nicht so, und ... sie tritt auch nicht so auf.«

»Was ist mit den jungen Männern?«, fragte Vera etwas gereizt. »Ist sie hier auf Fang gegangen?«

»Natürlich nicht. Sie war eine sehr selbstbewusste Frau, aber sie lebte bereits seit über dreißig Jahren allein. Ihr Mann hat sich abgesetzt. In die Schweiz, soweit ich weiß.«

»Das hat sie Ihnen alles erzählt?«

»Oh ja. Und sie hat auch hin und wieder von den Männern gesprochen. Junge Männer. ›Sehr fleißig, sehr artig‹, hat sie gesagt. Wobei sie, soweit ich das verstanden habe, Türken und überhaupt Südländer nicht besonders mochte. Sie wollte mir ja auch immer Faltblätter von den Republikanern dalassen. Auf deutsche Männer war sie aber auch nicht gut zu sprechen. Frau Zeisig hat mit so was nicht hinterm Berg gehalten.«

»Und wen mag sie?«

»Sie hat wohl Bekannte oder Verwandte in Ungarn. Kann auch Rumänien sein, so genau weiß ich das nicht mehr.«

»Sie hat hier junge Ungarn und Rumänen kennengelernt, wollten Sie das sagen?«

»Ich glaube, sie hat einigen von denen, die hier gestrandet sind, mit Geld ausgeholfen.«

»Hat sie in letzter Zeit von jemandem berichtet, den sie hier kennengelernt hat?«

»Nein. Oder doch. Einer war da. Der hat sich hier ein paar Tage am Eingang zur U-Bahn rumgetrieben. Aufgehalten wollte ich sagen. Er machte auf mich einen recht ordentlichen Eindruck. Schwarzer Anzug, weißes Hemd. Er sah aus, als wäre er auf dem Weg zu einem wichtigen Treffen, einer Beerdigung oder … wie ein Kellner, wenn sie verstehen. Fragen Sie im Reformhaus, vielleicht wissen die mehr.«

»Sonst noch irgendetwas, das Ihnen aufgefallen ist?«

»Nein.« Der Apotheker gab sich Mühe, dachte nach, wollte helfen. »Nein, nichts weiter. Außer, dass sie nie Kleingeld dabeihatte, zahlte immer mit großen Scheinen. Das ist für uns manchmal unangenehm.«

»Kann ich mir denken«, sagte Manz.

Vera kaufte sich noch eine Packung Kopfschmerztabletten, bevor sie gingen.

Manz und Vera hatten die Apotheke kaum verlassen, als sich die Tür noch einmal öffnete, und jemand ihnen hinterherrief.

»Entschuldigung, es geht mich nichts an.«

»Ach, Fräulein Schramm«, sagte Vera. »Ist Ihnen doch noch was eingefallen?«

»Lassen Sie das bitte. Mit dem Fräulein.«

»Worum gehts?«, fragte Manz schnell.

»Dass sie hier sind und nach Frau Zeisig fragen ... Hat das was mit dem Omimörder zu tun?«

»Sie haben das in der BZ gelesen?«

»Da stand, dass eine in Buckow ermordet wurde. Und dann auch noch ein Mädchen auf der Liebesinsel.«

»Mit der Liebesinsel haben wir nichts zu tun.«

»So eine war sie auch nicht.«

»Was für eine war sie nicht?«

»Keine Omi. Und an eine Liebesinsel würde ich bei ihr auch nicht denken.«

»Warum?«

»Weiß nicht. Sie war so sprunghaft. Den einen Moment nett, erzählte dann ganz offen von sich. Und im nächsten, da hatte sie plötzlich so einen Kommandoton drauf. Als ob sie mal beim Militär gewesen wäre. Oder Chefin auf einem Gutshof. Da konnte man richtig Angst kriegen, da war sie plötzlich eine ganz andere. Wenn Sie mich fragen ...«

Sie zögerte.

»Sie war nicht ganz dicht?«, fragte Vera.

»So ungefähr. Falsch würde noch besser passen. Und leichtsinnig! Ich habe eben ein bisschen zugehört, was Sie meinen Chef gefragt haben. Es stimmt. Er hat ihr mindestens zwei Mal geraten, hier am Hermannplatz nicht mit so teurem Schmuck rumzulaufen. Ich habe es ihr auch gesagt. Sie sehen ja, was für Leute hier rumlungern. Nicht die Türken. Die sind, glaube ich, gar nicht so schlimm. Aber seit die Mauer auf ist, kommen viele aus dem Osten.«

»Ostdeutsche.«

»Die meine ich nicht, die sind in Ordnung. Ich meine die anderen, die, mit denen Frau Zeisig verkehrte, Rumänen und so. Das schwappt ja jetzt alles hier rein. Berlin kriegt es immer als Erstes. Deshalb wird ja auch nichts aus der Stadt. Ich denke, wenn jemand sie überfallen oder ermordet hat, dann einer von denen. Sie verstehen, was ich meine?«

»Ich denke schon.«

»Danke, Frau Schramm.«

»Ich hoffe, ihr kriegt ihn.«

Die Befragung im Reformhaus bestätigte erneut, dass Regina Zeisig sehr auf ihre Ernährung geachtet hatte. Diesmal stellte Manz die Fragen.

»Kam sie regelmäßig?«

»Immer montags, mittwochs und samstags. Wir haben uns schon gewundert, als sie ausblieb.«

Nachdem geklärt war, was Frau Zeisig im Reformhaus gekauft hatte, stellte Manz eine Frage, die die Inhaberin des Reformhauses empörte.

»Dass sie sich hier am Platz mal Hähnchen mit Pommes Frites gekauft hat? Nein, das kann ich mir nicht vorstellen. Das wäre ja völlig gegen ihre Prinzipien gewesen. Frau Zeisig hat sich doch sogar über den Geruch unten bei Karstadt beschwert.«

»Was für ein Geruch?«

»Na, vom Grill. Da riecht es ja auch wirklich extrem nach Fleisch und gebratenem Fett.«

»Manche lockt so was an«, stellte Manz fest.

»Nur warum?«

»Diesen Geruch mochte sie also nicht.«

»Sie fand das widerlich. Geht mir übrigens genauso.«

»Hat Frau Zeisig in letzter Zeit mal den Namen eines Mannes erwähnt, den sie kürzlich kennengelernt hat?«

»Milán.«

»Und der Nachname?«

»Sie hat nur von Milán geredet, ein Nachname ist nie gefallen. Sie war ganz begeistert von ihm, weil er artig war, wie sie das nannte, und ihr Reparaturen im Haus gemacht hat.«

»Sonst noch was, das uns helfen könnte?«

»Sie wollte, dass ich für sie Faltblätter von den Republikanern auslege und hat immer mit großen Scheinen bezahlt. Hunderter. Es kam mir bisweilen vor, als wären wir eine Wechselstube. Das war die unangenehme Seite an ihr.«

»Die Hunderter.«

»Ihre Protzerei. Sie war eitel. Wurde schnell kiebig.

Kam aber immer wieder. So, wie Sie gefragt haben, klang es, als hätte ihr jemand was angetan. Hätten Sie anders gefragt ... Hätte es mehr danach geklungen, dass sie in irgendetwas Illegales verstrickt ist oder mit Prostitution zu tun hat, ich hätte nicht widersprochen.«

»Ist das eine Vermutung?«

»Eine Vermutung. Aber Sie wissen schon, dass auch Männer sich prostituieren? Ich sage Ihnen, die ist nicht koscher. Eine gute Kundin, davon abgesehen. Achtet sehr auf ihre Ernährung.«

»Und kam immer wieder.«

Die beste Freundin

Kurz nachdem Vera und Manz aufs Kommissariat zurückgekehrt waren, geschah etwas, das so nicht geschehen sollte. Thomas Zeisig, der für zwölf Uhr zur Vernehmung geladen war, erschien nicht. Um zwanzig nach zwölf rief Manz bei ihm an. Es ging niemand ans Telefon.

»Du hattest ihn für zwölf Uhr hergebeten, da bist du sicher?«, fragte Manz.

»Natürlich bin ich sicher. Ich wollte eigentlich, dass er um zehn kommt, aber er hatte Nachtdienst, also haben wir uns auf zwölf Uhr geeinigt. Sollen wir eine Streife hinschicken?«

»Ja. Als er und sein Bruder die Mutter gefunden haben, ist er auch nicht dageblieben. Ist das normal? Sie finden die tote Mutter, der Bruder ruft die Polizei, und er verschwindet? Die Kollegen waren nach ein paar Minuten da. Er muss sofort abgehauen sein. Angeblich hatte er Nachtdienst. Wo arbeitet er?«

»Im Urban, er ist Pfleger.«

Vera zog das Telefon zu sich heran und veranlasste, dass eine Streife zur Meldeadresse von Thomas Zeisig geschickt wurde.

Sie hatte den Telefonhörer gerade aufgelegt, als es an der Tür klopfte. Vera nahm also den Hörer wieder ab, um die Streife zurückzurufen.

»Kommen Sie rein, Herr Zeisig«, rief Manz. Vera begann zu wählen.

Die Tür ging auf, und eine Frau, Mitte sechzig, betrat das Büro, Vera legte den Telefonhörer auf.

»Bin ich hier richtig? Ich möchte etwas aussagen. Es geht um Frau Zeisig. Regina Zeisig.«

»Sie sind richtig. Setzen Sie sich doch bitte.«

Die Frau nickte Vera kurz zu.

Sowohl vor dem Schreibtisch von Manz als auch vor dem von Vera stand ein Stuhl. Sie entschied sich für den vor Manz' Schreibtisch. Sobald sie saß, hob sie eine braune Handtasche auf ihren Schoß, öffnete sie, holte ein Taschentuch heraus und betupfte sich die Stirn.

»Ich heiße Krisztina Fabek und wohne in der Jahnstraße 13. Ich bin eine Freundin von Regina Zeisig.«

Sie verstaute das Taschentuch wieder in ihrer Handtasche und holte ihren Personalausweis heraus. Den legte sie auf Manz' Schreibtisch. Danach nickte sie Vera ein zweites Mal zu.

»Was möchten Sie uns denn sagen?«, fragte Manz.

»Zuerst muss ich Ihnen wohl erklären, warum ich erst jetzt komme. Ich ahnte es ja schon seit ein paar Tagen.«

»Es stand in der *BZ*.«

»Die lese ich nicht. Nein, ich hatte schon am Freitag so ein Gefühl. Ich bin dann aber erst Sonntagabend hin. Nach Buckow, weil sie nicht ans Telefon ging. Da war ein Siegel an der Tür. Und dann rief auch schon ihr Nachbar, dass ich zu ihm an den Zaun kommen soll. Und der sagte mir dann, dass sie ermordet wurde und dass wohl ihr Sohn unter Verdacht steht.«

»Ach ja? Welcher Sohn?«

»Na, der Günther. Ich konnte mir das gar nicht vorstellen. Er sagte, Günther und er hätten sie gefunden. Und zwar am achtzehnten. Und dass sie wohl schon ein paar Tage in ihrer Wohnung lag, und dass es wichtig wäre herauszufinden, wann genau sie ermordet wurde. Da kann ich Ihnen vielleicht helfen.«

Sie blickte, ehe sie fortfuhr, wieder zu Vera rüber. Offenbar irritierte es sie, dass sie es mit zwei Personen zu tun hatte.

»Das ist Frau Steinig. Wir bearbeiten den Fall gemeinsam.«

»Verstehe.«

»Sie können uns also helfen, was den Todeszeitpunkt angeht.«

»Ja. Weil ich doch am vierzehnten, gegen Mittag noch mit ihr telefoniert habe. Wir hatten uns auf drei Uhr für den Friedhof verabredet, wir wollten das Grab besuchen.«

»Wessen Grab?«

»Das ihres Vaters. Wegen ihrem Mann.«

»Das verstehe ich jetzt nicht.«

»Weil ihr erster Mann, der ist ja verschwunden, und es gibt kein Grab. Also gehen wir manchmal an das ihres Vaters. Für Regi ist das so ... war das so, als wäre es auch das Grab ihres Mannes. Wir haben das öfter gemacht, aber wir haben dann gar nicht über die Männer gesprochen, sondern uns einfach unterhalten. Und natürlich das Grab ein bisschen in Ordnung gebracht.«

»Uns wurde gesagt, der erste Mann von Frau Zeisig sei in die Schweiz gegangen.«

»Ja, so hieß es, aber Regi sagte immer, er sei tot. Für sie war es wohl besser so. Also, dass das einen Abschluss hatte.«

»Hm.«

»Aber darüber wollte ich ja gar nicht reden. Ich hatte gegen eins bei ihr angerufen und gefragt, ob es bei drei Uhr bleibt. Das haben wir immer so gemacht. Aber als ich dann am Grab ankam, war sie nicht da. Ich habe gewartet, sie kam nicht. Also bin ich zu ihr in die Salmbacher Straße. Das ist ja nicht weit vom Friedhof. Und habe geklingelt. Da hat sie nicht aufgemacht. Also bin ich wieder nach Hause. Die nächsten beiden Tage habe ich sie auch nicht erreicht. Am siebzehnten habe ich dann Günther angerufen, dass er mal nachsieht.«

»Wir wurden erst am achtzehnten benachrichtigt.«

»Darüber weiß ich nichts. Ich bin nur gekommen, um zu sagen, dass ich am vierzehnten so gegen eins noch mit ihr telefoniert habe und dass sie um drei nicht am Grab war. Sonst hat das immer geklappt. Wir gehen alle zwei Wochen zu den Gräbern, also zu dem von ihren beiden Männern und zu dem von meinem.«

»Als Sie mit ihr telefoniert haben, klang sie da nervös, oder hat sie erwähnt, dass jemand bei ihr ist?«

»Nervös war sie nicht, aber sie hat mich nicht ausreden lassen, sagte nur, sie würde pünktlich kommen und müsse jetzt Schluss machen.«

»Hat sie vielleicht in einem früheren Gespräch erwähnt, dass sie an dem Tag Besuch erwartet?«

»Nein, aber die Woche davor sagte sie, dass sie noch mal in die Schweiz fahren will und dass sie ihren Franzosen dort treffen würde. Sie ist ja oft in die Schweiz gefahren.«

»Dieser Franzose, könnte der sie abgeholt haben?«

»Das glaube ich nicht. Mir hat sie immer nur erzählt, dass sie in die Schweiz oder nach Paris fährt und ihn da trifft. Dass er sie abholt, hat sie nie erwähnt.«

»Sie sind eine gute Freundin von Frau Zeisig, nicht wahr?«, sagte Vera, was Frau Fabek erneut irritierte. »Wir würden gerne ein bisschen mehr über Ihre Freundin wissen.«

»Ich glaube sogar, ich war ihre beste Freundin. Wir kannten uns ja schon in der Zeit, als unsere Männer noch lebten.«

»Was war sie für eine Frau?«

»Sie können sich Zeit lassen«, ergänzte Manz. Und das tat sie, öffnete ihre Handtasche, setzte ihre Brille ab und verstaute sie in einem Etui.

»Regi hatte zwei kleine Jungen, als ihr Mann sie verlassen hat. In die Schweiz hat er sich abgesetzt. Das sagte sie jedenfalls am Anfang. 1954 war das. Er wollte sich die deutsche Mannschaft ansehen. Fußball. Von dieser Fahrt kam er nie zurück.«

»Wie alt waren die Kinder, als der Vater verschwand? Der hieß Zeisig?«

»Ja. Sie hat später nicht wieder geheiratet. Obwohl da noch einige Männer waren. Regi war ja damals eine sehr hübsche junge Frau. Sie wollte das nicht noch mal erleben.«

»Die Kinder, wie alt waren die?«

»Der Thomas muss vier gewesen sein, und der Günther, der ist zwei Jahre jünger. So ganz genau erinnere ich das nicht mehr. Aber was sie vorher gefragt haben … Eine junge Frau mit zwei kleinen Kindern und ohne Mann. Das war schwierig. Sie war ja erst Mitte zwanzig. Ich glaube, das hat sie überfordert. Ich fand jedenfalls, dass sie zu streng war zu ihren Jungen.«

»Sie hat sie geschlagen?«

Für diese Frage erntete Vera einen kalten Blick.

»Das waren damals natürlich andere Zeiten«, lenkte Manz sofort ein.

Frau Fabek nickte. Sie schien sich nun endgültig für Manz und gegen Vera entschieden zu haben.

»Regi war immer sehr streng, was Pünktlichkeit anging. Ihre beiden Jungen mussten auch ständig im Haus und im Garten arbeiten. Ich glaube, die sind nicht viel rausgekommen. Außer natürlich, wenn sie zur Schule mussten. Sind aber beide früh abgegangen.«

»Und sonst? Wie hat sie gelebt?«

»Es lief gut für sie. Regi hat schnell wieder einen

Mann gefunden. Wir sagten damals, ›einen Bekannten‹. Der hat auch eine Weile bei ihr gewohnt. Aber irgendwann war er weg. Danach hatte sie bald wieder einen. Wir waren ja beide noch jung, sind viel ausgegangen und kamen gut an. Regi noch mehr als ich, denn die hatte mehr Geld und hat sich immer schick angezogen. So war sie ja auch noch, als sie schon über sechzig war. Sie achtete immer sehr darauf, was sie anhatte. Und sie hat sich gut gehalten. Als sie jung war, da war sie einfach nur hübsch, aber später hat sie dann richtig was aus sich gemacht. Ihre Schönheit verging nicht, sie hat sich nur gewandelt.«

Krisztina Fabek verstummte, ihr Blick ging eine Weile nach innen.

»Ich muss manchmal an die Zeit denken, als wir jung waren. Wir waren so übermütig, und ich war zudem noch leichtsinnig. Und wohl ein bisschen albern. Regi war ganz anders, sie hatte immer einen Plan, war sicher auch klüger als ich. Aber nicht, dass Sie jetzt ein falsches Bild von ihr bekommen. Wir haben viel gelacht, denn Regi hatte einen sehr verstiegenen Humor. Die konnte Leute mit dem, was sie sagte, zum Lachen bringen, sie konnte aber auch sehr verletzend sein. Bei ihr saßen die Worte wie ein Stich mit dem Messer.«

»Verstehe.«

»Und das waren immer sehr wohlhabende Männer. Sie war oft im Urlaub oder hat die Männer auf Reisen begleitet.«

»Wohin?«

»Das weiß ich nicht im Einzelnen, da war sie verschwiegen. Ich erinnere mich nur, dass es öfter in die Schweiz und nach Paris ging. Und natürlich ist sie regelmäßig nach Ungarn gefahren, weil sie da herkam.«

»Sie war Ungarin.«

»Ich meine, ja. Sie ist aber schon zum Ende des Kriegs nach Deutschland gekommen. Regi hatte in Ungarn einen deutschen Soldaten kennengelernt, der sie mit hergenommen hat, als es dem Ende zuging. Der ist dann bei der Verteidigung von Berlin gefallen. Jedenfalls war er plötzlich weg. Für die Ungarn hat sie später Kleider gesammelt. Und ich glaube, nach Rumänien hat sie auch öfter Säcke mit Altkleidern gebracht. Regi hat immer die abgetragenen Sachen bei ihren Freundinnen eingesammelt und da hingebracht. Wir mussten alle sammeln. Weil die Menschen dort nichts anzuziehen haben, hat sie gesagt. Von Ungarn oder Rumänien aus ist sie dann meist gleich weiter. In die Schweiz oder nach Frankreich. Wenn sie zurückkam, sah sie immer toll aus. Neue Kleider. Pelze. Schmuck. Die hat ihr der Franzose vermacht. Ja, die Ungarn, die mochte sie.«

»Gleichzeitig hat sie wohl den Republikanern nahegestanden.«

»Das stimmt. Regi mochte Ausländer nicht besonders. Wir haben ja auch zu viele. Die leben da in Neukölln, als wären sie bei sich zu Hause.«

»Wo kommen Sie her? Krisztina, das klingt …«

»Meine Eltern stammen aus Danzig, ich bin aber Berlinerin.«

Es entstand eine Pause, was Krisztina Fabek nicht weiter zu stören schien.

»Frau Zeisig brachte also regelmäßig Altkleider nach Ungarn und Rumänien und fuhr von dort aus anschließend weiter in die Schweiz oder nach Frankreich.«

»Ja. Sie hatte ein gutes Herz. Nicht für alle, aber ihren Vater zum Beispiel hat sie noch nach Berlin geholt. Ganz kurz bevor er dann starb. In Ungarn war ja nicht gut leben, damals.«

»Was ihr Vater von Beruf war, wissen Sie das?«

»Auf einer Bank hat der gearbeitet. In Ungarn. Sie hat ja nach dem Krieg auch auf der Bank gelernt.«

»In Berlin?«

»Ja. Banklehre oder wie man das nennt. In der Zeit haben wir uns kennengelernt. Später hat sie dann für eine ungarische Bank gearbeitet.«

»In Ungarn.«

»Nein, die war hier in Berlin.«

»Da hatte sie auch mit Geld zu tun?«

»Ja, natürlich, dafür sind Banken doch da. Sie ist gut vorangekommen. Für eine Frau war das damals nicht selbstverständlich.«

»War sie vielleicht Prokuristin, hatte mit Handel und Krediten zu tun?«, fragte Vera.

»Das weiß ich nicht. Aber sie ist viel gereist. Regi hatte vor nichts Angst. Und sie hatte ja auch eine Pistole. Die war noch von der Wehrmacht, von ihrem Soldaten.«

»Als wir ihr Haus durchsucht haben, hatten wir das Gefühl, sie sei sehr wohlhabend gewesen.«

»Oh ja, Regi hatte viel Geld! Haben sie die Goldbarren schon gefunden?«

»Nein.«

»Dann sind die auf der Bank. Sie hat da ein Schließfach.«

»Was hat sie denn später beruflich gemacht? Ihr Sohn scheint das nicht zu wissen.«

»Keiner wusste das so genau. Für den Franzosen hat sie gearbeitet. Regi konnte ja gut Französisch, denn sie war zwei Jahre in Frankreich. Direkt nachdem die Mauer gebaut wurde. Sie hatte Angst, in Berlin zu bleiben, weil ja nicht klar war, ob nicht doch noch die Russen kommen. Ich habe in der Zeit in ihrem Haus draußen in Buckow gewohnt, zusammen mit ihren Kindern. Wohl habe ich mich da nicht gefühlt.«

»Sie hat die Kinder einfach hiergelassen?«, fragte Vera. Auch dafür handelte sie sich einen harten Blick ein.

»Sie wissen ja gar nicht, wie das damals war für eine Frau.«

Manz stellte sofort die nächste Frage, er musste verhindern, dass Krisztina Fabek sich angegriffen fühlte.

»Warum haben Sie sich im Haus in der Salmbacher Straße nicht wohlgefühlt?«

»Na, weil mir der Nachbar immer reingeguckt hat.«

»Der Nachbar, der Ihnen jetzt gesagt hat, sie sei tot und ihr Sohn Günther hätte sie ermordet?«

»Genau der. Inzwischen ist er alt, aber damals … Ich war froh, als ich wieder in die Stadt konnte, da fühlte ich mich sicherer. 63 kam Regi zurück. Aber sie hat auch danach weiter für den Franzosen gearbeitet. Das muss eine große, internationale Firma gewesen sein.«

»Und als was hat sie für den Franzosen gearbeitet?«

»Darüber haben wir nie gesprochen. Jedenfalls nicht

ausführlich. Später hat sie für den Franzosen Geld in die Schweiz gebracht. Dafür wurde sie sehr gut bezahlt. Mehr weiß ich nicht. ›Mein Franzose!‹ So hat sie ihn immer genannt. Sie hat ziemlich angegeben mit ihm, und gleichzeitig wollte sie nichts groß über ihn sagen. Nur wo sie überall waren in Paris. Darüber ja. Die Oper, die Restaurants. Die Läden, wo sie sich eingekleidet oder er ihr den Schmuck gekauft hat. Davon hat sie gerne gesprochen.«

»Paris, Schweiz, Ungarn, Rumänien«, sagte Manz. »Das kriege ich gar nicht mit diesem grau verputzten Haus in Buckow zusammen.«

»Sie hat gehortet. Und sie war ein bisschen geizig. Ihre Söhne jedenfalls, die hat sie kurzgehalten. Ich glaube, Regi hatte genug von den Männern. Nur der Franzose, der war ihr heilig.« Sie holte ihr Taschentuch raus, schnäuzte sich. »Was ich Sie noch fragen wollte … Wo wird Regi beerdigt? Der Nachbar sagte mir, sie käme auf den Kirchhof Luisenstadt am Südstern.«

»Das wusste der Nachbar?«

»Hat ihm Günther erzählt. Sie kommt zum Südstern, weil das näher ist für ihn, weil er sich um ihr Grab kümmern wird. Warum kommt sie nicht zu ihrem Vater, so gehört sich das doch in einer Familie?«

»Das wissen wir nicht, tut mir leid.«

»Hat sie ihre Söhne geschlagen, als sie Kinder waren?«, fragte Vera, diesmal mit einer Schärfe, die über das hinausging, was Frau Fabek erwartet hatte. Die Antwort kam dann ebenfalls sehr direkt.

»Ja, die mussten parieren. Die hat Regi so abgerichtet,

dass sie ihre Freiheit behielt. Anders ging es eben nicht. Ihr Mann hat sie mit den Blagen sitzen lassen. Und die beiden waren nicht gerade die Hellsten, das kann ich Ihnen sagen. Aber Regi hat sich das alles nicht sehr zu Herzen genommen. Die war eine, die sich nicht unterkriegen ließ. Weder von den Männern, noch von ihren Blagen.«

Tumor

Als Manz und Christine vom Italiener zurückkommen, ist es bereits halb vier. Er bringt die Fahrräder in die Garage. Als er ins Haus kommt, gießt Christine sich gerade einen Tee auf.

»Für dich auch?«

»Ich hab oben noch welchen.«

»Du willst arbeiten?«

»Ich will das endlich hinter mich bringen. Was wirst du machen?«

Christine zeigt auf ihr GEO SPECIAL.

»Gut. Oder stört es dich, wenn ich gleich wieder verschwinde?«

»Nein, geh. Wir haben ja beim Italiener sehr schön geredet.«

»Es war ein gutes Gespräch, oder?«, fragte Manz. Dabei war ihm der ironische Unterton seiner Frau doch aufgefallen.

»Geh, mach dir keine Gedanken!«

Manz studiert während der nächsten zwei Stunden

die Vernehmung von Thomas Zeisig, die er damals geführt hat. Irgendwann merkt er, dass sein Rücken nun doch anfängt zu schmerzen.

Ich war nicht auf der Beerdigung von Vera. Da war ich schon in Dresden, und sie hat das geheim gehalten. Dass es so schnell ging mit ihrem Tumor, konnte ja keiner wissen.

Manz wird schwindelig auf der Treppe nach oben. Sein Körper braucht dringend Bewegung. Christine liegt auf der Chaiselongue und sieht fern. Ein Reisemagazin. Da will er sie nicht stören. Auf dem Weg in den Garten muss Manz plötzlich an seine Mutter denken. Er sieht sich mit ihr am Tisch sitzen. Sie liest ihm aus seinem Lieblingsbuch vor. *Wie hieß das noch? Die Hasenschule? Nein, Häschenschule!* Er sieht die Bilder. *Schülerhasen, Lehrerhasen, kluge Hasen und weniger kluge.*

»Es reicht, komm mal wieder zu Sinnen, du bist kein Kind mehr!«

Hat er schon wieder laut gesprochen?

Vernehmung Thomas Zeisig

Manz vernahm Thomas Zeisig allein, da Vera sich nach der Vernehmung von Krisztina Fabek nicht gut gefühlt hatte. Ihr war ein bisschen schwindelig gewesen, und sie hatte fiebrig gewirkt. In der Woche zuvor waren bereits zwei aus Manz' Abteilung krank gewesen.

»Sie machen es mir nicht gerade leicht.«

Thomas Zeisigs Hände ruhten auf seinem Bauch. Er machte einen trägen, leicht abwesenden Eindruck.

»Ich hatte es vergessen, tut mir leid. Ich habe gerade meine Mutter verloren.«

»Mein herzliches Beileid.«

»Dass ich jetzt extra herkommen muss, zur Polizei.«

»Sie sind nicht hergekommen, Herr Zeisig, sie wurden von zwei Beamten aus Ihrer Kneipe geholt.«

»Und wozu?«

»Sie sind ein Zeuge.«

»Wieso denn? Ich hab ja gar nichts gesehen.«

»Dann erzählen Sie doch mal.«

»Was?«

»Wie Sie und Günther Ihre Mutter gefunden haben. Von Anfang an. Wie haben Sie davon erfahren, dass etwas nicht stimmt?«

»Na, weil Günther mich angerufen hat. Ich war gerade beim Essen. Ich wollte eigentlich nicht mehr raus.«

»Wann war das?«

»Weiß ich nicht mehr.«

»Ungefähr?«

»Abends.«

»Nicht eher am Nachmittag?«

»Ich weiß es nicht mehr.«

Die wie zum Gebet verschränkten Hände ruhten noch immer auf dem stark vorgewölbten Bauch. Das Gesicht war aufgequollen, der Blick wirkte, als wüsste er nicht, wohin. Thomas Zeisig trug einen schon etwas älteren Trainingsanzug und abgetragene Sneakers aus braunem Wildleder. Auf Manz wirkte der Zeuge wie jemand, der nicht mehr in der Lage ist, regelmäßig zu arbeiten. Und doch arbeitete er.

»Nachtschicht im Urbankrankenhaus, viermal die Woche.«

Vera hatte das überprüft. Natürlich war es möglich, dass seine verlangsamte Reaktion auf die Fragen mit einer bereits durch Alkoholkonsum reduzierten Intelligenz zusammenhing. Genauso gut konnte es sein, dass Thomas Zeisig vorsichtig war, dass ihm jemand geraten hatte, er solle nicht zu viel sagen.

»Sie würden es mir und auch sich leichter machen, wenn Sie der Reihe nach erzählen. Ohne dass ich jeden Satz einzeln aus Ihnen rausholen muss.«

»Und was?«

»Ich möchte wissen, wie das vor sich gegangen ist. Was passiert ist, nachdem Ihr Bruder Sie angerufen hat.«

»Na, ich bin hin. Mein Bruder hat behauptet, wir müssten nachsehen. Er hat am Telefon rumgenervt, bis ich Ja gesagt habe, er hat gesagt, allein traut er sich nicht, weil sie vielleicht tot ist.«

»Das hat er gesagt? Dass sie vielleicht tot ist?«

»Sonst wäre ich ja gar nicht hin. Als ich da war, kamen wir nicht rein, weil Günther meinte, er hätte keinen Schlüssel. Ich hab ihn gefragt: Wenn du meinst, sie ist tot und wir müssen nachsehen, warum hast du deinen Schlüssel nicht dabei? Wusste er nicht. Er dachte, ich hätte einen. Hatte ich aber nicht. Meine Mutter hat irgendwann die Schlösser auswechseln lassen und mir nie einen gegeben.«

»Ihr Bruder hat ausgesagt, sie hätten einen.«

»Dann lügt er.«

»Warum hat Ihre Mutter die Schlösser auswechseln lassen?«

»Weil Wertsachen im Haus waren.«

Wieder eine Pause. Manz hatte mehr und mehr den Eindruck, dass beide Brüder sich bemühten zu verschleiern, wie sie ins Haus gekommen waren.

»Also keiner hatte einen Schlüssel. Aber irgendwie sind Sie reingekommen.«

»Na, Günther ist zum Nachbarn rüber, dass der uns die Tür aufmacht. Als er gerade aufbrechen wollte, fiel mir ein, wie meine Mutter es früher gemacht hat. Ich hab die Geranie hochgehoben. Und da war der Schlüssel. Dann sind wir rein.«

»Sie sagten eben, Ihre Mutter habe aus Vorsicht die Schlösser ausgewechselt und niemandem einen Schlüssel gegeben.«

»Mir jedenfalls nicht.«

»Sie war vorsichtig, legt aber den Haustürschlüssel unter den Topf mit der Geranie? An einen Ort, wo jeder als Erstes nachsehen würde?«

»Da war er jedenfalls.«

»Und dann?«

»Ich habe sofort gerochen, dass was am Verwesen war, und ich wollte das nicht. Ich konnte mir schon vorstellen, wie sie aussah. Wir kriegen im Krankenhaus ja auch manchmal welche rein, die schon gelegen haben. Mein Bruder ist dann vorgegangen zum Schlafzimmer und auch gleich rein. Es dauerte eine Weile, dann kam er wieder raus und sagte, dass sie tot ist und wohl schon länger daliegt.«

»Nur, dass ich das richtig verstehe: Ihr Bruder ist alleine ins Schlafzimmer gegangen, und Sie und der Nachbar … Wo waren Sie?«

»Na, vor der Tür.«

»Vor der Haustür?«

»Ja. Wegen dem Geruch. Als mein Bruder zurückkam, haben wir überlegt, und der Nachbar meinte: In jedem Fall die Polizei. Also hat mein Bruder angerufen.«

»Bei der Polizei.«

»Beim medizinischen Notfalldienst in Kreuzberg. Die Nummer hatte er, weil sie öfter mal umgekippt ist. Ich fand das idiotisch, weil sie ja schon am Verwesen war. Der Arzt war dann auch ziemlich schnell da.«

»Sie waren wirklich nicht im Schlafzimmer?«

»Nein.«

»Sicher?«

»Ich war da nicht drin.«

»Sie haben Ihre tote Mutter nicht dort vor dem Bett liegen sehen?«

»Hab ich doch jetzt schon drei Mal gesagt! Nein!«

»Ich habe eine Aussage von dem Notarzt aus Kreuzberg. Der ist sicher, dass Sie im Schlafzimmer waren, als er die Tote untersucht hat.«

»Ja und?«

»Eben haben Sie gesagt, dass Sie nicht im Schlafzimmer waren.«

»Zuerst nicht. Ich bin erst rein, als der Notarzt da war. Das schon.«

»Entschuldigen Sie bitte, aber ich habe Sie eben gefragt, ob Sie Ihre tote Mutter im Schlafzimmer gesehen haben, und Sie sagten: Nein.«

»Das habe ich falsch verstanden, ich dachte, Sie meinen, ob ich sie gefunden habe.«

»Wissen Sie noch, wie Ihre Mutter dalag?«

»Ich habe nicht hingesehen.«

»Der Notarzt kommt, Sie gehen mit ins Schlafzimmer und dann sehen Sie sich Ihre Mutter nicht an?«

»Ich wollte das nicht.«

»Der Notarzt hat außerdem ausgesagt, Sie hätten ihm geholfen, Ihre Mutter auf die Seite zu drehen.«

»Weil ich Krankenpfleger bin.«

»Gedreht ja, aber nicht angesehen.«

»Ich wollte das nicht.«

»War der Nachbar auch mit im Zimmer?«

»Ja.«

»Der Notarzt sagt Nein.«

»Hatte er denn Zeit, auf so was zu achten?«

»Offenbar ja.«

»Dann war er vielleicht nicht mit im Zimmer, kann sein.«

»Herr Thomsen soll sich längere Zeit im Flur aufgehalten haben.«

»Ja und?«

»Haben Sie vielleicht Schmiere gestanden?«

»Wie?«

»Waren Sie mit im Zimmer, um rechtzeitig Bescheid geben zu können, wenn jemand rauskommt, wenn etwa der Notarzt fertig ist mit seiner Untersuchung?«

»Versteh ich nicht.«

»Wir haben einen Schuhabdruck auf einem Stuhl gefunden. Offenbar wurden Schränke durchsucht.«

»Das war bestimmt der Ungar.«

Manz reagierte absichtlich nicht auf diese Auskunft. Ihn interessierte, wie wichtig es Thomas Zeisig war, auf den Ungarn hinzuweisen.

»Was ist passiert, nachdem der Notarzt den Tod festgestellt hat?«

»Der Ungar, den müssen Sie suchen.«

»Nachdem der Notarzt den Tod festgestellt hat, was ist da passiert?«

»Da haben wir die Polizei gerufen. Den Ungarn hatte sie erst ein paar Tage vorher kennengelernt.«

»Als ich ankam, waren Sie nicht mehr da. Warum?«

»Weil ich zur Arbeit musste.«

»Meine Kollegin hat sich im Urbankrankenhaus erkundigt. In der Nacht vom 18. auf den 19. Dezember waren Sie nicht zum Dienst eingeteilt.«

»Dann bin ich wahrscheinlich weg, weil es zu viel war. Der Geruch. Sie war ja meine Mutter. Das hat mich geschafft.«

»Ihnen ist klar, dass das hier eine offizielle Vernehmung ist?«

»Ja, warum?«

»Weil Sie mich schon zwei Mal belogen haben.«

»Wann?«

»Sie sagten, Sie wären nicht mit im Zimmer gewesen, und Sie sagten, Sie seien weggefahren, weil Sie zur Arbeit mussten. Beides stimmt nicht.«

»Das war nicht gelogen, ich habe das nur verwechselt. Ich bin total fertig. So was passiert ja nicht jeden Tag, oder?«

»Wie würden Sie Ihre Mutter beschreiben?«

»Hart.«

»Weiter?«

»Nichts.«

»Weiter.«

»Geizig war sie und ...« Thomas hatte seine Hände entfaltet, die Rechte erhoben und eine Bewegung gemacht, die aussah, als würde jemand mit einer Stange oder Ähnlichem zuschlagen.

»Mein Bruder musste sie immer fahren. Mit ihrem Auto. Sie hatte keinen Führerschein, aber es war trotzdem ihr Auto, wir durften es nie benutzen. Günther musste also rausfahren mit der S-Bahn und dem Bus, dann hin zu ihr, sie mit dem Wagen zu ihrem scheiß Hermannplatz kutschieren und das Auto dann wieder zurückbringen nach Buckow. Schlüssel in den Briefkasten. Dafür bekam er fünfzehn Mark! Dabei hatte sie massenhaft Geld.«

»Woher hatte sie das?«

»Von ihren Männern. Vor allem wohl von dem Franzosen.«

»Was für ein Franzose?«

»Für den hat sie Geld in die Schweiz gebracht. Sie hat da angeblich ein Nummernkonto.«

»Hat sie das Geld illegal in die Schweiz transferiert?«

»Wie?«

»Hat sie es illegal hingebracht?«

»Woher soll ich das wissen? Mir hat sie nur gesagt, dass sie für den Franzosen Geld hinbringt. Und immer mit ihrem Nummernkonto angegeben! Wie kriegen wir das eigentlich raus? Ob da eins ist.«

»Fragen Sie einen Notar.«

»Vielleicht hat sie jemand abgemurkst, der für den Franzosen gearbeitet hat. Vielleicht war das mit dem Geld illegal, wie Sie gerade … Oder sie hat was für sich abgezwackt.«

»Vielleicht hilft mir nicht.«

»Ist mir nur gerade eingefallen, dass das möglich wäre.«

»Ihre Mutter soll Altkleider gesammelt und nach Ungarn und Rumänien gebracht haben.«

»Stimmt. Es standen oft Kleidersäcke im Flur. Für die scheiß Ungarn. Und wir kriegten keinen Pfennig. Dabei war die ganze Wohnung voller Geld. Sie ist ja auch immer in ihren Pelzen und mit ihren ganzen Klunkern zum Hermannplatz. Da müssen sie suchen.«

»Ihre Mutter wurde nicht am Hermannplatz ermordet, sondern in ihrem Haus.«

»Schon, aber am Hermannplatz hat sie den Ungarn kennengelernt.«

»Wie heißt der?«

»Miklosch, Milosch oder Milán. So was.«

»Und mit Nachnamen?«

»Weiß ich nicht. Sie hat ja oft arbeitslose Ungarn abgeschleppt und mit raus nach Buckow genommen. Ich hab ihr immer gesagt: Denen macht es nichts aus, dich zu erwürgen, wenn sie sehen, dass da viel Geld ist.«

»Sie meinen, Ihre Mutter wurde erwürgt?«

»Sie hat dann immer gesagt, sie hätte eine Pistole. Als ob einer von denen darauf wartet, bis sie die aus ihrem Nachttisch holt.«

»Die Pistole lag im Nachttisch?«

»Weiß ich nicht, wo sie die hatte.«

»Aber Sie wissen, dass sie erwürgt wurde.«

»Nein.«

»Sie sagten eben, dass Sie Ihre Mutter davor gewarnt hätten, dass einer der Ungarn sie erwürgen würde.«

»Ja.«

»Sie wussten also, dass sie erwürgt wurde.«

»Nein, wusste ich nicht. Versuchen Sie nicht, mir das anzuhängen, suchen Sie am Hermannplatz. Da hat sie den kennengelernt.«

»Sie und Ihr Bruder wurden als Kinder von Ihrer Mutter geschlagen?«

»Ja.«

»Wie ging das vor sich? Gab es Ohrfeigen? Gab es was auf den Po?«

»Mit dem Holz.«

»Sie wurden mit einem Holz geschlagen?«

»Sie hatte ein Vierkantholz und damit dann.«

»Wo?«

»Im Keller. Manchmal hat sie uns da auch an die Rohre gebunden.«

»Womit?«

»Mit einem Strick.«

»Nicht mit einem Kabelbinder?«

»Mit einem Strick. Licht hat sie auch ausgemacht.«

»Wie alt waren Sie, als das aufhörte?«

»Ich hab sie, als ich siebzehn war, in den Schwitzkasten genommen, und Günther hat ihr das Holz aus der Hand gedreht. Da war dann Schluss. Sie hat uns rausgeschmissen und die Schlösser ausgewechselt. Günther ist ein paar Jahre später aber doch wieder hin, um sie zu fahren. Für seine fünfzehn Mark. Der hatte ja nie richtig Arbeit. Nur als Hilfsarbeiter oder gegen Geld auf die Hand. Ich musste ihm auch oft was geben.«

»Sie wurden also beide geschlagen.«

»Deshalb hab ich sie aber nicht umgebracht.«

»Sondern?«

»Gar nicht.«

»Ihre Mutter mochte keine Kinder?«

»Andere schon. Mit meinem Sohn war sie später ganz anders. Der war ihr Prinz. So nannte sie ihn immer.«

»Hat Ihr Sohn einen Schlüssel zum Haus? Ich meine jetzt das Haus in der Salmbacher Straße, nur, dass wir uns richtig verstehen.«

»Ja, hat er.«

»Also er hat einen, Sie und Ihr Bruder aber nicht.«

»Ich hab keinen Schlüssel.«

»Ihr Bruder hat ausgesagt …«

»Der lügt, sobald er den Mund aufmacht.«

»Und Ihr Sohn.«

»Der hat in jedem Fall einen, der war ja ihr Prinz.«

»Wie alt ist Ihr Sohn?«

»Ich glaube achtzehn, kann auch sein, neunzehn. Und ich sag Ihnen jetzt mal, wie es ist: Mein Bruder und ich, wir wären andere Menschen geworden, wenn wir eine bessere Mutter gehabt hätten. Aber die hat sich nur für ihr Geld interessiert, für ihre jungen Männer und für die Ungarn. Da hat sie ihr Geld hingebracht, wir wurden kurzgehalten.«

»Wie heißt Ihr Sohn?«

»Christoph.«

»Und wo wohnt er?«

»Weiß ich nicht. Wir haben nicht viel Kontakt.«

»Nicht viel Kontakt heißt?«

»Gar keinen.«

»Wissen Sie, ob Ihre Mutter ein Testament gemacht hat?«

»Nein. War's das?«

»Für heute ja. Haben Sie vor, in absehbarer Zeit die Stadt zu verlassen?«

»Warum?«

»Sie sind unter der Adresse auf Ihrem Personalausweis zu erreichen?«

»Ja.«

»Die Telefonnummer? Hat sich da was geändert?«

»Nein, warum?«

»Weil ich Sie da noch nie erreicht habe.«

»Ich arbeite. Wenn ich Nachtdienst hatte, zieh ich den Stecker raus. Ich hocke auch nicht immer zu Hause.«

»Die Kneipe, wo die Kollegen Sie gefunden haben, ist das Ihre Stammkneipe?«

»Schon.«

»Gehen Sie regelmäßig an Ihren Briefkasten?«

»Ja?«

»Wenn Sie dort einen Brief finden, in dem Sie vorgeladen werden, dann haben Sie zu erscheinen. Tun Sie es nicht, machen Sie sich strafbar.«

»Kann ich dann gehen?«

»Ja.«

Thomas Zeisig zog sich gerade seinen auberginefarbenen Blouson an, als eine Frau aus der Zentrale hereinkam.

»Störe ich?«

»Nein, wir sind fertig. – Sie haben verstanden, was ich eben gesagt habe?«

»Nicht wegfahren und im Briefkasten nachsehen.«

Thomas Zeisig verließ den Raum.

»Was gibt es denn?«, fragte Manz die Kollegin aus der Zentrale.

»Bei uns sitzt ein Zeuge. Wegen des Vorgangs Regina Zeisig. Er möchte eine Aussage machen.«

»Ah ja? Und wer ist das?«

Die Frau las den Namen von einem Block ab, den sie in der Hand hielt.

»Milán Rabach.«

Vernehmung Milán Rabach

»Was reizt euch eigentlich so an Norwegen?«

»Na, die Fjorde, was sonst.«

»Und was reizt euch daran, dass wir diesmal mitkommen?«

»Dass wir euch mal alles zeigen wollen. Außerdem

ist ein Urlaub nur mit Männern manchmal ein bisschen langweilig.«

Die Unterhaltung dehnt sich von Norwegen ausgehend über Spanien, Afrika bis nach Asien und Amerika aus. Es ist eine lockere Unterhaltung. Lockerer jedenfalls als die beim Italiener tags zuvor. Trotzdem geht Manz direkt nach dem Mittagessen wieder nach oben.

Die kopierten Seiten, die er sich an diesem Nachmittag vornimmt, sehen anders aus als die der letzten Tage. Die Übersetzerin hatte damals offenbar eine mechanische Schreibmaschine benutzt. Die Anschläge sind ungleichmäßig stark aufs Papier gekommen, und die Seiten sind anders gestaltet als die Protokolle von Manz und Vera.

> Berlin, 21. 12. 1990 – Manz / Rabach
> Abschrift der Vernehmung des Zeugen Milán Rabach durch KHK Stephan Manz.
>
> Der Zeuge (geb. 12. 8. 1971 in Budapest) legt seinen Pass vor. Er ist in Ungarn bei seinen Eltern gemeldet. (Siehe Anlage.)
> Manz: Bevor wir anfangen, Herr Rabach. Sie sind für mich kein Verdächtiger. Ich werde Sie nur als Zeugen befragen. Sollen wir uns auf Englisch unterhalten?
> Zeuge: Wir können Deutsch reden.
> Manz: Gut. Wenn Sie etwas nicht verstehen oder unsicher sind, fragen Sie bitte nach.

Zeuge: (Nickt, sagt auf Nachfrage »Okay«.)

Manz: Wie alle Zeugen haben Sie bei dieser Befragung das Recht, einen Anwalt hinzu… Sie können einen Anwalt anrufen.

Zeuge: Ich kann einen Anwalt hinzuziehen, das habe ich verstanden. Aber ich habe nichts gemacht.

Manz: Das wollte ich damit nicht sagen. Sie machen hier nur eine Zeugenaussage. Trotzdem werde ich Sie, falls das nötig ist, noch einmal daran erinnern, dass Sie einen Anwalt anrufen dürfen. Ich sage das nicht, um Ihnen Angst zu machen, ich bin verpflichtet, Sie darauf hinzuweisen. Sie sind freiwillig gekommen. Woher wissen Sie, was passiert ist? Die BZ hat wenig Details bekannt gegeben.

Zeuge: Ich bin gekommen, weil der Apotheker am Hermannplatz mir gesagt hat, dass Sie mich suchen. Wegen Frau Zeisig.

Manz: Sie kannten Frau Zeisig?

Zeuge: Ja.

Manz: Sie kannten sie gut?

Zeuge: Nicht gut, erst seit Kurzem. Wir haben uns unterhalten.

Manz: Wo?

Zeuge: Am Hermannplatz. Zuerst neben dem Eingang zur U-Bahn. Später dann zwei Mal vor der Apotheke. Frau Zeisig hat mir erzählt, dass sie da öfter hinmuss, weil sie ein schwaches Herz hat und Zucker. Dass sie da aufpassen muss.

Manz: Diabetes. Und dann?

Zeuge: Ich war danach drei Mal bei ihr.

Manz: In Buckow? In der Salmbacher Straße?

Zeuge. Salmbacher Straße, ja. Sie hat mich eingeladen. Das erste Mal haben wir Kaffee getrunken und uns über Ungarn unterhalten, beim zweiten und dritten Mal habe ich Sachen repariert.

Manz: Was für Sachen?

Zeuge: Beim ersten Mal habe ich ihr eine Gardinenstange neu justiert.

Manz: Ich nehme an, Sie haben dazu die Stehleiter von Frau Zeisig benutzt.

Zeuge: Nein, sie besaß keine Stehleiter. Ich bin auf einen Stuhl gestiegen.

Manz: Das hat Frau Zeisig gestattet? Sie war doch eine sehr ordentliche Frau, wie mir scheint.

Zeuge: Die Gardinenstange war ihr vielleicht wichtiger. Beim zweiten Mal habe ich zwei Bilder aufgehängt und ihre Spüle in der Küche versetzt. Die wollte sie weiter nach hinten gestellt haben, damit die Tür nicht mehr dagegen schlägt und sie ihren Mülleimer da aufstellen kann und ihre Besen. Die Tür habe ich dann auch noch angestrichen. Oder heißt es lackiert?

Manz: Geht beides. Sie sprechen Deutsch, als hätten sie sehr lange hier gelebt.

Zeuge: Bis ich vierzehn war. Dann bin ich mit meinen Eltern zurück nach Ungarn.

Manz: Ein interessanter Lebensweg.

Zeuge: Mein Vater hat in Ostberlin gearbeitet. Später auch im Westen.

Manz: Als was, wenn ich fragen darf?

Zeuge: Er ist Bankkaufmann.

Manz: Verstehe. Wurden Sie von Frau Zeisig für ihre Handwerkerarbeiten bezahlt?

Zeuge: Beim ersten Mal hat sie mir zwanzig Mark gegeben. Beim zweiten Mal, nachdem ich das mit der Spüle und der Küchentür gemacht habe, sollte ich dreißig Mark kriegen.

Manz: Hatten Sie ihr diese Dienste angeboten?

Zeuge: Jetzt verstehe ich nicht?

Manz: Als Sie Frau Zeisig am Hermannplatz kennenlernten, haben Sie sie da angesprochen und gefragt, ob es bei ihr etwas zu reparieren gibt?

Zeuge: Nein.

Manz: Wie haben Sie Frau Zeisig denn kennengelernt?

Zeuge: Sie hat mich gefragt, wo ich herkomme.

Manz: Einfach so?

Zeuge: Ja. Dass ich aus Ungarn komme, hat sie mir gleich angesehen.

Manz: Und dann?

Zeuge: Wir haben uns über Ungarn unterhalten, vor allem über Budapest. Weil sie öfter in Ungarn ist, weil sie dort Sachen hinbringt.

Manz: Was für Sachen?

Zeuge: Zum Anziehen für arme Leute. Ihre Eltern haben in Budapest gelebt, und sie wurde da geboren. Sie wollte auch viel über meine Familie wissen, und ich musste ihr die Adresse meiner Eltern aufschreiben. Die haben sie interessiert.

Manz: Warum?

Zeuge: Weil mein Vater auf einer Bank arbeitet und sie in Ungarn ein Konto eröffnen wollte. Sie hatte schon eins, aber sie wollte noch eins eröffnen. Ich glaube aber, sie wollte einfach nur reden. Sie sagte, sie war am Anfang auch allein. Als sie nach Berlin kam. Noch im Krieg war das.

Manz: Sie kam mitten im Krieg nach Berlin?

Zeuge: Hat sie gesagt. Sie hatte einen deutschen Soldaten kennengelernt, und der hat sie mitgenommen. Er ist dann von den Russen erschossen worden.

Manz: Sie meinen, er ist gefallen.

Zeuge: Warum?

Manz: Er ist im Krieg erschossen worden, während der Kämpfe um Berlin. Als Soldat.

Zeuge: Mir hat sie gesagt, erschossen. Sie hätten ihn erschossen.

Manz: Gut. Sie hat Sie also angesprochen, und Sie haben sich eine Weile unterhalten.

Zeuge: Ja, und dann hat sie mich eingeladen.

Manz: In die Salmbacher Straße.

Zeuge: Nein, da noch nicht. Sie hat mich zum Essen eingeladen. Unten am Grill.

Manz: Bei Karstadt?

Zeuge: Ja.

Manz: Und was haben Sie gegessen?
(Der Zeuge lacht.)

Manz: Sie wissen es vielleicht nicht mehr.

Zeuge: Doch. Currywurst. Mit Pommes.

Manz: Und Frau Zeisig? Was hat die gegessen?

Zeuge: Auch eine Currywurst. Auch mit Pommes.

Manz: Sie hat Currywurst gegessen? Da sind Sie sicher?

Zeuge: Ja, wir haben zwei Portionen bestellt. Woran ist Frau Zeisig gestorben? Ist sie ermordet worden?

Manz: Wie kommen Sie darauf?

Zeuge: Weil Sie alles so genau wissen wollen.

Manz: Ich frage nach der Currywurst, weil alle anderen Zeugen sagen, Frau Zeisig sei Vegetarierin gewesen.

Zeuge: Das wusste ich nicht.

Manz: Nein?

Zeuge: Wenn sie Vegetarierin war, warum hat sie dann mit mir Currywurst gegessen?

Manz: Vielleicht hat sie mal eine Ausnahme gemacht. Sie jedenfalls essen gerne Currywurst.

Zeuge: Ja.

Manz: Bratwurst?

Zeuge: Ja.

Manz: Mit Senf?

(Der Zeuge lacht, sagt auf Nachfrage »Ja«.)

Manz: Bouletten?

Zeuge: Ja.

Manz: Hähnchen?

Zeuge: Ja. Warum wollen Sie das alles so genau wissen?

Manz: Warum ich mich für Hähnchen interessiere? Nur so. Sie können Ihre Aussage jederzeit korrigieren.

Zeuge: Korrigieren?

Manz: Sie können sagen: Es war anders, ich habe mich geirrt.

Zeuge: Worum geht es jetzt? Ich habe ihr nichts getan. Ich war nur drei Mal bei ihr und habe Sachen repariert.

Manz: Sind Sie für Ihre Reparaturen bezahlt worden?

Zeuge: Beim ersten Mal hat sie mir zwanzig Mark gegeben. Beim zweiten Mal für die Spüle und das Anstreichen der Tür, da hatte sie kein Geld im Haus. Aber sie wollte mir dreißig Mark geben. Ich habe ihr das aufgeschrieben, damit sie sich dran erinnert.

Manz: Und Sie haben bis jetzt gewartet? Haben Sie denn so viel Geld, dass Sie darauf verzichten können? Auf die dreißig Mark?

Zeuge: Ich dachte, ich treffe sie Samstag am Hermannplatz und dass sie mir dann das Geld gibt.

Manz: Seit wann sind Sie wieder in Berlin?

Zeuge: Seit einem halben Jahr.

Manz Und wo wohnen Sie?

Zeuge: Bei meiner Frau.

Manz: Sie sind verheiratet?

Zeuge: Seit zwei Wochen. Wir haben hier geheiratet. Meine Frau ist Deutsche.

Manz: Sie sind hier gemeldet?

Zeuge: So was dauert.

Manz: Dann hätte ich gerne die Adresse, unter der wir Sie erreichen können. Schreiben Sie die bitte hier auf.

(Der Zeuge notiert die Adresse.)
Danke. Darf ich fragen, wovon Sie leben?

Zeuge: Ich habe vier Monate in einem Restaurant gearbeitet, ich bin Kellner.

Manz: Sie haben eine Ausbildung als Kellner?

Zeuge: Ja.

Manz: In Ungarn gemacht?

Zeuge: Da arbeiten Kellner nicht anders als hier.

Manz: Irgendetwas ist doch. Wollen Sie mir nicht sagen, warum Sie so nervös sind?

Zeuge: Wenn ich Ihnen das jetzt sage, bleibt das unter uns?

Manz: Wenn Sie ein Geständnis machen wollen, rate ich Ihnen, vorher einen Anwalt anzurufen. Ich kann Ihnen eine Liste mit Telefonnummern geben. Den Anwalt müssen Sie auch nicht bezahlen, der steht Ihnen zu.

Zeuge: Darum geht es nicht, sondern um meine Frau.

Manz: Ja?

Zeuge: Ich habe vor zwei Wochen meine Arbeit verloren. Es war nicht meine Schuld. Man hat mich nicht so bezahlt, wie es abgemacht war. Meine Frau weiß das nicht. Deshalb war ich auch öfter am Hermannplatz. Weil ich manchmal oben am Paul-Lincke-Ufer auf dem Markt helfe und weil ich von da aus immer losgegangen bin, mir Arbeit suchen in Kneipen. Hat aber nicht geklappt. Sie stellen in Berlin lieber Studenten ein, und wenn ich sage, dass ich aus Ungarn komme, denken viele gleich, ich wäre Zigeuner.

Manz: Und deshalb sind Sie so nervös?

Zeuge: Meine Frau darf nicht wissen, dass ich keine Arbeit mehr habe. Ich habe ihr versprochen, dass sie nicht für mich zahlen muss, dass ich hier nicht von ihrem Geld lebe.

Manz: Hat Ihre Frau Arbeit?

Zeuge: Sie macht Licht. In der Oper.

Manz: Sie ist Beleuchterin?

Zeuge: Ja.

Manz: Und Sie warteten nun also darauf, dass Frau Zeisig Sie bezahlt. Ich nehme an, dreißig Mark sind viel Geld für Sie. In Ihrer jetzigen Situation.

Zeuge: Solange ich keine Arbeit hatte. Jetzt habe ich wieder Arbeit.

Manz: Seit wann?

Zeuge: Vorgestern. Ich arbeite im Moskau, in der Karl-Marx-Allee, gegenüber vom Kino.

Manz: Warum sind Sie nicht einfach nach Buckow gefahren und haben Frau Zeisig um die dreißig Mark gebeten?

Zeuge: Ich hatte gehofft, dass ich sie am Hermannplatz treffe. Weil ich ja wusste, dass sie da immer hinkommt. Montag, Mittwoch und Samstag. Aber sie kam Samstag nicht.

Manz: Wann waren Sie das letzte Mal bei ihr?

Zeuge: (Überlegt, schlägt in einem Notizbuch nach.) Hier. Am Donnerstag. Dreizehnter Dezember. Da habe ich die Spüle in der Küche gemacht. Also sie, wie sagt man …

Manz: Ein Stück versetzt.

Zeuge: Und die Küchentür lackiert.

Manz: Darf ich das mal sehen?

(Der Zeuge übergibt sein Notizbuch.)

Gut. An diesem Donnerstag wurde auch das mit den dreißig Mark abgemacht?

Zeuge: Weil sie kein Geld im Haus hatte.

Manz: Hier steht aber noch was, für den vierzehnten. Das war Freitag. Da steht: Frau Zeisig, 30 Mark.

Zeuge: Damit ich nicht vergesse bei meiner Arbeit Bescheid zu sagen, damit sie mich nicht für Samstag einteilen. Da wollte ich sie am Hermannplatz abpassen. Sie kam nicht.

Manz: Sind Sie nicht vielleicht doch am 14. zu ihr rausgefahren, nach Buckow? Um ihr Geld zu holen?

Zeuge: Nein. Ich will hier mit meiner Frau leben, ich bringe keine wegen dreißig Mark um. Ich bringe sowieso keinen um.

Manz: Nun, Frau Zeisig besaß sehr viel Schmuck. Und teure Pelze. Das ist Ihnen doch sicher aufgefallen.

Zeuge: Trotzdem nicht. Irgendwer hat das gemacht. Vielleicht ihr Enkel. Der nimmt Drogen und braucht immer Geld. Darüber hat sie gesprochen, dass der oft kommt, weil er Geld braucht.

(KHK Stephan Manz erklärt dem Zeugen, dass noch seine Fingerabdrücke abgenommen werden und er dann gehen kann.)

Milán Rabach war ein Leichtgewicht

Auf der nächsten Seite waren nur zwei Sachen notiert. Manz hatte sich bei Grossmann erkundigt, ob die Tür in der Küche frisch gestrichen war und im Moskau in der Karl-Marx-Allee nachgefragt, ob Rabach um eine Nichteinteilung zum Dienst am Samstag gebeten hatte. Beides war ihm bestätigt worden.

Jabłoński hatte auch von Milán Rabach Fotos gemacht. Er musste ihn nach der Vernehmung abgepasst haben.

Schwarzer Anzug, weißes Hemd. Der Apotheker hatte recht, Rabach sah tatsächlich aus wie ein Kellner.

Erst jetzt wird Manz klar, dass Milán Rabach damals vermutlich in seinen besten Sachen oder direkt von der Arbeit zur Vernehmung gekommen war. Er wirkt auf Jabłońskis Fotos klein und schmächtig. Manz hatte damals nicht weiter darauf geachtet. Jetzt erinnert er sich, was Thorsten Schimmag seinerzeit darüber sagte, wie Regina Zeisig getötet worden war. Er muss nicht lange suchen, bis er den Obduktionsbericht findet.

Dem Opfer wurden vier Rippen gebrochen. Eine davon ist in die Lunge eingedrungen. Es ist zu vermuten, dass der Mörder beim Erwürgen auf ihrem Brustkorb kniete. Daher ist es sehr wahrscheinlich, dass sie erstickt ist.

Manz versucht, das Gewicht von Milán Rabach zu schätzen. Er kommt auf fünfzig bis sechzig Kilo. Das könnte bei geschicktem Körpereinsatz durchaus reichen, um einer älteren Frau Rippen zu brechen und zu versuchen, sie zu ersticken, indem man den Brustkorb eindrückt, aber die naheliegende Methode wäre das sicher nicht gewesen für einen so kleinen und leichtgewichtigen Mann. Auch was die Bestätigung von Rabachs Nachfrage um Nichteinteilung zum Dienst am Samstag angeht, bleibt einiges offen. Im Protokoll stand nichts darüber, ob Rabach am 14. Dienst hatte. Hatte er das damals nicht abgeklärt? Hatte er diesen Auftrag Vera erteilt? Er weiß es nicht mehr.

Maria trägt ein Dirndl

Manz hat genügend Koteletts und Rippchen dabei. Auch an Barbecue-Soße hat er gedacht. Als Erstes verteilt er die Kohlen auf dem Grill. Es kommt ihm vor, als würden Henning und Theo zwei, drei Mal zu ihm rüber sehen, er bildet sich auch ein, sie würden über ihn sprechen. Vielleicht hat sich sein Unfall mit dem Kajak ja doch rumgesprochen. Nun, er wird abwarten, ob jemand was sagt.

Natürlich hat sich herumgesprochen, dass er von der Polizei klatschnass auf einer Landstraße eingesammelt wurde.

Also erzählt er seine Geschichte. Dass er am Ufer gestanden und auf den glitschigen Steinen abgerutscht wäre. Manz erzählt so gut, so stimmig auch im Detail, dass er einen Moment lang beinahe glaubt, es sei genauso geschehen. Seine Ruderfreunde raten ihm, in Zukunft besser aufzupassen, und Henning meint sogar die Stelle zu kennen, wo es passiert ist.

Eine halbe Stunde später sind die Kohlen durchgeglüht, aber es liegt noch kein Fleisch auf dem Grill. Dafür steht Theo auf dem Dach des Bootshauses.

»Ich bin normalerweise kein Mann, der große Reden schwingt …«

»Dafür hast du dir aber ein hohes Podest besorgt, pass bloß auf, dass du nicht abrutschst und runterfällst!«, ruft Wolfgang zu ihm rauf. »Ein Unfall pro Woche genügt!«

Henning belohnt Wolfgang mit einem schönen offenen Lachen. Die kleine Unstimmigkeit wegen seiner teils etwas fragwürdigen politischen Ansichten ist kein Thema mehr.

»Als wir uns kennenlernten, hatten wir eine Regel«, beginnt Theo. »Wir sagen es ja auch jedem, den wir in unseren Kreis aufnehmen: ›Keine alten Geschichten!‹ Ich weiß gar nicht, wer auf diese Idee gekommen ist, warst du das, Henning?«

»Weil ich nicht will, dass alle von früher erzählen und in der Vergangenheit rumtrielen, und dann geht es früher oder später wieder darum, wie es im Osten war. Das braucht niemand.«

»Ist gut, Henning«, sagt Wolfgang, »Heute darf er, heute geht es um Elektrizität.«

»Genau«, sagt Theo. »Wie ihr wisst, habe ich früher für den VEE, also den Verband Erneuerbare Energie gearbeitet. Heute weiß keiner mehr, dass wir in Leipzig Elektroautos gebaut haben, lange bevor … Nun gut, darum geht es jetzt nicht. Unser Verband hat sich schon früh für die Umstellung des privaten Verkehrs auf Elektroantrieb eingesetzt. Und so haben wir auch nach der Wiedervereinigung früh damit begonnen …«

»Reicht schon, danke!«, ruft Henning.

»Nun, ich habe meine Beziehungen spielen lassen und so haben wir unsere Photovoltaikanlage quasi umsonst bekommen. Den Elektriker hat noch Robert besorgt. Er hatte ja schon zu Ostzeiten einen eigenen Betrieb, und …«

»Danke, reicht schon wieder!«

»Na gut, wenn das für dich noch immer alles so ein Krampf ist, Henning, dann mach ich es kurz.«

Theo macht es aber nicht kurz, er spricht weiter vom VEE und kommt von da noch mal auf Robert zu sprechen, für den er eine schöne Grabrede hält. Danach jedenfalls klingt es ein wenig.

Manz kann sich nicht daran erinnern, dass Roberts plötzlicher Tod in der Schleuse schon mal so ausdrücklich Thema im Ruderclub war. Theo übertreibt es ein bisschen und stellt eine etwas gewagte Verbindung zwischen Wolfgangs Lackschichten und Roberts Leben her. Die Ansprache dauert lange, und je mehr Zeit vergeht, desto komischer kommt es Manz vor, dass Theo dabei auf einem doch recht schrägen Dach steht. Die Frauen von Theo, Henning und Johann binden währenddessen Bündel aus Thymian und anderen Kräutern zusammen und drapieren sie auf den Tischen. Johann selbst ist nicht anwesend. Er liegt mit einer frisch eingesetzten Hüfte in der Klinik.

Theo kommt allmählich zum Schluss.

»Alles steht, der Zwischenspeicher ist verkabelt. Ich möchte jetzt nicht zu tief einsteigen und über Puffer- akkumulatoren sprechen …«

»Danke, Theo, das ist lieb!«

»Der TÜV war jedenfalls schon da, alles nach Vor- schrift. Ich habe jetzt also die Ehre, diesen Schalter, auch im Namen von Robert, umzulegen und damit die Anlage in Betrieb zu nehmen. Wie sagte man früher bei solchen Gelegenheiten? Es werde Licht!«

Viele bunte Lampions gehen an, dazu Licht im Ver- einshaus, Licht entlang der Zufahrt und sogar auf bei- den Toiletten. Quasi zeitgleich der helle Schrei einer Frau aus Richtung ebendieser Toiletten. Gelächter, dann langer Applaus. Manz hält die Leiter für Theo, Wolfgang passt auf, dass er nicht auf einer der Stufen abrutscht, und Theo sagt zu Wolfgang, dass Henning ein echter Idiot ist.

Wolfgang geht nicht darauf ein, sondern führt ihn zum Fass.

»Bayrisch?«

»Bayrisch.«

Das Fass darf Theo nun unter erneutem Applaus an- stechen. Manz beginnt damit, Fleisch auf den Grill zu werfen, und die Frauen von Henning und Theo brei- ten feierlich eine große blau-weiß karierte Tischdecke auf dem Tisch aus. Kurz darauf kommt Maria mit zwei Schüsseln selbst gemachtem Sauerkraut. Sie hat sich passend zum bayrischen Thema des Abends gekleidet.

Nach und nach setzen sich alle an die langen Holzbänke, und Manz fragt sich, wer wohl auf die Idee gekommen ist, heute allem einen bayrischen Touch zu geben. Als Maria zu ihm an den Grill kommt, verrät sie ihm, dass es ihre Idee war.

»Steht dir gut.«

»Mein Dirndl? Nicht zu albern?«

»Gar nicht. Es bringt dich sehr gut zur Geltung.«

»Bitte?«

Manz versucht es mit einem Lächeln. Sie schüttelt den Kopf.

»Schade, dass Johann nicht hier sein kann«, schiebt er nach.

»Wo ist Christine?«

»In Mainz. Ist die OP denn gut verlaufen?«

»Der Arzt sagt Ja. Wird aber einige Zeit dauern, bis er wieder … Er ist ja schon etwas älter.«

Ein kleiner Wind kommt auf, bewegt ihre Haare.

»Neulich, als wir uns auf der Brücke begegnet sind. Du erinnerst dich?«

»Mit so vielen schönen Frauen, dass ich das vergessen hätte, stehe ich ja nun auch wieder nicht in Kontakt.«

»Du hast gesagt, wir könnten mal tanzen gehen. Auf der Zizzeninsel. War das ernst gemeint?«

»Jederzeit. Aber wie gesagt …«

»Nur Foxtrott.«

»Ein bisschen mehr geht vielleicht schon.«

»Das wäre doch mal was anderes als hier im Verein.«

»Wie gesagt: jederzeit. Schön, dass du fragst.«

»Ich hätte mich fast nicht getraut.«

»Na, so kompliziert bin ich doch nicht, oder?«

»Dann frag doch mal Christine, wann es ihr passt.«

Manz wendet drei Nackensteaks.

»Wird erledigt.«

Zwei Stunden später verkündet Manz, dass es noch drei Würstchen gibt und schiebt sie, als niemand kommt, auf die Seite. Er holt sich ein zweites Bier und registriert am Rande, dass sich Henning und Theo wieder vertragen haben.

Immer das Gleiche. Streit. Dann ist wieder alles gut. Als wären sie Brüder.

Da die Glut beinahe erloschen ist, genehmigt sich Manz ein letztes Bier. Es kommt viel Schaum, das Fass hat genau gereicht.

Zwanzig Minuten später haben alle das Gelände verlassen. Wolfgang kommt zu ihm, und sie sprechen kurz über die hervorragende Qualität der Würstchen, die Manz diesmal bei einem anderen Fleischer besorgt hat.

»Na gut, Manz. Ich denke, wir machen Schluss. Bin müde und würde gerne das Tor abschließen.«

»Ich werde noch ein bisschen bleiben. Muss auch den Grill richtig löschen.«

»Aber du passt gut auf!«

»Worauf?«

»Auf den Schlüssel.«

»Klar.«

»Ich hole ihn morgen bei dir ab.«

Als Wolfgang weg ist, geht Manz auf den Steg. Wie neulich, als er auf der anderen Seite war, bildet er sich ein, den Fluss zu spüren, wie er unter ihm hindurchfließt. Kurz darauf nimmt er einen leicht fruchtigen Geruch wahr, der ihm fast wie Parfüm vorkommt.

»Na, sind wir die letzten?«

»Maria!«

»Habe ich dich erschreckt?«

»Nein. Ist dir nicht kalt?«

»In diesem Sommer ist niemandem kalt, oder? 2018 wird in die Geschichte eingehen. Magst du mal den Arm um mich legen? Ich hab das so gerne.«

»Du ...«

»Es ist so eine schöne Nacht.«

»Stimmt.«

»Ich denke doch, wenn man sich so lange kennt wie wir, dann ist das in Ordnung. Oder?«

Manz nimmt sie in den Arm. Sie stehen da wie zwei Teenager, die noch nicht ganz den Mut aufbringen. Nun, sie sind keine Teenager, Manz ist über siebzig. Es besteht also keine Gefahr.

Der Verrückte auf der Matratze

Den Wohnort von Regina Zeisigs Enkel zu ermitteln, war nicht einfach gewesen, da er zwar noch bei seinem Vater Thomas gemeldet war, dort aber seit zwei Jahren nicht mehr lebte. Vera hatte einiges in den Akten gefunden.

Christoph Zeisig, 19, drei Mal festgenommen, wegen Drogenbesitz sowie Handel mit Drogen.

Die ersten beiden Strafen hatten die zuständigen Richter zur Bewährung ausgesetzt, beim dritten Mal wurde Christoph Zeisig zu vier Monaten verurteilt. Kokain und Tabletten. Sein Komplize saß noch in der JVA Plötzensee ein, wie Vera schnell herausfand.

»Er hat offenbar zusammen mit einem Marcel Bürger gedealt. Die beiden wurden gemeinsam verhaftet.«

»Dann sollten wir Marcel Bürger befragen. Vielleicht weiß er, wo Christoph Zeisig sich aufhält.«

»Guten Tag Herr Bürger.«

Vera und Manz kannten den Raum, sie hatten hier schon einige Gespräche mit Strafgefangenen geführt. Marcel Bürger saß auf einem einfachen Holzstuhl vor einem Tisch. Er war nicht gefesselt, es war auch kein Wärter anwesend, der Gefangene galt nicht als impulsiv oder gewalttätig.

Vera begann ohne viel Vorlauf.

»Wie lange müssen Sie noch?«

»Drei Monate.«

»Schon Pläne für danach?«

»Sie wollen doch irgendwas, das andere können Sie sich sparen.«

»Wir suchen Ihren Freund Christoph Zeisig. Ihr wurdet im letzten Juni festgenommen.«

»Chris ist vor drei Wochen raus.«

»Wir möchten mit ihm reden.«

»Wenn ihr das schafft. Viel Glück.«

»Warum sollten wir es nicht schaffen? Ist er tot?«

»Nee, aber verrückt. Er hat geschnüffelt, wenn er kein

Geld hatte. Und er hat das zu lange gemacht. Manchmal ist er klar, dann driftet er plötzlich ab oder sagt gar nichts mehr.«

»Wo könnte er sich aufhalten?«

Marcel Bürger war kooperativ, hatte nichts als Gegenleistung gefordert.

»Christoph wird in der Wrangelstraße sein. Vier, sechs, oder acht. Die genaue Nummer weiß ich nicht mehr. Fast vorne, am Mariannenplatz.«

Das war keine dreihundert Meter von da entfernt, wo Manz mit seiner Familie lebte.

»Rechte Straßenseite, wenn ihr vom Platz kommt. Zweiter Hinterhof. Die alte Remise, da wohnen ein paar. Kann aber sein, dass die inzwischen geräumt wurde. Letztes Mal sagte Chris, dass es auch noch einen offenen Keller im Seitenflügel gibt. Auch zweiter Hinterhof. Links neben der Remise. Gut möglich, dass er da schläft. Tagsüber ist er meist unterwegs.«

»Wann haben Sie das letzte Mal von ihm gehört?«

»Als er entlassen wurde. Chris gehört nicht unbedingt zu den Leuten, die Briefe schreiben.«

»Wie war er sonst so?«

»Kaputt. Aber nicht so wie ich oder einige, die wir sonst kannten. Er hat zu viel eingenommen. Und da ist sowieso was kaputt bei ihm.«

»Was?«

»Ich schätze, dass bei ihm ein neurologisches Problem vorliegt.«

»Verstehe, und was habt ihr genommen?«

»Manche Kokain, manche Tabletten. Kein Heroin.

Wir waren alle Idioten, aber bei Chris hatte das andere Ursachen. Ich würde sagen, das geht bei dem in Richtung ICD-10 oder DSM-5.«

»Können Sie uns das übersetzen?«

»Schizophrenie.«

»Sie kennen sich damit aus?«

»Ich habe Medizin studiert. Sollte Psychiater werden, wie mein Vater. Psychiater und Vater reimt sich, ist Ihnen das schon mal aufgefallen?«

»Wie lange studiert?«

»Fünf Semester. Vom letzten ist mir nicht mehr alles in Erinnerung.«

»Ist ein gutes Stück Weg, von da in den Knast.«

»Nicht, wenn man weiß, was Tabletten für einen tun können. Ich wusste nur nicht, wie schnell man abhängig wird. Ist auch sehr unterschiedlich. Manche sind resilienter als andere. Wusste ich natürlich, aber eben nur theoretisch.«

»Und jetzt?«

»Zurück. Mein Vater ist wie gesagt Arzt.«

»Psychiater.«

»Er ist genau für Leute wie mich zuständig. Chris' Vater ist Alkoholiker. Es geht eben nicht gerecht zu.«

»Was war bei Chris anders als bei Ihnen?«

»Wie ich sagte, vermutlich eine Disposition zur Schizophrenie. Kann in der Familie liegen. Kann eine Schädigung sein, wenn seine Mutter während der Schwangerschaft viel getrunken hat. Kann auch sein, dass es gar keine Schizophrenie ist, sondern an seiner Schnüffelei liegt oder an den Schlägen. Er hat mir erzählt, dass sein

Vater geprügelt hat. Schon als er fünf oder sechs war. Und zwar mit einem Vierkantholz. Vielleicht mal einen Schlag auf den Kopf? Dann wäre es nicht ICD-10 oder DSM-5, dann hätte er einfach zu viel abgekriegt. Wenn er seine guten Momente hatte … Ich denke, Chris ist nicht dumm, er hatte mal eine Betrugsgeschichte vor, und der Plan war echt gut. Chris hat, wenn er klar war, immer zwei, drei Schritte weiter gedacht als die anderen, mit denen wir abhingen. Verbrecherhirn nannte man das früher. Wurde natürlich nie realisiert, der Plan, weil Chris dann wieder geschnüffelt hat.«

»Hat er mal über seine Großmutter gesprochen?«

»Oft. Er hat mir erzählt, dass sie reich ist und immer mit Pelzen und Klunkern am Hermannplatz rumläuft, um junge Männer abzuschleppen.«

»Wie stand Christoph zu seiner Großmutter?«

»Er hat sie nicht so gehasst wie seinen Vater. Chris hat immer behauptet, dass er bald erbt und dann keine Probleme mehr hat. Seine Großmutter soll viel Geld in der Schweiz haben. Auf einem Nummernkonto. Ich weiß nicht, ob das alles Traumvorstellungen waren, ich habe seine Großmutter nie kennengelernt.«

»Hat er mal davon gesprochen, dass er einen Schlüssel zu ihrem Haus hat?«

»Worum geht es hier eigentlich?«

»Dort wurde möglicherweise eingebrochen.«

»Die Großmutter gibt's?«

»Ja. Warum fragen Sie?«

»Weil ich bei Chris nie wusste, ob er sich gerade was ausdenkt oder von etwas erzählt, das es tatsächlich gibt.

Jedenfalls, zwei oder drei Mal hatte er plötzlich Geld. Er hat gesagt, das käme von seiner Oma. Aber ob er einen Schlüssel hatte, und ob er das Geld damals geklaut oder ob sie es ihm gegeben hat? Keine Ahnung.«

Manz schaltete sich ein.

»Da Sie acht Semester Medizin studiert haben … Richtung Psychologie …«

»Psychiatrie.«

»Psychiatrie. Können Sie sich vorstellen, dass Christoph Zeisig gewalttätig wird? Zum Beispiel gegen Sie, einen Freund oder …«

»Seine Großmutter? Es geht nicht um Einbruch, stimmt's?«

»Sie weichen der Frage aus.«

»Chris wurde manchmal laut, er hat Leute zur Seite geschubst. Diese Umschwünge kamen immer sehr plötzlich. Das ist bei Besoffenen nicht anders. Aber ein Hang zur Gewalt ist mir nicht aufgefallen. Die Frau ist tot, stimmt's? Ist das die, die sie in der Zeitung ›Omi‹ nennen?«

»Danke für Ihre Hilfe.«

»Gerne. Wenn Sie Chris finden, wenn Sie was für ihn tun wollen, also mehr als ihn vernehmen oder wegschließen, dann sorgen Sie dafür, dass er einen Betreuer bekommt.«

Marcel Bürgers Aussage zum vermutlichen Wohnsitz von Christoph Zeisig erwies sich als korrekt. Die Kellertreppe war vollgestellt mit alten Fahrrädern, bei allen fehlten irgendwelche Teile.

Vera ging voran.

»Pass auf, an der Decke sind überall Rohre.«

Sie hatten Taschenlampen dabei.

»Gott, was für ein Schweinestall!«

Der Raum, in dem sie Christoph Zeisig fanden, war voller Ersatzteile für Fahrräder. Dazwischen zwei Campingtoiletten, ein Kühlschrank ohne Stromanschluss und viele Matratzen. Auf einer saß er, den Rücken an die Wand gelehnt.

Christoph Zeisig hatte sich eine Kerze angezündet, wirkte in deren Schein seltsam entrückt und schien seinen Gedanken nachzuhängen. Er nahm Vera erst wahr, als sie ihn ansprach.

»Leben Sie hier?«

»Wow!«

»Wie?«

»Sehen Sie das?«

»Was?«

»Das.«

»Leben Sie hier?«

Vera war, wie immer in solchen Situationen, sehr direkt.

»Stehen Sie bitte auf. Komm! Hoch mit dir.«

»Warum?«

Sie hatte sich Handschuhe übergestreift.

»Wir werden Sie zur Vernehmung in die Karl-Marx-Straße mitnehmen.«

»Das bringt doch nichts.«

»Stehen Sie auf, bitte. Wem gehören die Sachen? Klauen Sie Fahrräder?«

189

»Lasst mich in Ruhe.«

»Hoch jetzt. Oder müssen wir helfen? Haben Sie etwas eingenommen?«

Er stand nicht auf. Sie mussten einen Einsatzwagen anfordern, und die gerufenen Polizeibeamten führten Christoph Zeisig nicht zum Wagen, er wurde getragen, was er amüsant fand.

Ein Amtsarzt bremste sie aus.

»Euer Zeuge musst erst mal medizinisch untersucht und ausgenüchtert werden, ihr könnt ihn frühestens morgen vernehmen.«

Also nutzten Vera und Manz die Zeit, um mit der Frau von Milán Rabach zu sprechen. Die hatte in ihrem Dienstplan nachgesehen und ihrem Mann anschließend ein Alibi für den 14. Dezember gegeben.

»Wir waren am Wannsee. Später sind wir in Charlottenburg essen gegangen.«

»Wo?«

»Bismarckstraße. Ich hatte Abenddienst und musste später noch in die Deutsche Oper, um eine Vorstellung zu fahren.«

»Sie arbeiten dort in welcher Abteilung?«

»Licht.«

»Bis wann waren Sie und Ihr Mann zusammen?«

»Auf die Minute weiß ich das nicht mehr, aber mein Dienst fing um 18 Uhr 30 an. Ich denke, bis 18 Uhr. Sie können das gerne im Dienstplan überprüfen.«

»Eine Frage zu den Essgewohnheiten Ihres Mannes. Was würde er bestellen? Zum Beispiel, wenn Sie beide in ein Restaurant gehen.«

»Was Milán isst? Eigentlich alles.«

»Aber wenn man in ein Restaurant geht oder an einen Stand, da isst man ja für gewöhnlich nicht irgendwas oder alles.«

»Asiatisch mag er. Wir gehen oft zum Chinesen oder Thailänder.«

»Und sonst?«

»Italienisch.«

»Und sonst?«

»Manchmal gehen wir auch zum Griechen. Oder er kocht selbst. Ungarisch, und sehr einfach, aber es schmeckt.«

»Nie deutsches Essen?«

»Wir haben nichts gegen deutsches Essen. Warum fragen Sie?«

»Überlegen Sie bitte. Haben Sie und Ihr Mann manchmal am Imbissstand gegessen?«

»Natürlich. Wenn wir einkaufen waren und wenig Zeit hatten.«

»Was hat er da bestellt?«

»Na, das ist eine Frage! Currywurst mit Pommes.«

»Auch mal was anderes?«

»Weiß nicht. Bouletten?«

»Currywurst mit Pommes und manchmal Bouletten.«

»Was es da eben gibt. Wie ich schon sagte, Milán isst eigentlich alles.«

»Waren Sie und Ihr Mann mal bei Karstadt am Hermannplatz essen?«

»Ja.«

»Wo da?«

»Die haben oben ein Restaurant. Mit Dachterrasse.«

»Danke.«

Es war sein letzter Einsatz mit Vera, er sah sie nie wieder.

Nachtarbeit

Als Manz mitten in der Nacht am Schreibtisch aus kurzem Schlaf hochschreckt, fühlt er sich völlig erschlagen. *Kein Wunder, du hast bereits im Ruderclub vier Gläser Bier getrunken. Dann noch der Wein.*

Manz geht in die Küche und lässt einen doppelten Espresso aus der Maschine, denkt an die schönen Momente mit Maria auf dem Steg. Das bringt ihn mehr in Schwung als der Espresso. Zum ersten Mal seit einer Woche hat er nicht das Bedürfnis, weiterzumachen mit seiner Recherche. *Übermorgen ist Christine wieder da, und ich muss nach Berlin. Wir werden uns gar nicht mehr sehen.*

Manz hofft, dass er nach dem Prozess wieder zur Ruhe kommen, wieder ein normales Leben führen wird. Gleichzeitig genießt er es, dass ihn im Moment niemand stört. Er muss und will fertig werden. Also geht er doch wieder hoch in sein Arbeitszimmer, setzt sich, vergisst Christine, vergisst Maria und kommt sofort wieder rein. So wie früher, da hatten ja auch immer alle gestaunt, dass er nach dem Mittagessen gleich wieder reinkam.

Nur ist es jetzt Mitternacht.

Vernehmung Christoph Zeisig

Die Vernehmung von Christoph Zeisig fand erst am übernächsten Morgen statt. Am Rand seines Protokolls von damals, gleich auf der ersten Seite, steht ein handschriftlicher Vermerk, der Manz erschüttert.

KHK *Vera Steinig erneut krankgemeldet.*

Er hatte die Vernehmung alleine durchgeführt.

»Wo waren Sie am 14. Dezember?«

»Keine Ahnung.«

»Versuchen Sie bitte sich zu erinnern. Der vierzehnte, das war der vorletzte Freitag.«

»Keine Ahnung.«

»Haben Sie Ihre Großmutter hin und wieder in Buckow besucht?«

»Ja.«

»Waren Sie vielleicht auch am vierzehnten dort?«

»Nein.«

»Sicher? Eben sagten Sie, Sie wüssten nicht mehr, was Sie an dem Tag gemacht haben.«

»Ich war schon länger nicht mehr bei ihr.«

»Warum?«

»Weil wir uns gestritten haben.«

»Worüber?«

»Geld. Bei ihr ging es immer um Geld.«

»Sie mochten sie nicht.«

»Wir kamen klar. Ich hab ihr manchmal im Garten geholfen.«

»Was zum Beispiel haben sie dort als Letztes gemacht?«

»Laub gerecht.«

»Das glauben Sie doch selbst nicht.«

»Ich hab Laub gerecht und auch sonst alles in Ordnung gehalten.«

»Bekamen Sie dafür Geld?«

»Hing von ihrer Laune ab und vom Laub. Mal bekam ich fünfzig Mark, mal nur zehn.«

»Worum ging es bei dem Streit?«

»Meine Gartenarbeit. Drei volle Tage hab ich geschuftet, und am Ende hat sie mir hundert Mark gegeben. Hundert Mark für drei Tage Arbeit! Sie sagte, andere würden das billiger machen, schneller und besser. Deshalb der Streit.«

»Ihr Vater hat ausgesagt, Sie wären ihr Liebling gewesen. Er meinte, Sie waren ihr Prinz.«

»Als ich noch ein Kind war, ja. Da gab es immer was extra. Auch Geld. Aber als ich älter war? Pustekuchen. Dabei wusste sie genau, dass ich Geld brauche. Sie hat Männer schon immer gehasst.«

»Hat sie das so gesagt?«

»So und noch schlimmer. Sie ist, als sie noch klein war, von Russen vergewaltigt worden.«

»Das hat sie gesagt?«

»Das sage ich. Weil sie immer vom Krieg erzählt hat und davon, dass Männer so sind.«

»Besitzen Sie einen Schlüssel zur Wohnung Ihrer Großmutter?«

»Nein.«

»Ihr Vater hat ausgesagt, Sie hätten einen.«

»Und woher weiß er das?«

»Er sagte, er und sein Bruder hätten keinen, weil das Verhältnis zur Mutter wohl nicht gut gewesen wäre. Sie dagegen …«

»Ich hatte nie einen Schlüssel. Mein Vater hat einen, das weiß ich.«

»Als wir Sie in der Wrangelstraße aufgegriffen haben, waren Sie betäubt. Was für Drogen nehmen Sie?«

»Tabletten. Gegen meine Krankheit.«

»Was für eine Krankheit ist das?«

»Depression.«

»Und da bekommen Sie Tabletten verschrieben, die Sie sedieren?«

»Weiß ich nicht, aber ich werde müde davon.«

»Trinken Sie Alkohol?«

»Schon.«

»Wir haben Kokain in Ihrem Keller gefunden. Wurde Ihnen das auch verschrieben?«

»Das ist nicht von mir. Da übernachten viele. Die zahlen zehn Mark, und ich lasse sie da übernachten.«

»Sie sind aber nicht Mieter des Kellers.«

»Der stand leer. Ich bin Hausbesetzer.«

»Verstehe.«

»Kann ich dann gehen?«

»Nicht sofort. Ihr Betreuer ist noch nicht da.«

»Was für ein Betreuer?«

Manz sieht alles genau vor sich. Die Situation in dem heruntergekommenen Keller, die Spezialkräfte, die sie angefordert hatten.

Letzter Tag mit Vera.
Er hatte ihr nichts angemerkt. Dabei hatten sie doch jeden Tag zusammengearbeitet. Über diesen Gedanken muss er erneut kurz eingeschlafen sein. Vielleicht nur für zehn Minuten. Zeit, ins Bett zu gehen.

Aufräumen

Als Manz am nächsten Morgen aufstehen will, geht es nicht. Irgendetwas in seinem unteren Rückenbereich hat sich verklemmt. Er kommt einfach nicht hoch, muss erst mal warten. Nachdem er es unter Schmerzen endlich geschafft hat aufzustehen, denkt er, *Bandscheibenvorfall. Scheiße!* Das macht ihm Angst, denn wenn da etwas verklemmt ist, kann er sicher nicht mehr rudern. Norwegen würde dann für ihn und Christine ausfallen. *Wärme!*
Er schleppt sich ins Bad, duscht lange, hält sich den heißen Strahl hinten auf die Region, in der er seine Bandscheiben vermutet. Obwohl sein Arzt stets das Wort Iliosakralgelenk benutzt, sind es für Manz die Bandscheiben. Er geht zudem davon aus, er hätte, wie alle Menschen, nur zwei. Während er duscht, fragt er sich, wie weit er in der Nacht gekommen ist. Nach dem Frühstück schleppt er sich nach oben und stellt mit Erleichterung fest: *Bin durch, mehr ist da nicht.*

Gleich zu Beginn des neuen Jahrs hatte er den Fall abgegeben. Man schickte ihn nach Dresden. *Sondierung.* Er lernte neue Kollegen kennen und begann sich einzuarbeiten. *Bin ich danach noch mal auf meine alte Dienststelle zurück? Ja. Aber mit dem Vorgang Regina Zeisig hatte ich nichts mehr zu tun. Hab ich Vera da noch mal getroffen? – Nein. War sie da schon im Krankenhaus?*

Kollegen aus einer anderen Abteilung ermittelten in Berlin weiter. Er hatte ihnen noch ein Memo geschrieben und darauf hingewiesen, dass seiner Meinung nach die beiden Söhne sowie der Enkel von Frau Zeisig am ehesten als Täter in Frage kämen und nochmals vernommen und jede ihrer Angaben überprüft werden müsse. Er erwähnte auch, für ihn sei sehr auffällig, wie deutlich sowohl Thomas als auch Günther Zeisig auf den Ungarn hingewiesen hatten, empfahl zudem, auch den Nachbarn noch einmal zu befragen und alle Konten zu überwachen.

Habe ich mich wirklich nicht weiter dafür interessiert, warum Vera nicht mehr zum Dienst erschien? Dachte wahrscheinlich, sie hätte eine Grippe, die ging ja damals um.

Für ihn waren der Umzug nach Dresden und die Einarbeitung offenbar wichtiger gewesen als alles andere.

Aber wenn ich sie damals so schnell abgehakt habe, warum denke ich jetzt ständig an sie?

Am Nachmittag heftet Manz die Unterlagen in den Mappen ab, in denen sie gekommen waren. *Acht Tage ist das her, fühlt sich an wie sechs Wochen.*

Er wird alles vernichten. *Außer Jabłoński will seine Mappen zurückhaben.* Den Ordner mit der Zusammenfassung seiner Recherche der letzten Tage verstaut Manz in seiner alten Aktentasche und verfrachtet die Unterlagen des Ruderclubs zurück auf den Schreibtisch.

Anschließend bringt er unten im Haus alles in Ordnung, saugt die Teppiche, wischt die Böden, öffnet Fenster, bringt leere Flaschen zur Rückgabe beziehungsweise in den Flaschencontainer. *Die Bandscheiben machen gut mit. War nichts Ernstes. Wohl nur was verklemmt.*

Als er zurückkehrt, geht er noch zwei Mal durchs Haus, überprüft, ob alle Spuren seines Irrsinns beseitigt sind.

Die Blumen sind gegossen, der Rasen sieht perfekt aus, gesprengt hat er auch.

Den Abend verbringt er vor dem Fernseher.

Der treue Jabłoński

Eine halbe Stunde, bevor er am nächsten Morgen zum Bahnhof fährt, ruft Jabłoński aus Berlin an.

»Wirst du den ganzen Prozess verfolgen?«

»Weiß ich noch nicht. Ich bin erst mal nur für zwei Tage bestellt.«

Jabłoński war zwei Jahre nach ihm nach Dresden gewechselt. Er selbst hatte ihn angefordert. Über die Jahre war aus dem verrückten Jabłoński der zuverlässige Jabłoński geworden und schließlich ein Vertrauter. Der ehemalige Fotograf, mit dem seinerzeit niemand etwas anfangen konnte, hatte sich hochgearbeitet, Seminare besucht, Prüfungen bestanden. 2001 kehrte er nach Berlin zurück. Inzwischen war er dort Leiter der forensischen Abteilung.

Sie hatten den Kontakt gehalten, was sich anfangs mehr Jabłońskis Initiative verdankte. So war aus dem Arbeitsverhältnis nach und nach eine Freundschaft geworden. Dass er und Manz neunundzwanzig Jahre nach dem ersten Zusammentreffen mit ihren Ehefrauen nach Norwegen fahren würden, um dort durch die Fjorde zu paddeln, hätte seinerzeit sicher keiner gedacht.

»Vielleicht schaue ich mal im Kriminalgericht vorbei. Wäre dir das recht?«

»Natürlich. Würde mich freuen. Wie lange hast du noch bis zur Rente?«

»Zwölf Jahre, warum fragst du?«

»Schon mal drüber nachgedacht, was du später machen wirst?«

»Ist ja noch Zeit bis dahin. Katja und ich wollen uns nächstes Jahr ein kleines Haus kaufen. Draußen, nicht weit weg vom Zeuthener See. Ich werde vielleicht einen Segelschein machen.«

»Klingt gut. Wir sehen uns in Berlin, jetzt muss ich los.«

Am Bahnhof von Zizzwitz

Manz ist so rechtzeitig aufgebrochen, dass er eine halbe Stunde am Bahnhof ausharren muss. Der hat nur zwei Gleise, die meisten Züge fahren durch.

Während er wartet, kommt es Manz vor, als würde er

Christine ganz schrecklich vermissen. Das war sonst nie der Fall. Im Gegenteil. Er hat es doch immer genossen, wenn sie ein paar Tage weg war, um ihre Vorträge zu halten. Nicht, dass er sie gerne aus der Welt gehabt hätte, aber ein bisschen Freiheit, das war ihm schon recht. Ihr beruflicher Werdegang war ganz anders verlaufen als seiner. Christines Karriere hatte erst nach dem Wechsel nach Dresden richtig begonnen. Meint er.

»Ich hätte nie gedacht, dass ich mich dazu eigne, öffentlich zu reden.«

Hat Christine das nicht immer gesagt? Nicht wörtlich, aber dem Sinn nach. *Jetzt hält sie ständig Reden, hat sie mir doch alles erklärt.*

»Es ist eher ein politischer Auftrag. Mit Sozialarbeit hat das nur noch am Rande zu tun.«

Sie war Sozialarbeiterin in Berlin-Neukölln gewesen, als er sie bei einer Ermittlung im Hausbesetzermilieu das erste Mal traf. *Dabei stand sie auf der anderen Seite.* Manz erinnert sich nicht mehr daran, was genau er bei den Hausbesetzern zu tun hatte. Auch nach der Heirat hieß ihr Beruf für ihn einfach »Sozialarbeit«. Sie war eben morgens aus dem Haus gegangen. Genau wie er. *Als die Kinder kamen, hat sie da nicht ausgesetzt, bis unsere jüngste im Hort war? Nein, sie hat halbtags ... Wir hatten ja diese Au-Pairs. Nur, wann hat das mit den Kongressen angefangen und mit ihren Vorträgen?*

Nach ihrem Umzug nach Dresden hatte sich Christine mehr und mehr auf die Reintegration von jungen Arbeitslosen spezialisiert. *Nein, das ist noch während unserer Zeit in Berlin passiert, sie war schon damals viel weg.*

Hatte er wirklich angenommen, es sei normal, dass man eine Frau, die beruflich mit sozialen Problemen zu tun hat, *herumschickt*, damit sie davon berichtet. Hatte er wirklich gemeint, Sozialarbeiter würden Woche für Woche im Land herumgeschickt, um Reden auf Kongressen und Tagungen zu halten? *So beschränkt kann ich doch gar nicht sein. Nein, ich wusste das alles, nur ... Warum wundere ich mich dann seit ein paar Tagen über all diese ... all diese ...*

Er hatte nach dem Umzug schnell den Kontakt zu seinen Kollegen verloren. Mit einer Ausnahme. Der verrückte Jabłoński besuchte sie schon bald in Dresden.

Und dann immer wieder.

Manz fand das nett, damals, wäre aber auch ohne Jabłońskis Besuche klargekommen. Um ihn war es bei diesen Visiten aber auch gar nicht gegangen.

Jabłoński und Christine haben sich schnell angefreundet ...

Jedenfalls hatte sie ihm manchmal davon berichtet, dass sie in Berlin mit Jabłoński essen gegangen war. *Ach ja!* Jabłońskis Besuche in Dresden fanden gehäuft im Herbst statt. *Da kam er jedes zweite Wochenende. Christine und er zogen dann in den Wald, um Pilze zu sammeln. Jabłoński hat ja immer gesammelt. Erst Fotos, dann Daten, dann Pilze.*

Manz erschrickt. Ein ICE fährt mit hoher Geschwindigkeit durch, und er steht zu nah am Bahnsteig. Zehn Minuten später ist es so weit. Der Regio nach Dresden fährt in den Bahnhof ein.

II

Vor Gericht

Vierundzwanzig Grad, dabei ist es noch nicht mal zehn Uhr.

Die Stadt mochte eine andere geworden sein, der Anblick des Kriminalgerichts Moabit hatte sich in den letzten achtundzwanzig Jahren kein bisschen verändert.

Manz steigt die Stufen zum Hauptportal so geschmeidig hoch wie früher.

Das große Portal, ein paar Schritte ... Dann geht es noch durch eine alte, hölzerne Drehtür, und schon steht er fast in der Eingangshalle. Bevor er dort Zugang hat, muss er seinen Ausweis abgeben, seine Taschen leeren und seinen Gürtel ausziehen. Manz wird gescannt.

»Sie können weitergehen.«

Die große Eingangshalle mit Treppenhaus. Es ist nicht zu übersehen, dass die Justiz zu Kaisers Zeiten viel auf sich hielt. Jedenfalls hatte man sich seinerzeit eine neobarocke Treppenhalle geleistet, die es selbst mit den Innenräumen größerer Kirchen hätte aufnehmen können. Manz hat diesen einschüchternden Raum zwar noch gut in Erinnerung, aber wie groß er tatsächlich ist, schockiert ihn nun doch ein wenig.

In Zizzwitz ist ja auch alles so klein.

Sollen Richter, Staatsanwälte und Verteidiger daran erinnert werden, dass sie Teil eines überaus wichtigen

Gefüges sind, in das sie sich einzupassen haben, oder sollte das Besucher und Zeugen daran gemahnen, dem preußischen Staat besser nicht in die Quere zu kommen?

Die Wahrheit sagen und nichts als die Wahrheit.

Was auch immer die Bauherren seinerzeit dazu bewogen hat, ein derart gigantisches Treppenhaus zu errichten, es bedeutet für die, die zu den Sitzungs- und Verhandlungssälen wollen, dass sie viele Stufen zu steigen haben.

Bestimmt gibt es irgendwo einen Fahrstuhl, wenigstens für Behinderte.

Während Manz die Treppen hinaufsteigt, sucht er nach einem Wort.

Behinderte ...

Er weiß, dass man dieses Wort nicht verwenden soll, Christine hat es ihm doch erst neulich noch mal erklärt. Er steigt und denkt, steigt und denkt. Erst kurz vor dem zweiten Zwischenpodest fällt ihm die korrekte Bezeichnung wieder ein.

Betroffene. Richtig, so sagt man!

Das passiert ihm neuerdings. Worte, die er sich eingeprägt hat, sind nicht sofort da. *Dafür weißt du noch, wie es vor dreißig Jahren in einem Keller oder einer Küche gerochen hat.* Nur, was sind das für Erinnerungen? Faktische? Oder eher Gefühle? *Betroffene, so sagt man. Disabled oder Menschen mit besonderen Bedürfnissen sagt keiner mehr. Da gab es doch noch mehr Bezeichnungen ...*

Oben zeigt sich die Architektur funktional. Der Verhandlungsraum, in den man ihn geladen hat, liegt gleich am Anfang eines langen, dunklen Gangs, der mit braunem Linoleum ausgelegt ist. Türen nach links und rechts führen in Räume, in denen entweder Recht gesprochen wird, oder …

Natürlich muss es in einem Gang, in dem Zeugen und Prozessbeobachter warten, auch Toiletten geben.

Manz ist zu früh dran. Er gibt seinen Ladungszettel ab, wird gebeten, Platz zu nehmen, bis man ihn aufruft.

Bevor er sich auf die lange Holzbank setzt, sieht er auf einem neben der Tür befestigten Zettel nach, in welcher Reihenfolge die Zeugen geladen sind.

Als Erstes wird offenbar der ältere der beiden Söhne aussagen.

10:30 – Zeuge Thomas Zeisig

Der lebt noch? War doch damals schon halb hinüber.

Als Zweites ist er selbst an der Reihe. Nach ihm ist Schimmag von der Gerichtsmedizin geladen. Für den Nachmittag hat man einen Herrn Renner von der Spurensicherung einbestellt.

Warum nicht Grossmann, ist der tot?

Er nimmt auf der Bank Platz. Dort sitzen außer ihm nur drei andere Gäste. Zu seiner rechten zwei junge Männer.

Jurastudenten, die hat man ja bei fast allen Verhandlungen.

Zu seiner Linken sitzt, sehr aufrecht und unbewegt, eine kleine Frau. Sie hat ein rundes, freundliches Gesicht, das ein wenig glänzt. Manz schätzt sie auf vierzig, rechnet kurz nach.

Milán Rabach war damals neunzehn. Plus achtundzwanzig …

Er sieht sich die Frau noch mal kurz an. Sie erwidert seinen Blick mit einem etwas verkrampft wirkenden Lächeln.

Könnte vom Alter her passen. Vielleicht hat er noch mal geheiratet. Die von damals ist das nicht, die war größer.

Als Nächstes erscheint ein Mann in voller Robe. Er geht mit energischen Schritten. Zügig, als habe er sich verspätet.

Sieht nach Staatsanwalt aus.

Das denkt offenbar auch die Frau neben ihm, denn sie richtet ihren Oberkörper noch mehr auf und bemüht sich erneut um ein Lächeln. Der Mann benutzt die Tür, die eigentlich für Zeugen und Prozessbeobachter gedacht ist.

Es ist 10 Uhr 20. Trotz der dicken Außenmauern hat sich das Gebäude während der letzten Wochen aufgeheizt. Es ist warm auf dem Gang.

Stickig.

Die Tür zum Verhandlungssaal öffnet sich, und eine kräftig gebaute Frau, Mitte fünfzig, erscheint.

»Eintreten bitte!«, sagt sie in einem Ton, als spräche sie zu zweihundert Menschen.

Danach lässt sie die vier Prozessbeobachter einen nach dem anderen eintreten.

Im Verhandlungsraum mit seinen großen, gelblich gefärbten Fenstern ist es noch mal deutlich wärmer als auf dem Gang.

Der Richter, seine zwei Beisitzer sowie die beiden Schöffen erscheinen, nehmen auf ihrer Bühne hinter dem Richtertisch Platz. Der Staatsanwalt sitzt bereits.

Hast ihn draußen gleich richtig identifiziert.

Der Vorsitzende beginnt ein Gespräch mit der Beisitzerin zu seiner Linken. Ein humorvolles Gespräch, wie es scheint. Zwei Minuten später sieht er auf die Uhr, und die Frau mit der kräftigen Stimme öffnet auf sein Nicken hin die Tür, durch die Manz und die anderen den Raum betreten haben.

»Der Zeuge Thomas Zeisig bitte!«

Sie wartet einige Sekunden.

»Der Zeuge Thomas Zeisig bitte!«

Sie tritt auf den Gang hinaus. Manz hört ihre verhallte Stimme.

»Der Zeuge Thomas Zeisig bitte in den Verhandlungsraum!«

Alle blicken in Richtung Tür. Durch die kehrt sie schließlich zurück.

»Der Zeuge Zeisig scheint noch nicht da zu sein.«

Der Richter berät sich kurz mit seinen beiden Beisitzern, erteilt dann neue Order: »Sehen Sie doch bitte nach, ob der Zeuge Manz schon da ist.«

Manz meldet sich, wie einst in der Schule.

»Herr Manz?«

»Ja.«

»Treten Sie bitte vor. Sie hätten eigentlich draußen warten sollen, aber …«

Ein junger, bereits etwas dicklicher Mann sitzt hinter einem Monitor.

Wird alles schön ordentlich protokollieren.

Manz hat so etwas schon oft gesehen.

Der Richter ist weißhaarig, macht einen ausnehmend freundlichen Eindruck und ist noch damit beschäftigt, seine Unterlagen umzusortieren.

»Kriminalhauptkommissar Manz?«

»Kriminaldirektor a. D.«

»Hier steht …«

»In Berlin war ich seinerzeit Kriminalhauptkommissar, ich wurde später in Dresden mehrfach befördert.«

»Verstehe«, sagt der Richter und wendet sich an den Protokollführer. »Wir sollten das korrigieren.« Er diktiert: »Es erscheint Kriminaldirektor a. D. Manz. Sonst das Übliche.«

Der Protokollant nickt und tippt. Der Richter wendet sich wieder Manz zu, der noch immer neben einem kleinen Tisch steht.

»Setzen Sie sich doch bitte, Herr Manz. Als ehemaliger Kriminalbeamter werden Sie das Prozedere ja kennen.«

Manz setzt sich, und der Richter lächelt ihn in einer Weise an, wie es sich gehört, wenn jemand in hoher Position jemandem mit ebenfalls hohem Dienstgrad seinen Respekt erweist.

»Ja, Herr Manz … Sie sind etwas früher dran als geplant, weil der Zeuge Thomas Zeisig, wie Sie ja eben mitbekommen haben, nicht erschienen ist.«

Manz öffnet seinen Mund ein wenig. Dem Richter ist es nicht entgangen.

»Möchten Sie etwas sagen?«

»Es gehört nicht hierher.«

»Sprechen Sie. Wir haben jetzt eine halbe Stunde mehr Zeit.«

»Mir fiel nur gerade ein, dass Thomas Zeisig damals auch nicht zur Vernehmung erschien.«

»Sie meinen, das ist eine Angewohnheit von ihm? Sich zu drücken.«

»Es fiel mir nur gerade ein.«

»Gut. Wir wollen dem Zeugen erst mal nichts Böses unterstellen.«

Der Richter ist noch immer nicht ganz fertig damit, sich auf die vorgezogene Befragung von Manz vorzubereiten. Während er seine Unterlagen neu sortiert, fragt er, ob es auch anderen im Raum zu warm vorkommt. Ohne eine Antwort abzuwarten, ordnet er an, zwei Fenster zu öffnen.

Manz wirft einen kurzen Blick nach rechts zu den beiden Verteidigern. *Der eine ist noch sehr jung.*

Schräg hinter ihnen sitzt der Angeklagte. Ein Mann mit noch immer sehr dunklen, fast schwarzen Haaren. *Gut genährt, macht einen gesunden Eindruck.*

Der Angeklagte wirkt entspannt, *beinahe etwas gelangweilt*, und blickt in Richtung der Fenster, die gerade von der Gerichtsdienerin geöffnet werden.

»So. Sie müssen entschuldigen, aber da der erste Zeuge nicht erschienen ist …«

Der Richter wendet sich erneut an den Protokollanten. Zögert, überlegt es sich anders, wendet sich an seine Beisitzer und den Staatsanwalt.

»Ich muss sagen, ich finde es doch etwas ungehörig, dass der Zeuge uns versetzt hat. Abgemeldet oder entschuldigt ist er, soweit ich weiß, nicht. Oder haben Sie etwas gehört?«

Kopfschütteln der Beisitzerin.

»Dann wäre ich doch dafür, dass wir jemanden hinschicken, der die neuerliche Vorladung direkt überbringt. Dem Schreiben sollte eine Rechtsbelehrung beigefügt werden, in der Herr Zeisig auf die Konsequenzen hingewiesen wird, falls er erneut fernbleibt.«

Manz wartet geduldig. Es stört ihn nicht, dass man sich noch nicht mit ihm befasst. *Gerichtsalltag.*

»So, Herr Manz. Sie müssen entschuldigen, falls das jetzt ein bisschen konfus auf Sie gewirkt hat, aber wenn ein Zeuge nicht erscheint, gerät das Gefüge immer ein wenig durcheinander.«

»Kein Problem, ich bin seit acht Jahren in Rente.«

»Und Sie leben jetzt wo?«

»Zizzwitz, in der Nähe von Dresden. Zehn Kilometer flussaufwärts.«

»Flussaufwärts! Betreiben Sie Wassersport?«

Es stellt sich heraus, dass auch der Richter rudert.

»Dreier mit Steuermann, und Sie?«

»Vierer, ohne.«

Daraus entwickelt sich ein kurzes Gespräch. Manz registriert, dass der Vorsitzende etwas von seinem Beruf versteht. Jedenfalls hat sich die Stimmung nun deutlich gelockert. Weder den Angeklagten noch dessen Verteidiger scheint die Verzögerung zu stören.

Für eine pointierte Bemerkung, in der es um Lackschichten geht, wird Manz mit einem Lächeln des Richters belohnt, das allerdings schnell verschwindet, als er den Blick senkt und sich auf seine Unterlagen konzentriert.

»Sie bekamen mit dem Fall am 18. Dezember 1990 zu tun. Das liegt achtundzwanzig Jahre zurück. Sie haben sicher schon oft vor Gericht ausgesagt ...«

Kurzer Blickwechsel, Manz nickt.

»Ich muss Sie der Form halber trotzdem darauf hinweisen: Wenn Sie sich an irgendwelche Details nicht mehr oder nicht mehr genau erinnern, hat das Gericht vollstes Verständnis dafür. Sie haben sicher viele Fälle im Laufe Ihrer Dienstzeit bearbeitet und achtundzwanzig Jahre sind eine lange Zeit. Was Sie nicht tun dürfen: Etwas aussagen, das Sie nur vermuten. Sie dürfen sich so äußern, aber sagen Sie uns dann bitte, dass es sich um eine Vermutung handelt.«

»Ja.«

Nicht mehr als dieses eine Wort. Aber auch nicht weniger. Manz weiß, dass ein Nicken nicht gereicht hätte. Der Richter hätte ihn dann aufgefordert mit Ja oder Nein zu antworten.

»Sie sind hier, damit sich das Gericht ein Bild davon machen kann, was damals geschehen ist und in welche Richtung die ersten Ermittlungen gingen. Das ist gerade in diesem Fall wichtig, da nach Ihrem Weggang aus Berlin, so wie ich das aus den Akten ersehen kann, nicht mehr viel ermittelt wurde. Ein Vorgehen, dass ich offen gesagt nicht ganz nachvollziehen kann.«

Für diese Bemerkung erntet der Richter einen Blick

des Staatsanwalts, den Manz als streng, nicht aber als unfreundlich bezeichnet hätte.

Offenbar weist die Anklageschrift Schwächen auf.

Als Kriminaldirektor hatte er oft genug Einblick bekommen, in solche kleinen Querelen zwischen Staatsanwaltschaft und Richter. Wie es aussieht, hat sein Gesicht seine Gedanken zu deutlich zum Ausdruck gebracht, denn der Richter rudert ein wenig zurück.

»Jeder Vorsitzende handhabt seine Prozesse ein wenig anders. Mir ist daran gelegen, dass das Gericht wie auch der Staatsanwalt aus dem eben genannten Grund ein möglichst genaues Bild der ersten Ermittlungen bekommen.«

Die haben nach mir nichts mehr gemacht, jetzt sind sie mit einer DNA-Analyse konfrontiert, die sie zum Handeln zwingt.

Manz hat das bereits vermutet.

»Sie müssen also nichts zusammenfassen, Herr Manz, und auch nichts überspringen. Wenn uns etwas zu ausufernd und nebensächlich erscheint, sage ich Ihnen das.«

»Ja.«

»Gut.«

Manz sieht sich den Richter etwas genauer an. Also so, wie er das seinerzeit bei einem Verdächtigen gemacht hätte.

Sanft. Schon am Ende seiner beruflichen Laufbahn. Will, dass ich ausführlich rede, hofft, sich ein Bild machen zu können. Warum wurde er mit der Abhandlung dieses Falls beauftragt? Weil er sanft und verständnisvoll ist? Weil die Anklageschrift Schwächen aufweist?

Weil man ein nachsichtiges Urteil wünscht? Nun, nicht jedem Richter ist seine Haltung am Gesicht abzulesen. Der Beisitzer rechts von ihm macht keinen übermäßig interessierten Eindruck. Ganz anders die Beisitzerin zu seiner Linken. Ende vierzig? So ungefähr, hält als Einzige einen Stift in der Hand. Was sie wohl aufschreibt? Es gibt doch einen Protokollanten.

»Also, Herr Manz: Sie wurden am 18.12.1990 zum Tatort beordert.«

»Ja. In die Salmbacher Straße in Berlin-Buckow.«

»Das wissen Sie noch?«

»Ja.« Manz zögert kurz. »Dafür gibt es persönliche Gründe. Außerdem habe ich in Vorbereitung auf heute meine Notizbücher von damals noch mal konsultiert.«

»Darf ich fragen, welche persönlichen Gründe?«

Für Manz kommt die Frage überraschend. Er kann sich nicht daran erinnern, dass sich je ein Richter bei ihm nach persönlichen Gründen erkundigt hätte. Weder die Beisitzer noch den Staatsanwalt oder die Verteidiger scheint dieses Interesse des Richters zu irritieren.

Ist offenbar seine Art, Prozesse zu führen.

»Sie müssen nicht antworten, es war reine Neugier.«

»Nun, ich erinnere mich an den 18. Dezember 1990 so gut, weil meine Frau und ich während dieser Tage mehr oder weniger beschlossen hatten, nach Dresden umzuziehen. Wie Sie wissen, wurde die Berliner Mauer ein Jahr zuvor geöffnet, und die Familie meiner Frau lebte im Osten. Sie wollte am nächsten Morgen nach Dresden aufbrechen, um sich nach einer Wohnung umzusehen. Im Januar 91 sind wir dann umgezogen. Das ist auch der Grund, warum ich mit dem Vorgang Regina Zeisig nur kurze Zeit befasst war.«

»Dann hat sich das schon mal geklärt. Ich hätte Sie das sonst später gefragt. Fahren Sie bitte fort.«

Keine Verzögerung, keine Irritation, Manz ist vorbereitet.

»Als ich in der Salmbacher Straße ankam, waren bereits zwei Einsatzwagen vor Ort. Einer der Söhne der Ermordeten hatte die Polizei informiert. Aber genau da wurde es auch schon kompliziert.«

»Dazu kommen wir gleich. Welcher der Söhne hat die Polizei informiert?«

»Günther Zeisig. Das ist der jüngere der beiden Brüder. Also nicht der, der heute nicht erschienen ist.«

»Verstehe.«

»Ich ging zunächst ins Haus, wo ich von einem der vor mir eingetroffenen Polizeibeamten auf einen Stuhl hingewiesen wurde, auf dem sich ein deutlich sichtbarer Schuhabdruck befand. Er hatte daraus geschlossen, dass möglicherweise Schränke durchsucht wurden.«

»Was dachten Sie?«

Was für eine Frage? Sonst wollen sie immer nur wissen, was war, Vermutungen haben vor Gericht nichts zu suchen.

»Ich dachte, dass es für so einen Schuhabdruck auch andere Gründe geben kann. Ich habe mich als Ermittler ungerne festgelegt.«

»Wie meinen Sie das?«, will die Beisitzerin wissen. Die Frage scheint ihr etwas willkürlich rausgerutscht zu sein. Manz ist irritiert. Dass ein älterer Richter seinen Prozess individuell gestaltet, kann er sich vorstellen. Aber dass die Beisitzerin in der gleichen Weise vorgeht, sich nach ihm selbst, seiner Methodik erkundigt? Will man ihn examinieren?

»Ich habe mich vielleicht unklar ausgedrückt. Natürlich habe ich mich, was die eindeutigen Beweise angeht, irgendwann festgelegt. Aber so ein Schuhabdruck ist kein Beweis, nicht einmal ein Indiz. Er ist nur eine Möglichkeit, die überprüft werden muss. Ich halte es … Ich hielt es immer für gefährlich, mich zu früh festzulegen.«

Der Richter blickt die Beisitzerin an. Die scheint mit der Erklärung zufrieden. Manz fährt ohne weitere Aufforderung fort.

»Ich sagte eben, dass es schon bald kompliziert wurde. Das begann mit der Frage, wer die Tote aufgefunden hat. Und wann. Doch bevor ich den Zeugen vernahm, sah ich mir zunächst die Tote an. Sie lag schon ein paar Tage in ihrer Wohnung.«

»Wo?«

»Vor ihrem Bett. In ihrem improvisierten Schlafzimmer. Ihr ursprüngliches Schlafzimmer befand sich im ersten Stock. Der nun eintreffende Arzt vom medizinischen Notfalldienst Neukölln sagte mir, sie solle obduziert werden. Daraufhin habe ich Gerichtsmedizin und Spurensicherung benachrichtigt.«

»Und was ging jetzt durcheinander?«

»Es ließ sich, während der kurzen Zeit, in der Kriminalhauptkommissarin Vera Steinig und ich ermittelt haben, nicht eindeutig feststellen, wer die Tote wirklich entdeckt hat und wie er oder andere ins Haus gekommen sind.«

Der Richter studiert seine Unterlagen, blättert, wendet sich an die Beisitzerin. »Soweit ich das hier ersehen kann, ist keine Vera Steinig geladen.«

»Sie ist im Februar 1991 verstorben«, sagt Manz.

»Oh, tut mir leid. Das muss damals ein ziemlicher Schock für Sie gewesen sein.«

Manz zögert kurz, ehe er antwortet.

»Niemand hatte damit gerechnet.«

Der sanfte Ausdruck von Bedauern im Gesicht des Richters ist sicher gut gemeint, doch Manz nimmt ihn nur am Rande wahr. Er dreht mit einer fast ruckartigen Bewegung den Kopf scharf nach rechts, sieht zu dem Angeklagten hinüber. Manz weiß nicht, warum er das tut, es passiert von selbst. Milán Rabach reagiert nicht. Er blickt noch immer in Richtung der Fenster mit den gelblichen Scheiben.

Sonderbar abwesend.

»Sie sagten, einer der Söhne hätte die tote Frau Zeisig entdeckt«, unterbricht der Richter Manz' Überlegungen.

»Ja. Günther Zeisig erklärte mir, er hätte seine Mutter gefunden. Nur, wie war er ins Haus gekommen? Er sagte damals aus, er habe keinen Schlüssel, den hätte sein Bruder Thomas. Den habe er angerufen, als die Mutter nicht aufmachte, und der sei auch gekommen, habe aber keinen Schlüssel dabeigehabt. Man holte also den Nachbarn, damit der die Tür aufbricht, aber als er das gerade tun will, ist plötzlich doch ein Schlüssel da. Thomas Zeisig hat später ausgesagt, er hätte ihn unter einer Topfpflanze, einer Geranie, gefunden, er selbst besäße keinen Schlüssel.«

»Das scheint mir nicht allzu abwegig«, sagt der Richter.

Irgendwas ist gründlich schiefgegangen bei den Ermittlungen nach meinem Weggang, und jetzt versucht er, die Arbeit von Vera und mir zu zerpflücken.

Manz schiebt den Gedanken beiseite. Es ist albern, aus den Zwischenfragen des Gerichts solche Unterstellungen abzuleiten.

»Herr Manz? Sie haben meine Bemerkung verstanden? Soll ich sie wiederholen?«

»Frau Zeisig wurde uns von allen Zeugen als überaus vorsichtig, geradezu misstrauisch beschrieben. Sie hatte viele teure Pelze und Wertsachen im Haus. Ich konnte mir damals nur schwer vorstellen, dass sie ihren Haustürschlüssel an einer Stelle versteckt, an der jeder potentielle Einbrecher als Erstes nachsehen würde. Es war ja auch möglich, dass man uns gegenüber verschleiern wollte, wer alles Zugang zum Haus hatte.«

»Ich verstehe den Gedanken. Aber wir verhandeln hier nicht gegen die Brüder Zeisig, sondern gegen Herrn Rabach.«

In diesem Moment schaltet sich zum ersten Mal der jüngere der beiden Verteidiger ein. Seine Robe ist ihm ein paar Nummern zu groß. So ist er, während er redet, wiederholt gezwungen, die Ärmel seiner Amtskleidung oben zu greifen, sie hochzuziehen und den so gerafften Stoff auf den Schultern zu drapieren.

»Ich finde die Auslassungen des Zeugen Manz sind

durchaus wichtig, denn die späteren Ermittlungen haben sich fast ausschließlich gegen unseren Mandanten gerichtet. Er wurde 1994 vorgeladen und zwölf Stunden ohne Rechtsbeistand vernommen. Man war sich offenbar sicher, den Richtigen zu haben. Leider wurde nie wirklich abgeklärt, wer noch alles Zugang zum Haus hatte, es wurde nie der Frage nachgegangen, wer wirklich einen Nutzen aus dem Tod von Frau Zeisig gezogen hat. Ja, es ließ sich offenbar nicht einmal klären, ob überhaupt etwas entwendet wurde. Von einer Amethystbrosche ist in den Akten die Rede, die soll nach dem Tod von Frau Zeisig gefehlt haben. Es fand sich in der Wohnung eine gute Aufnahme von Frau Zeisig, in der sie die Brosche trägt. Wir haben uns daher, in Vorbereitung auf diesen Prozess, über den durchschnittlichen Wert einer Brosche dieser Art informiert, er lag bei heute umgerechnet dreihundert Euro. Höchstens! Dabei trug die Tote Schmuck im Wert von wenigstens 3000 Euro am Körper, als sie aufgefunden wurde. Am Körper heißt: Sie hatte ihre Halskette noch um, trug brillantbesetzte Ohrringe sowie diverse Ringe. Wenn man unserem Mandanten vorwirft, Frau Zeisig aus Habgier ermordet zu haben, warum sollte er sich dann mit einer Amethystbrosche zufriedengegeben haben? Aber wir kennen ja diese Art von Ermittlung, wir sprechen in diesem Zusammenhang von einem Tunnelblick.«

Der Verteidiger wirft Manz einen kurzen Blick zu.

»Was ich eben gesagt habe, bezieht sich nicht auf Ihre Ermittlungen, sondern auf die Ihres Nachfolgers.«

Verstehe, du willst mich auf deine Seite ziehen.

»Wir werden Kriminalhauptkommissar Landowski noch hören«, erwidert der Richter. »Wenn sich Ihre Vorwürfe gegen ihn richten und nicht gegen Herrn Manz, dann lassen Sie uns bitte weitermachen.«

»Worauf es hinausläuft, ist sehr einfach: Man hatte einen Ungarn, und der sollte es nun gewesen sein. Vermutlich geschah das, weil …«

Diesmal unterbricht ihn der Richter entschiedener.

»Wie ich eben schon sagte, ich verstehe, worauf Sie hinauswollen, und wir werden darüber auch sicher noch sprechen, aber im Moment hören wir den Zeugen Manz, und der war an den Ermittlungen gegen Ihren Mandanten nur am Anfang beteiligt. Ich würde Sie bitten, sich summarische Zusammenfassungen wie eben für Ihr Schlussplädoyer aufzuheben, wir verlieren sonst sehr viel Zeit.« Der Richter räuspert sich. »Wie lange waren Sie mit dem Fall befasst, Herr Manz?«

»Bis zum 4. Januar 1991, also gut zwei Wochen.«

»Zwei Wochen, in die die Weihnachtstage und Silvester fallen. Sie haben Berlin dann verlassen. Aus persönlichen Gründen, wie Sie vorhin sagten.«

»Auch aus dienstlichen. Ich wurde nach Dresden versetzt, denn es ging ja damals darum, die Behörden der beiden deutschen Teilstaaten zusammenzuführen. Es kam etwas überraschend.«

Der Richter nickt, wieder zeigt sich sein feines Lächeln.

»War sicher nicht einfach, sich auf einen so plötzlichen Wechsel einzustellen.«

»Ich habe mich schnell eingefunden.«

»Und es gab keine Probleme mit den Kollegen aus Dresden? Ich könnte mir vorstellen, dass einige von denen nicht gerade begeistert waren, dass jemand aus dem Westen kam. Vielleicht, um sie zu belehren.«

Das Gesicht des Staatsanwalts verhärtet sich etwas, Manz muss kurz an Henning denken.

»Nein, es gab keine Probleme. Wir haben uns ein bisschen beschnuppert, aber … Die Arbeit stand im Vordergrund und wir hatten genug zu tun.«

Nicht nur der Richter ist interessiert an diesen privaten und beruflichen Auslassungen. Auch die Verteidiger, der Beisitzer zur Rechten des Richters und der Staatsanwalt hören aufmerksam zu. Manz bekommt immer mehr das Gefühl, seine Aussage zur Sache sei für das Gericht von eher geringem Interesse. Nur die Beisitzerin wirkt zunehmend ungeduldig.

»Gut«, erklärt der Richter, »Sie haben gehört, was die Verteidigung von Herrn Rabach vorgetragen hat. Mit dem meisten von dem, was der Polizeibehörde eben vorgeworfen wurde, haben Sie nichts mehr zu tun gehabt. Aber Sie haben Herrn Rabach damals ermittelt und ihn somit ins Spiel gebracht. Vielleicht können Sie dazu etwas sagen. Wie kamen Sie auf ihn?«

»Der Name kam früh ins Spiel. Jedenfalls der Vorname, Milán. In der Küche von Frau Zeisig lag ein Zettel, auf dem stand: *Milán, 30 Mark*. Der Zettel lag offen auf der Anrichte, also so, wie man einen Zettel hinlegt, der einen an etwas erinnern soll. Unsere Forensiker haben festgestellt, dass er nicht in der Handschrift von Frau Zeisig abgefasst war.«

»Sie haben eine forensische Handschriftenanalyse veranlasst?«

»Selbstverständlich.«

»Warum findet sich davon nichts in meinen Unterlagen?«

»Das kann ich Ihnen nicht sagen, aber es war eindeutig nicht die Handschrift der Toten. Bei meiner Vernehmung sagte Herr Rabach aus, dass er selbst ihn geschrieben hat, da er noch dreißig Mark von Frau Zeisig zu bekommen hatte. Für diverse Handwerkerleistungen. Und zwar folgende …«

»Ich glaube, das ist im Moment nicht wichtig. Oder möchte die Verteidigung …«

Kopfschütteln.

»Für uns war es damals durchaus wichtig«, sagt Manz. »Herr Rabach gab bei seiner Vernehmung an, er habe unter anderem eine Gardinenleiste wieder in Position gebracht. Als ich ihn fragte, wie er das gemacht habe, da Gardinenleisten ja in einiger Höhe angebracht sind, sagte er aus, er sei auf einen Stuhl gestiegen. Das war für uns eine vorläufige Erklärung für den markanten Schuhabdruck auf dem Stuhl, der im Flur stand.«

Der Staatsanwalt schaltet sich zum ersten Mal ein.

»Haben Sie den Schuhabdruck verglichen? Besaß Herr Rabach einen zu diesem Abdruck passenden Schuh?«

»Dazu kam ich nicht mehr.«

Der Staatsanwalt nickt, fragt kurz nach, ob der Protokollant mitkomme, ob die Aussage, dass der Schuhabdruck möglicherweise vom Angeklagten stammte, im Protokoll stünde. Der Protokollant nickt.

Daraufhin meldet sich der jüngere Verteidiger zu Wort.

»Dass unser Mandant den Stuhl benutzt hat, bedeutet nicht, dass er Schränke durchsucht ...«

»Ich denke, ich weiß, worauf Sie hinauswollen«, unterbricht ihn der Richter. »Aber so, wie ich Herrn Manz verstanden habe, hat Herr Rabach ja damals erklärt, warum sein Abdruck dort gefunden wurde.«

Er verdreht die Reihenfolge.

»Es war ein bisschen anders. Ich fragte Herrn Rabach, was es mit den dreißig Mark auf sich hat, und er erwähnte die Handwerkertätigkeiten. Ich hatte ihm zu diesem Zeitpunkt noch nicht vorgehalten, dass wir einen Schuhabdruck gefunden oder dass wir ihn in Verdacht hätten, Schränke durchsucht zu haben. Er erwähnte den Stuhl im Zusammenhang mit der Gardinenstange. Wir haben diese Gardinenstange natürlich spurentechnisch untersuchen lassen und fanden dort tatsächlich Fingerabdrücke von Herrn Rabach. Wir haben daraus geschlossen, dass er sie tatsächlich neu justiert hat. Auch an einem Bild, das er aufgehängt hat, fanden wir seine Fingerabdrücke, ebenso an der Spüle in der Küche, die er, laut seiner Aussage, versetzt hatte. Wir konnten die von ihm gemachten Aussagen schlüssig nachvollziehen. Im Gegensatz zu den Brüdern Zeisig waren seine Aussagen überprüfbar. Das hätte ihn nicht automatisch von jedem Verdacht befreit, aber als Ermittler unterscheide ich schon, ob mich ein Zeuge belügt oder die Wahrheit sagt.«

»Sie unterschieden das«, korrigiert ihn der Richter. »Sie sind ja kein Ermittler mehr.«

»Das stimmt natürlich. Aber Sie hatten eigentlich gefragt, wie wir damals auf Herrn Rabach gekommen sind.«

Die Beisitzerin nickt. Offenbar ist nur ihr aufgefallen, dass er die ursprüngliche Frage des Richters noch gar nicht beantwortet hat. Manz hat den Eindruck, dass sie ihm von allen am aufmerksamsten zuhört. Er vermutet, dass sie den Prozessbericht schreiben wird. Dieser Prozessbericht, das weiß Manz, wird bei den Schlussberatungen eine große Rolle spielen. Somit hat sie möglicherweise eine wichtigere Funktion inne als der Richter.

»Den ersten Hinweis erhielt ich von Günther Zeisig. Die Art, wie das geschah, machte mich stutzig. Er äußerte sich mitten in der Vernehmung, ohne dass ich danach gefragt hatte. Ich darf das aus meinen Notizen vorlesen?«

»Bitte.«

»Hier. Wir sprachen gerade über seine Mutter, er hatte berichtet, dass sie sehr geizig gewesen sei und ihn und seinen Bruder regelmäßig gezüchtigt habe.«

»Mit einer Dachlatte!«

Der Richter gebietet dem Verteidiger mit einer sanften Handbewegung, sich zurückzuhalten. Manz kann fortfahren.

»Der Zeuge Günther Zeisig sagte auf einmal: ›Vielleicht war es der Ungar. Vielleicht hat der sie erwürgt. Den hat sie ja mit ins Haus genommen.‹

Bemerkenswert an dieser Aussage waren aus meiner Sicht zwei Dinge: Zum einen, dass so plötzlich ein konkreter Verdacht ausgesprochen wurde, zum anderen, dass von Erwürgen die Rede war. Frau Zeisig wurde tatsächlich erwürgt. Das konnte der Zeuge aber nicht wissen. Ich wusste es zu dem Zeitpunkt selbst noch nicht, denn der Befund der Gerichtsmedizin kam erst am übernächsten Tag. Günther Zeisig erwähnte dann auch gleich einen Namen. Milán. Den Nachnamen, sagte er, wisse er nicht. Sein Bruder Thomas Zeisig äußerte sich bei seiner Vernehmung ähnlich. Er sagte: ›Das war wahrscheinlich der Ungar.‹ Auch in diesem Fall hatten wir eigentlich über etwas ganz anderes gesprochen. Die Anschuldigung kam sehr plötzlich.«

»Was für Schlüsse haben Sie daraus gezogen?«, fragt die Beisitzerin.

Jetzt aufpassen! Er war zu sehr drin in den Vorgängen von damals. Das musste auf das Gericht wirken, als wollte er den Angeklagten verteidigen.

»Nun, erst mal habe ich gar keine Schlüsse gezogen. Ich habe mir nur gemerkt, dass beide Brüder sich einerseits sicher zu sein schienen, dass es ein Ungar namens Milán war, andererseits den Nachnamen des Beschuldigten nicht zu kennen schienen. Dahinter stand natürlich die Frage, was für einen Wert die Anschuldigungen haben. Wenn ich von jemandem nicht mal den Namen weiß, woher weiß ich dann, dass er ein potenzieller Mörder ist?«

»Sie wollen damit sagen, dass man Ihnen einen Täter präsentiert hat, um von sich selbst abzulenken?«, hakt die Beisitzerin nach.

»Ich möchte hier keine Bewertungen oder Vermutungen abgeben. So wäre ich auch damals nicht vorgegangen. Mir ist nur aufgefallen, dass die Beschuldigungen sehr plötzlich und ungefragt kamen.«

Der Staatsanwalt schaltet sich ein.

»Herr Manz. Sie betonten vorhin, dass Sie sich darum bemüht hätten, sich zu Beginn Ihrer Ermittlungen offen für alles zu halten.«

Allgemein bleiben, nicht über mich sprechen.

»Die meisten Kollegen gehen so vor. Ermittlern das beizubringen ist auch heute noch Bestandteil der Ausbildung.«

»Und sicher mit gutem Grund«, erklärt der Staatsanwalt. »Ein Ermittler sollte unvoreingenommen sein. Ich muss allerdings feststellen, dass Sie offenbar doch nicht ganz neutral waren, und es auch heute nicht sind. Es kommt mir vor, als wollten Sie das Gericht davon überzeugen, dass die Brüder Zeisig sich erheblich verdächtiger verhalten hätten als der Angeklagte. Mehr noch, Sie bescheinigen Herrn Rabach ausdrücklich, dass er ehrlich gewesen sei, was seine Aussagen angeht. Ich verstehe, dass Sie uns daran teilhaben lassen wollen, wie damals ermittelt wurde, möchte Sie aber doch bitten …«

»Sie sagen es ja selbst!«, unterbricht ihn der jüngere Verteidiger mit Engagement. »Der Zeuge ist hier, um auszusagen, was damals ermittelt wurde. Offenbar stand unser Mandant seinerzeit nicht unter Verdacht. Warum er nicht unter Verdacht stand, hat der Zeuge klar dargelegt. Ich finde, nichts daran ist tendenziös! Was allerdings tendenziös ist, das sind die Ermittlungen, die nach dem Januar 1991 geführt wurden, und vor allem ...«

»Stopp!« Der Richter hat beide Hände gehoben. »Ich würde gerne fortfahren, den Zeugen zu befragen.«

Der Verteidiger rafft seine Ärmel und setzt sich.

»Sie haben den Angeklagten schließlich ermittelt.«

»Wir haben uns bemüht, seinen vollständigen Namen in Erfahrung zu bringen. Noch ehe wir damit Erfolg hatten, kam Herr Rabach zu uns.«

»Aus freien Stücken, um eine Aussage zu machen!«, ergänzt der ältere Verteidiger.

»Er wusste, dass sie ermordet wurde?«, fragt der Richter.

»Ja. Es stand bereits in der Zeitung, dass in Buckow eine ältere Frau getötet wurde. Er hatte das aber nicht aus der Zeitung, sondern von einem Apotheker, bei dem Frau Zeisig regelmäßig ihre Medikamente kaufte. Die Kollegin Steinig und ich hatten zwei Tage zuvor mit dem Apotheker gesprochen und ihn gefragt, ob er von einem Ungarn wisse, mit dem Frau Zeisig bekannt war. Frau Zeisig, so wurde uns damals gesagt, hatte die Angewohnheit, hin und wieder junge Ungarn auf dem Hermannplatz anzusprechen und ihnen etwas unter die Arme zu greifen.«

Der Staatsanwalt räuspert sich vernehmlich, Manz geht darüber hinweg.

»Dieser Apotheker hatte Herrn Rabach angesprochen, als der wieder am Hermannplatz war, und ihm gesagt, dass die Polizei ihn suchen würde. Daraufhin hat er sich bei uns gemeldet.«

»Freiwillig gemeldet, da die Polizei einen Zeugen suchte«, ergänzt der ältere Verteidiger. Er wird für diese erklärenden Worte mit einem wohlwollenden Nicken des Richters belohnt.

»Die Vernehmung des Zeugen Rabach müsste als wörtliche Abschrift vorliegen, da wir damals eine Übersetzerin hinzugezogen haben. In solchen Fällen wird das Gespräch aufgezeichnet. Es wurde dann aber doch auf Deutsch geführt.«

»Gut, das sind Details. Was hat Herr Rabach ausgesagt?«

»Wir wussten inzwischen, dass Frau Zeisig am 14.12. nicht lange nach 13 Uhr ermordet wurde. Herr Rabach sagte aus, dass er an diesem Tag nicht bei ihr im Haus war. Er sei mit seiner Frau am Wannsee spazieren gegangen und am Nachmittag essen gewesen. Seine Frau hat dieses Alibi bestätigt.«

Der Richter sieht kurz auf seine Uhr, blickt dann in Richtung der Verteidiger. »Wir haben jetzt zwei Zeugen geladen, die wir nicht warten lassen wollen. Herr Manz steht uns ja morgen wieder zur Verfügung, ich schlage daher vor, den nächsten Zeugen hereinzubitten.«

Alle sind einverstanden, der Richter wendet sich noch einmal an Manz.

»Haben Sie ein gutes Hotel gefunden?«

»Ja.«

»Dann darf ich mich für heute bei Ihnen bedanken, Herr Kriminaldirektor. Bestimmt ist es für Sie eine angenehme Abwechslung, noch einmal mit einem Verfahren zu tun zu haben.«

Manz erschrickt. Offenbar verfügt der Richter über ein gutes Maß an Menschenkenntnis.

Was hat mich verraten? Dass ich so gut vorbereitet bin?

Manz steht auf, verstaut seine Unterlagen. Irgendetwas an dem Richter kommt ihm zwiespältig vor.

So betont freundlich.

Manz hatte in seinem Beruf mit vielen Richtern zu tun. Er kennt die Zwischentöne. Zu Beginn seiner Aussage hat er aus der milden Art des Vorsitzenden geschlossen, dass man das Verfahren darauf hinauslaufen lassen wollte, den Angeklagten freizusprechen. Jetzt ist er ein bisschen alarmiert und fragt sich, ob die Verteidiger sich von dem Gehabe des Richters, seinem Interesse an Nebensächlichem, vielleicht ein wenig zu sehr einlullen lassen.

Die hätten doch viel öfter nachfragen müssen, ob auch wirklich alle Einwände und Nebenaspekte der Aussage ins Protokoll aufgenommen wurden.

Was veranlasst den Richter, so milde zu sein, auf alles einzugehen, das Gefühl zu vermitteln, er sei fast mehr an Anekdoten vom Rudern als am Faktischen interessiert?

Gibt sich, als wolle er dem Angeklagten nichts Böses.

Auch der Staatsanwalt hat auf Manz sehr zahm gewirkt, so als wäre seine Aussage nur eine Formalität.

Die DNA, sie haben einen DNA-Nachweis, vermutlich ist die Sache längst entschieden.

Als Manz gerade auf dem Weg ist, den Verhandlungsraum zu verlassen, wendet sich der Richter an die Saalordnerin.

»Dann rufen Sie doch bitte den Zeugen Schimmag.«

Ein paar Sekunden später hört er ihre laute Stimme, und als Manz den Gang vor dem Gerichtssaal betritt, kommt ihm ein Mann entgegen, den er seit achtundzwanzig Jahren nicht mehr gesehen hat. Der Name ist sofort da.

»Hallo Thorsten!«

Thorsten Schimmag wirkt irritiert. *Er erkennt mich nicht.* Dafür nimmt Manz ein ständiges Schütteln von Schimmags Kopf wahr. Thorsten Schimmag wird von einer Frau gestützt, die Mitte dreißig ist und ihm ähnlich sieht. Er erinnert sich nicht an ihren Namen, weiß aber, dass Schimmag damals eine sechs oder sieben Jahre alte Tochter hatte. Er erinnert sich auch daran, dass Thorsten Schimmag zwei Jahre jünger ist als er selbst. *Immer einer der Besten im Betriebssport, besonders beim Handball.*

Als Manz die prächtigen Stufen hinabsteigt, ist er ein bisschen geknickt. Jemanden im gleichen Alter, jemanden, mit dem er zwanzig Jahre lang fast täglich zu tun hatte, in einem so desolaten Zustand zu sehen, das hat ihn getroffen. *Konnte nicht mal genau orten, woher die Stimme kam, als ich ihn bei seinem Namen rief.*

Kaum hat Manz das Kriminalgericht verlassen, bessert sich seine Stimmung.

Was für ein schöner Tag.

Er wird nach Kreuzberg fahren, dann nach Neukölln.

Kreuzberg ist nicht mehr das Kreuzberg, das er kannte. Auch Neukölln hat sich verändert. Trotzdem geht er zu seiner alten Dienststelle in der Karl-Marx-Straße. Wie schon das Kriminalgericht Moabit sieht auch dieses Gebäude exakt so aus, wie es Manz in Erinnerung hat. Er überlegt, ob er in den zweiten Stock hochgehen und nachsehen soll, ob noch welche von den alten Kollegen da sind.

Achtundzwanzig Jahre ...

Als Manz merkt, dass er erneut von sentimentalen Gedanken erfasst wird, kehrt er um und geht zurück zur U-Bahn. Am Hermannplatz steigt er aus.

Die Apotheke ist weg.

Was sucht er? Spuren eines neunzehnjährigen Ungarn, der hier im Dezember 1990 seine Tage verbrachte, weil er seiner Frau nicht eingestehen wollte, dass er gefeuert wurde? Wie es aussieht, hat er sich irgendwann gefangen. Manz hat Milán Rabach im Gerichtssaal zwar nur zwei Mal einen kurzen Blick zugeworfen, aber er hat unzweifelhaft einen gepflegten Mann gesehen.

Hat Rabach wieder geheiratet? Wo hat er während der letzten achtundzwanzig Jahre gelebt? In Ungarn? In Berlin?

Manz' Gedanken arbeiten, während er Treppen hinabsteigt, um die U-Bahn zu nehmen. Schon zu Hause in Zizzwitz hatte er darüber nachgedacht, den gesamten Prozess zu verfolgen.

Möchte ja nun doch wissen, was nach meinem Weggang geschehen ist.

Eigentlich ist er morgen erst für 13 Uhr geladen, also nach der Pause. Vor ihm ist offenbar einer der Ermittler dran, die den Vorgang seinerzeit übernommen hatten.

10:30 Uhr – KHK Lüttke, stand auf dem Zettel am Eingang zum Gerichtssaal. Durchgestrichen. Ersetzt durch einen anderen Namen.

Landowski. Der Name sagt ihm nichts.

Als Manz am Südstern aussteigt, ist die Entscheidung gefallen. Er wird gleich morgen früh ins Kriminalgericht gehen, um sich anzuhören, was sein Nachfolger ermittelt hat. *Was haben Vera und ich damals übersehen, und … Was willst du hier, was soll das bringen?*

Als Manz den Friedhof betritt, wird er ruhiger. Kirchhof Luisenstadt, am Südstern. Krisztina Fabek hat das damals bei ihrer Aussage erwähnt, es ist ihm eben in der U-Bahn eingefallen.

Nur, *warum hierher?* Er hat sich doch darauf gefreut, seine Stadt, seinen früheren Wirkungskreis mal wieder zu sehen. *Und wo ist ihr Grab? Der Friedhof ist riesig.* Manz geht auf ein kleines Gebäude zu, klopft an.

»Tür ist auf, bitte sehr!«

Der Raum, der eigentlich die Funktion eines Büros hat, ist vollgestellt mit unpassenden Dingen. An zwei Wänden hängen verstaubte Modellflugzeuge, ein Spaten, eine Sense, eine Hacke. Im Raum stehen ein uralter Kinderwagen sowie ein halb demontierter Rasenmäher.

»Guten Tag, vielleicht können Sie mir helfen.«

»Aber gewiss doch, gewiss.«

»Ich suche ein Grab.«

Der Mann, den Manz angesprochen hat, ist Ende siebzig. Er lächelt zufrieden. »Sie möchten planen?«

»Ich suche eine Grabstelle.«

Der Alte zieht die Schultern hoch, legt seinen Zigarillo auf den Rand eines Aschenbechers und schlägt ein Buch auf.

»Wann beerdigt? Ungefähr.«

»Im Winter 90 / 91.«

»Name?«

»Regina Zeisig.«

Der Mann schiebt das Buch wieder weg, steht auf und geht zu einem Aktenschrank. Es dauert. Manz atmet rauchgeschwängerte Luft.

»Ist das Grab noch in Funktion?«

»Wie, in Funktion?«

»Na, wird noch regelmäßig gezahlt? Sie verstehen? Aber gewiss.«

Aus Berlin kommt der jedenfalls nicht.

»Tut mir leid, ich weiß nicht, ob noch bezahlt wird.«

»Die Tote ist keine Verwandte, nein?«

»Keine Verwandte, ich arbeite für die Kriminalpolizei Neukölln. Frau Zeisig. Sie wurde 1990 ermordet.«

Die Augenbrauen des Alten sind weiß, buschig und, wie Manz meint, etwas gelblich.

»Die Omi aus Buckow!«

»Genau.«

»Dann kommen Sie. Aber nicht, dass Sie sich wundern, nicht, dass Sie sich wundern? Ich weiß ja nicht … Na, kommen Sie erst mal, kommen Sie.«

Sie verlassen das Gebäude, und Manz ist verblüfft, wie behände sich der Alte bewegt. Zunächst geht es entlang der Friedhofsmauer ein Stück Richtung Marheinekeplatz, dann biegt der Mann scharf nach links ab. Nun geht es leicht bergauf. Der Friedhof ist in diesem

Bereich offenbar nicht dicht belegt, denn Manz sieht größere Rasenflächen zwischen den Gräbern. Sie biegen erneut nach links ab.

Im Vorbeigehen weist der Alte mit einer beiläufigen Bewegung der rechten Hand auf ein Mausoleum, dessen Dach bereits eingestürzt ist, murmelt etwas, das Manz nicht versteht. Er registriert nur, dass hier offenbar die Mitglieder einer großen Familie ihre letzte Ruhe gefunden haben. Fast alle Männer besaßen einen oder mehrere Titel.

Vielleicht eine Dynastie von Ärzten oder Notaren.

Manz folgt dem Alten diagonal über eine Wildwiese. Das Gras steht fast kniehoch.

»So.«

Der Mann ist stehen geblieben, orientiert sich, fängt an, Grashalme auseinanderzuschieben. Manz sieht, dass im Boden kleine Markierungen stecken, auf denen Nummern und Daten stehen.

»Hier also.«

Manz steht vor dem Grab von Regina Zeisig. Es gibt keinen Stein, keine Begrenzung, nur Gras und ein kleines Schild aus Emaille.

»Die Gräber wurden 2005 aufgelassen, nicht wahr.«

»Heißt?«

»Das Recht an der Grabstelle wurde nicht erneuert. Sie kam als eine der letzten, die meisten Gräber hier waren älter.«

»Wenn ich Sie richtig verstehe, wurde die Grabstelle für fünfzehn Jahre eingerichtet und der Vertrag dann nicht verlängert.«

»Aber gewiss doch, gewiss.«

»Wissen Sie noch, ob das Grab seinerzeit gepflegt wurde? Na, das ist vermutlich ein bisschen viel verlangt.«

»Nun aber nicht so schnell.« Der Mann mustert Manz und hebt dabei erneut seine Augenbrauen. »Ich kenne hier jeden Stein, nicht wahr, jeden Fleck, jeden und alles.«

»Und?«

»Sie wurde beerdigt, dann, während der ersten Jahre, kam manchmal eine ältere Frau, brachte Blumen. Es wurde nie etwas am Grab gemacht. Also hat es sich hier bald eingefügt. Den Grabstein habe ich entfernt, nachdem er umgekippt war und wir die Angehörigen mehrfach aufgefordert ... Mehrfach! Wenigstens drei Mal! ... ihre Rechte zu erneuern. Nicht alle, nicht wahr? Nicht alle bekommen Besuch.«

»Danke.«

Der Alte geht voraus, und Manz meint, er würde dabei weitersprechen. Als sie an dem eingefallenen Mausoleum vorbeikommen, schüttelt der Alte den Kopf.

Manz verlässt den Friedhof, geht zurück zum Südstern, überquert die Straße. Dort entdeckt er ein Café. Es macht einen modernen Eindruck.

Junge Leute, das wird dir guttun.

Die Gäste sitzen nicht, sie ruhen, wie einst die Römer, auf Bänken. Und neben jeder dieser Bänke steht eine türkische Wasserpfeife. Manz macht es sich auf einer der Bänke bequem, entdeckt einige gut aussehende Frauen und Männer.

Kurz darauf tritt jemand an seine Bank und sagt

eine Anzahl sonderbarer englischer Bezeichnungen auf. Manz entscheidet sich für »Black Crow«, was den Mann etwas zu wundern scheint. Eine Frau mit glücklich gelöstem Ausdruck macht ihm ein Zeichen, bei dem der Daumen nach oben geht.

Hoffentlich wache ich nach einer Dosis Black Crow morgen früh rechtzeitig auf.

»Der Zeuge Landowski bitte!«

Die Stimme der Gerichtsdienerin kommt Manz noch lauter vor als am Tag zuvor.

Kommissar Landowski ist Mitte, Ende sechzig und stark beleibt. Manz kann sich nicht erinnern, ihn schon einmal gesehen zu haben. Das Prozedere ist das gleiche wie immer. Der Richter bittet den Zeugen, an dem kleinen Tisch Platz zu nehmen, der etwa drei Meter vor der leicht erhöhten Warte des Gerichts steht. Landowski setzt sich und holt einen Stapel Unterlagen aus einer Mappe.

»Sie sind Kriminalhauptkommissar Jörg Landowski?«

»Richtig. Kriminalhauptkommissar bin ich natürlich nicht mehr.«

»Seit wann im Ruhestand?«

»Seit einem Jahr.«

»Sie haben damals den Vorgang Regina Zeisig von Ihrem Kollegen Manz …« Der Richter unterbricht sich: »Wie ich sehe, ist Herr Manz schon da.« Er setzt wieder sein Lächeln ein, spricht etwas lauter, da er fünfzehn Meter überbrücken muss. »Sie verfolgen den Prozess, Herr Kriminaldirektor?«

»Wenn das möglich ist.«

»Sie haben wie jeder andere das Recht, hier anwesend zu sein. Ich würde Sie nur bitten, nicht einzugreifen, Sie sind erst heute Nachmittag wieder dran.«

Manz nickt. Der Richter hat den Faden verloren, die Beisitzerin flüstert ihm etwas ins Ohr.

»Ja, genau. Ich hatte gefragt, ob Sie den Fall damals von Ihrem Kollegen Manz übernommen haben.«

»Nein, ich übernahm den Fall von dem Kollegen Lüttke, der inzwischen verstorben ist. Ich bin quasi als seine Vertretung hier.«

Auch an einen Kollegen Lüttke kann Manz sich nicht erinnern.

Vielleicht einer von denen, die aus Ostberlin zu uns stoßen sollten.

»Wann haben Sie den Fall übernommen?«

»Ich wurde 1994 hinzugezogen.«

»Sie wissen aber vielleicht noch, was der Kollege Lüttke zwischen 1991 und 1994 unternommen hat.«

Wieder flüstert die Beisitzerin dem Richter etwas ins Ohr.

»Was ich fast vergessen hätte, ich nehme an, Sie haben diesen Satz schon öfter gehört: Sie dürfen hier nur die Wahrheit sagen. Die Sache, die wir verhandeln, ist lange her. Sollten Sie sich an etwas nicht erinnern, dann sagen Sie uns das. Wir haben vollstes Verständnis dafür, dass man nach so langer Zeit nicht mehr alles weiß. Sie haben im Laufe Ihrer Jahre sicher viele Fälle bearbeitet.«

»Einige Hundert.«

238

»Also, auf welchem Stand war Ihr Vorgänger, als Sie den Fall übernahmen?«

»Ich habe die Akten von damals noch mal eingesehen, ich muss gestehen, mir war der Vorgang Zeisig mehr oder weniger entfallen.«

»Jetzt wissen Sie wieder Bescheid?«

Landowski macht eine Bewegung mit der Hand, die ausdrücken soll, dass er sich da nicht ganz sicher ist.

»Also?«

»Nun, der Kollege Lüttke hat wohl zunächst versucht, noch einmal mit dem Zeugen Milán Rabach zu sprechen.«

»Herr Rabach sitzt auf der Anklagebank, Sie erinnern sich an ihn?«

Landowski wendet sich etwas umständlich nach rechts. Milán Rabach erwidert seinen Blick. Wie immer tut er das mit einer Gelassenheit, als ginge ihn das Verfahren im Grunde nichts an.

»Tut mir leid, ich erinnere mich nicht an Herrn Rabach. Ich kann hier kaum mehr berichten als das, was ich den Akten entnommen habe.«

»Bitte.«

»Der Kollege Lüttke bekam den Fall im Januar 1991 zugeteilt, er war also an den ersten Ermittlungen nicht beteiligt. Wie diese Übergabe stattfand, weiß ich nicht …«

Der Richter unterbricht ihn.

»Herr Manz, da Sie schon da sind, wie fand die Übergabe statt?«

»Ich habe Herrn Lüttke nicht eingearbeitet. Als ich

ging, sollte der Vorgang eigentlich von meiner Kollegin Vera Steinig weiterbearbeitet werden, die dann sehr plötzlich verstarb. Ich habe davon erst einen Monat später in Dresden erfahren.«

»Es fand also keine Übergabe oder Einweisung statt.«

»Ich wurde dazu nicht aufgefordert, habe aber ein Memo verfasst.«

»Danke. Fahren Sie fort, Herr Landowski.«

»Der Kollege Lüttke hat im März 1991 versucht, den Aufenthaltsort von Herrn Rabach zu ermitteln, um ihn erneut zu vernehmen.«

»Warum erst so spät?«

»Das kann ich Ihnen nicht sagen. Der Kollege Lüttke konnte den Zeugen nicht vernehmen, da Herr Rabach sich nicht mehr in Deutschland aufhielt. Er war zurück nach Ungarn gegangen, und die dortigen Behörden konnten ihn nicht ausfindig machen. Erst 1994 wurde festgestellt, dass Herr Rabach sich wieder in Berlin aufhält.«

Diese Aussage kann der jüngere Verteidiger so nicht stehen lassen.

»Das stimmt doch alles gar nicht!«

Manz spürt, wie sein Körper auf diesen Angriff reagiert.

»Unser Mandant hielt sich die ganze Zeit in Berlin auf. Es ist richtig, dass er Ende Dezember 1990 für einige Tage nach Budapest gefahren ist. Es war Weihnachten, er hat dort seine Eltern besucht. Daraus aber zu schließen …«

Der Richter unterbricht ihn: »Nur damit ich jetzt

mit den Jahreszahlen nicht durcheinanderkomme. Herr Manz hat ihn Ende Dezember 1990 in Berlin vernommen.«

»Da unser Mandant sich sofort bei der Polizei gemeldet hat, als er erfuhr, dass man ihn als Zeugen …«

»Er hat sich freiwillig gemeldet, das haben wir gestern bereits geklärt. Also im Dezember 1990 eine erste Vernehmung durch Herrn Manz. Dann wurde der Vorgang von Herrn Lüttke übernommen, und man wollte Herrn Rabach im März 1991 ein zweites Mal vernehmen. Da wurde man seiner nicht mehr habhaft.«

»Weil Ermittlungsfehler gemacht wurden!«

»Und das ist noch milde ausgedrückt!«, ergänzt der ältere Verteidiger.

»Unser Mandant ist bereits im Februar 1991 nach Berlin zurückgekehrt. Er hat sich eine Wohnung genommen, er hat Arbeit gefunden, er war ab März 1991 polizeilich gemeldet …«

»Er war erst ab Juni gemeldet«, korrigiert ihn der Staatsanwalt. »Die entsprechenden Schriftstücke liegen dem Gericht vor.«

»Gut, dann also ab Juni«, lenkt der Verteidiger ein. »Uns ist trotzdem völlig unklar, warum der damalige Ermittler ihn nicht einfach vorgeladen hat.«

»Können Sie uns da weiterhelfen, Herr Rabach?«

»Bitte?«

»Ihre Verteidiger sagen, Sie seien bereits im Februar 1991 nach Berlin zurückgekehrt und hätten sich bald eine Wohnung genommen.«

»Ja, das stimmt.«

»Warum haben Sie sich erst im Juni angemeldet?«

Milán Rabach überlegt eine Weile, zuckt mit den Schultern.

»Es tut mir leid, das weiß ich nicht mehr. Vielleicht lag es daran, dass meine erste Frau sich damals von mir getrennt hat.«

»Das ist vermutlich der entscheidende Punkt!«, beginnt der jüngere Verteidiger.

Der Richter unterbricht ihn diesmal scharf: »Wir haben einen Zeugen, ich würde ihn gerne zu Ende anhören, ehe wir das, was er aussagt, debattieren. Ich nehme an, Sie sind damit einverstanden. Danke. Fahren Sie fort, Herr Landowski.«

»Was vor 1994 im Einzelnen unternommen wurde, entzieht sich, wie ich schon sagte, weitgehend meiner Kenntnis, ich weiß nur, dass der Kollege Lüttke im März erneut versucht hat Herrn Rabach zu vernehmen, da dessen erste Frau inzwischen das Alibi für den Tattag widerrufen hatte.«

Wieder schaltet sich der jüngere Verteidiger ein: »Das ist alles eine einzige zusammenkonstruierte Geschichte, die auf nichts als groben Ermittlungsfehlern beruht. Sie können unserem Mandanten doch nicht vorwerfen, dass Sie ihn, obwohl er ganz offiziell gemeldet war ...«

»Zu dem Zeitpunkt war er eben nicht gemeldet!«, unterbricht ihn der Staatsanwalt.

»... obwohl er ab Juni 1991 ganz offiziell gemeldet war, damals nicht gefunden haben! So, wie Sie das hier ausführen, Herr Staatsanwalt, klingt es, als hätte unser

Mandant sich jahrelang versteckt oder sei auf der Flucht gewesen.«

»Das war nicht meine Absicht.«

»Ich denke, das war durchaus Ihre Absicht.«

Der Staatsanwalt beruhigt sich. Der Richter hat ihm vorher kurz zugenickt.

»Wie war das mit diesem widerrufenen Alibi, Herr Landowski?«

»Ich kann nur berichten, was mir der Kollege Lüttke seinerzeit erzählt und was auch seinen Niederschlag in den Protokollen gefunden hat.«

»Also?«

»Herr Lüttke hat sich, als er den Fall übernahm, zunächst auf die beiden Söhne und den Enkel von Frau Zeisig konzentriert. Er hat die drei nochmals gründlich vernommen, da sein Vorgänger, Manz, ihm das in einem kurzen Memorandum empfohlen hatte. Lüttke sagte mir, dass er seinerzeit aus dem, was die drei aussagten, nicht schlau geworden sei und nicht habe entscheiden können, ob er belogen wurde, weil etwas verschleiert werden sollte, oder ob die gehäuften Widersprüche damit zusammenhingen, dass stets viel Bier im Spiel war.«

»Bei den Vernehmungen?«

»Sie kamen offenbar stets in angetrunkenem Zustand. So wie ich den Kollegen Lüttke verstanden habe, hat er die beiden Söhne trotzdem sehr ausführlich vernommen. Die Spurenlage war allerdings kritisch, da natürlich beide häufig im Haus waren und wir die Spuren auf den Fingernägeln des Opfers damals noch nicht auswerten konnten. Im März 1991 kam dann Frau Rabach, also die erste Frau Rabach, in die Karl-Marx-Straße, um ihre Aussage vom Dezember 1990 zu widerrufen. Damit hatte der Kollege Lüttke etwas Greifbares. Bei ihrer ersten Aussage hatte Frau Rabach angegeben, ihr Mann sei zu dem Zeitpunkt, als Frau Zeisig ermordet wurde, bei ihr gewesen. Bei ihrer zweiten Aussage gab sie zu Protokoll, sie sei am fraglichen Tag nicht mit ihrem Mann zusammen gewesen. Vielmehr habe er das Haus am Morgen gemeinsam mit ihr verlassen. Angeblich um zur Arbeit zu gehen. Sie wusste damals noch nicht, dass man ihm bereits Anfang Dezember gekündigt hatte. Der Kollege Lüttke wollte das mit Herrn Rabach abklären. Nur war der eben nicht aufzufinden.«

Der Zeuge verliest einen Abschnitt aus seinen Unterlagen.

»Die Ehefrau sagte auf Befragung weiter aus, ihr Mann sei direkt nach der Vernehmung durch Herrn Manz nach Budapest zurückgekehrt. Die Art, wie das geschah, kam ihr merkwürdig vor.«

»Warum?«

»Wie der Kollege Lüttke mir berichtete, sagte sie aus, ihr Mann habe die Stadt sehr plötzlich verlassen, es habe auf sie wie eine Flucht gewirkt. Er sei damals zu ihr in die Deutsche Oper gekommen und habe sie gedrängt, sofort mit ihm nach Budapest zu fliegen. Er sei sehr nervös gewesen. Das alles habe sie nun veranlasst, ihre Aussage zu korrigieren. Sie habe bei ihrer ersten Aussage Termine verwechselt.«

Landowski spricht weiter. Manz beobachtet den Richter. Sein Verdacht vom Vortag erhärtet sich. Die geduldige Art, wie er Landowskis umständlichen Vortrag mit väterlichem Lächeln erträgt, seine zur Schau getragene Gutmütigkeit, das alles ist eine Maske. Manz wundert sich auch, dass der Staatsanwalt nicht öfter eingreift. Für gewöhnlich war es doch so, dass der Staatsanwalt die Arbeit der Ermittler, die ja Grundlage seiner Anklageschrift ist, verteidigt, unterstützt, nutzt. Hier geschieht das kaum.

Er möchte den Zeugen nicht ausführlich befragen, denn ihm ist klar, dass damals einiges falsch gelaufen ist. Nur, warum wurde dann Anklage erhoben?

Manz fühlt sich erneut in seiner Annahme bestätigt, dass der DNA-Beweis in diesem Verfahren die entscheidende Rolle spielen wird.

Alles, was hier geschieht, ist kaum mehr als eine Formalie.

Auch alles, was er sich überlegt hat, seine Erinnerungen an Situationen und Aussagen, sogar seine sentimentalen Anwandlungen Vera gegenüber, alles nur Geplänkel. Er hat es ja bereits auf dem Ladungszettel gelesen. Die Aussage der DNA-Spezialistin ist nicht nur für den letzten Verhandlungstag angesetzt. Sie wird als allerletzte aussagen.

Das ist die Trumpfkarte des Staatsanwalts, die all das hier, all diese Lügen, Halblügen, Versäumnisse und Ungenauigkeiten am Ende sticht.

Manz wird in seinen Überlegungen unterbrochen, als der ältere Verteidiger das Wort ergreift.

»Auf Grundlage dieser sehr plötzlichen, neuen Aussage der Ehefrau hat man sich dann auf unseren Mandanten eingeschossen, andere Spuren nicht weiter verfolgt, andere Verdächtige nicht weiter vernommen. Immerhin hat man 1994 klugerweise keine Anklage erhoben. Warum? Weil da nichts war, außer der plötzlich korrigierten Aussage einer Ehefrau, die zu diesem Zeitpunkt bereits die Scheidung eingereicht hatte.«

Der Richter geht nicht darauf ein.

»Wie ging es weiter mit den Ermittlungen?«

»Anfang 1994 wurde Herr Rabach aufgegriffen.«

»Da waren Sie dabei?«

»Ich wurde hinzugezogen.«

»Unser Mandant wurde nicht aufgegriffen, sondern vorgeladen. Man hatte endlich im Melderegister nachgesehen und festgestellt, dass er bereits seit Jahren in Berlin lebte und einer geregelten Arbeit nachging.«

»Wie das mit der Festsetzung im Einzelnen gelaufen ist, weiß ich nicht. Er wurde vom Kollegen Lüttke und mir vernommen und verstrickte sich in Widersprüche. Trotzdem konnte ihm nichts nachgewiesen werden. Es ist daher zum damaligen Zeitpunkt keine Anklage gegen ihn erhoben worden.«

»Und das, obwohl unser Mandant über mehrere Stunden von Ihnen und Herrn Lüttke vernommen wurde. Und zwar ohne Beisein eines rechtlichen Beistands.«

»Er wurde darauf hingewiesen, dass ihm so etwas zusteht. Er hat verzichtet.«

Der Richter macht eine beschwichtigende Geste mit beiden Händen.

»Wie das damals im Einzelnen gelaufen ist, können wir nicht mehr mit Sicherheit abklären, es hat auch

nichts mit der Frage zu tun, die wir hier verhandeln.«
Der Richter wendet sich direkt an die beiden Verteidiger, verzichtet diesmal auf sein Lächeln. »Wir verhandeln hier gegen den Angeklagten, nicht gegen eine Ermittlungsbehörde.«

Trotz dieser Ermahnung ergreift der jüngere Verteidiger erneut das Wort.

»Wir haben einige Bekannte von Frau Rabach befragt, und die sagten uns, dass sie sich damals von ihrem Mann habe scheiden lassen wollen. Unter anderem wohl deshalb, weil er ihr nicht die Wahrheit gesagt hatte, was seine Arbeit anging. Er war ja zeitweise ohne Beschäftigung. Sie soll sich damals bei einem Anwalt erkundigt haben, ob eine Scheidung schneller ginge, wenn ihr Mann unter Anklage stünde.«

»Warum wurde dieser Anwalt nicht vorgeladen?«

»Weil er sich aus verständlichen Gründen nach achtundzwanzig Jahren nicht mehr an die Gespräche mit seiner Mandantin erinnert.«

»Ach, wie schade …«, wirft der Staatsanwalt ein.

Den Verteidiger bringt das nicht aus dem Konzept.

»Ich schlage vor, dass wir Frau Rabach morgen dazu befragen. Die Verteidigung jedenfalls glaubt, dass es genau umgekehrt war: dass ihre erste Aussage Kommissar Manz gegenüber der Wahrheit entsprach, während sie bei ihrer zweiten Aussage ihren Mann belastete, um die Scheidung voranzutreiben. Auch alles, was mit dieser angeblich plötzlichen Abreise nach Ungarn zusammenhängt, die in der Anklageschrift wie eine Flucht dargestellt wird, ist zu hinterfragen.«

»Das werden wir morgen tun.« Der Richter sieht Milán Rabach an. »Sie haben wieder geheiratet?«

»Ja. 1996. Hier in Berlin.«

»Ihre Frau ist im Gerichtssaal anwesend?«

Jetzt erwidert Milán Rabach das Lächeln des Richters, und er hat, wie Manz feststellt, ein ebenso schönes und offenes Lächeln. *Nun, er war Kellner, dann sollte er lächeln können.*

»Meine Frau sitzt dort.«

Manz dreht sich um. Schräg hinter ihm, in der Bank, sitzt die kleine Frau, die ihm am Vortag auf dem Gang aufgefallen war.

»Sie haben Kinder?«, fragt der Richter.

»Zwei Jungen, sechzehn und neunzehn. Sie gehen in Neukölln aufs Gymnasium, der ältere macht gerade Abitur.«

Erneut ein Austausch nebensächlicher Informationen. Aus Sicht der Verteidigung aber mehr.

»Zwei Kinder, die ihren Vater seit zehn Monaten im Gefängnis besuchen. Einen Mann, der vor und nach der angeblichen Ermordung von Frau Zeisig nie mit dem Gesetz in Konflikt geraten ist.«

Manz meint, eine bisher nicht wahrnehmbare, fast schon zynische Härte hinter dem Lächeln des Richters zu erkennen. *Oder bilde ich mir auch das wieder ein?*

Der Richter will weiterkommen.

»Sie haben Herrn Rabach und auch seine geschiedene Frau damals viele Stunden vernommen. Warum so lange?«

»Weil Herr Rabach sich mehr und mehr in Widersprüche verstrickt hat.«

»Was für Widersprüche?«

»Herr Rabach sagte aus, er und seine damalige Frau seien nicht plötzlich abgereist, die Reise sei vielmehr lange geplant gewesen. Seine Frau behauptete das Gegenteil. Wir haben daher beide noch einmal vernommen, und sie hat uns gegenüber erneut erklärt, ihr Mann sei zu ihrer Arbeitsstelle, also in die Deutsche Oper, gekommen, was er sonst nicht tat, und habe sie gedrängt, sofort mit ihm zum Flughafen zu fahren. Sie habe nicht mal Zeit gehabt, einen Koffer zu packen. Das alles bestritt Herr Rabach. Seine Frau hat außerdem ausgesagt, die Lieblingsspeise ihres Mannes sei damals Hähnchen mit Pommes Frites gewesen ...«

Manz unterbricht Landowski, obwohl er sich doch fest vorgenommen hatte, sich an die Regeln zu halten: »Darf ich kurz etwas zu den Essgewohnheiten des Angeklagten sagen?«

Auch diesmal vergewissert sich der Richter, ob jemand einen Einwand habe, dass Manz etwas sagt. Erfreut über die Einmischung ist er nicht.

»Bei meiner Vernehmung von Frau Rabach habe ich sie seinerzeit zu den Essgewohnheiten ihres Mannes befragt. Weil ja diese ungeklärte Sache mit dem Hähnchen im Raum stand, das kurz vor Frau Zeisigs Tod verspeist wurde. Sie sagte damals, ihr Mann würde eigentlich alles gerne essen, besonders Asiatisch. Außerdem Italienisch und Griechisch. Ich habe sie ausführlich dazu befragt, nie fiel das Wort Hähnchen. Ich sage das, weil dieselbe Zeugin eben zitiert wurde, mit der Aussage, die Lieblingsspeise ihres Mannes sei Hähnchen mit Pommes Frites gewesen. Also Wort für Wort das, was wir damals in der Wohnung von Frau Zeisig vorfanden.«

Der Staatsanwalt hat eine Erklärung.

»Was Sie da sagen, Herr Manz, und offenbar sind Sie wieder bemüht, den Angeklagten zu entlasten, kann daran liegen, dass Frau Rabach ihren Mann zum Zeitpunkt der ersten Vernehmung noch gedeckt hat. Sie hat ihm ja auch ein Alibi gegeben. Wenn sie also Ihnen gegenüber ausdrücklich nicht von Hähnchen gesprochen hat, kann gerade das ein Hinweis darauf sein, dass ihre erste Aussage falsch war.«

»Gibt es noch etwas, das wir wissen sollten, Herr Landowski?«, fragt der Richter. »Etwas, das das lange Verhör und die Konzentration der Ermittlung auf den Angeklagten erklärt?«

»Es hatte sich ein Nachbar von Frau Zeisig gemeldet, ein Herr Thomsen. Der hatte Herrn Rabach am Tag der Ermordung von Frau Zeisig auf ihrem Grundstück gesehen. Er hatte beobachtet, wie sie ihn ins Haus einließ.«

»Das kann nicht stimmen!«, ruft Manz. Und er tut das ziemlich aufgebracht, fast schon wütend. »Mir gegenüber hat Herr Thomsen ausdrücklich etwas ganz anderes ausgesagt. Nämlich, dass er am Tag ihrer Ermordung niemanden auf dem Nachbargrundstück sah, da er im Keller war, um dort Regale anzubringen! Der Bruder von Herrn Thomsen hat damals bestätigt, dass Regale abgeholt wurden. Wir haben das überprüft, im Keller waren Regale angebracht worden. Und zwar kurz zuvor, das Werkzeug war noch vor Ort.«

Das ging dem Richter zu weit.

»Herr Manz. Ich hatte Sie ausdrücklich gebeten, sich nicht in die Befragungen einzumischen. Noch so ein Vorfall und ich muss sie gegebenenfalls des Saals verweisen.«

»Das sollten Sie sich zweimal überlegen.«

»Wie bitte?«

»Ich habe gesagt, was ich zu sagen hatte. Ich bin nicht hier, um Sie bei Ihrer Arbeit zu stören, aber was der Kollege Landowski eben ausgesagt hat, kann so nicht stehen bleiben.«

»Haben Sie verstanden, dass ich Sie notfalls des Saals verweisen muss?«

»Ja, hab ich verstanden. Ich bleibe allerdings bei meiner Aussage, dass der Zeuge Thomsen hier offenbar eine Aussage gemacht hat, die der ersten diametral widerspricht.«

»Ein weiteres Mal, Herr Manz, werde ich Sie nicht verwarnen. Davon abgesehen ist das Gericht auch ohne Ihre Anweisungen in der Lage zu entscheiden, was geschieht und was nicht.«

»Ich nehme Ihre Ermahnung zur Kenntnis.«

»Gut.«

»Also, soll der Zwischenruf von Kriminaldirektor Manz nun ins Protokoll aufgenommen werden oder nicht?«, fragt der Mann hinter dem Bildschirm.

»Natürlich nicht.«

Die Beisitzerin versucht mit einigem Engagement

dem Richter etwas zu erklären, doch der hebt seine linke Hand in einer derart strikten Weise, dass sie den Versuch aufgibt.

»Da sicher keiner mehr Fragen an den Zeugen hat, sind Sie entlassen, Herr Landowski. Danke, dass Sie sich die Zeit genommen haben.«

»Kein Problem.«

Landowski verlässt den Raum, Manz erntet einen bösen Blick, den er ohne Probleme erträgt.

»Dann bitten Sie doch jetzt den Zeugen Günther Zeisig hereinzukommen.«

Kurz darauf ertönt die Stimme der Gerichtsdienerin. Zweimal. Dann kehrt sie zurück.

»Der Zeuge ist nicht da.«

»Aber er war vorgeladen, nicht wahr?«

Die Frage hat der Richter gewohnheitsmäßig der Beisitzerin zu seiner Linken gestellt. Die antwortet ihm mit stark unterkühlter Stimme.

»Das Schreiben ist vor drei Wochen rausgegangen, der Termin wurde nicht abgesagt.«

»Gut, dann …« Der Richter wendet sich zum Saal. »Der Zeuge ist noch nicht da, wir werden versuchen ihn zu erreichen, um abzuklären, wo er steckt. Das heißt, wir machen jetzt eine vorgezogene Pause von einer Stunde. Dann entscheiden wir, wie wir weiter vorgehen.«

Als Manz in den Gang tritt, freut er sich. »Jabłoński, na das ist ja was!«

»Christine hat mich angerufen.«

»Glaubt sie, ich bräuchte einen Aufpasser?«

»Sie dachte, du freust dich.«

»Und wie! Wir haben eine lange Pause, weil ein Zeuge nicht erschienen ist.«

»Welcher?«

»Günther Zeisig. Der Name wird dir nichts mehr sagen …«

»Das war der, mit dem du damals zuerst gesprochen hast. Es hat geregnet, und er war weg, als du wieder aus dem Haus kamst.«

»Hast dich also auch mit den Protokollen beschäftigt.«

»Nein.«

»Du erinnerst das noch?«

»Gehen wir was essen?«

»Gute Idee. Wohin?«

»Rüber zum Paulaner. Deine Aussage hast du gemacht?«

»Gestern. Aber nur zum Teil. Ich bin um 14 Uhr wieder dran. Du kannst dir nicht vorstellen, Jabłoński, was das für ein Prozess ist. Reine Formalität. Alle warten auf die DNA-Expertin.«

»Kann ich mir denken. Ich heiße übrigens Jan.«

Der Paulaner sieht aus wie jeder Paulaner, also bayrisch. Das Gleiche gilt für die Bedienung.

»Was darf ich bringen?«

»Für mich bitte ein Hefe«, sagt Jabłoński. »Dazu die Nürnberger.«

»Das Essen zum Bier, so ist's recht. Und Sie?«

»Auch ein Hefe, aber bitte ein alkoholfreies.«

»Dazu?«

»Den Gurkensalat.«

»Sonst nichts?«

»Nein.«

Sie entfernt sich, beide sehen ihr nach.

»Du warst heute Morgen noch nicht dran, bist aber hin.«

»Ich war neugierig, wie es weitergegangen ist mit den Ermittlungen. Eben hat der Kollege Landowski seine Aussage gemacht. Viel hat das nicht gebracht. Weil er erst 94 dazukam, und weil er und sein Vorgänger Lüttke offenbar zwei Idioten waren, die jedem Vögelchen beim Singen zugehört haben, wenn es ihnen gerade passte. Solche Leute müsste man feuern, wenn du mich fragst. Oder runter mit ihnen ins Archiv.«

»Dich hat's ja ganz schön erwischt.«

»Warum?«

»Du wirkst wie früher.«

»Das sind nur meine Augen, Christine macht sich da auch immer Gedanken.«

»Ich kenne dich.«

»Na gut, Jabłoński. Ich hatte nur eben, als Landowski seine Aussage machte, das Gefühl, dass einiges gründlich schiefgelaufen ist.«

»Kann sein. Aber das lag sicher nicht an Landowski, sondern an Lüttke. Nun, wir haben jetzt die DNA ausgewertet.«

»Hattest du damit zu tun?«

»Nicht direkt. Aber als Leiter der Abteilung habe ich natürlich einen gewissen Überblick, kann mir, wenn ich will, das eine oder andere durchlesen.«

»Und?«

»Darüber darf ich nicht sprechen.«

»Jabłoński!«

»Jan.«

»Wir kennen uns seit fast dreißig Jahren. Ich bin Rentner.«

»Und Zeuge. Tut mir leid. Aber es wird noch interessant, so viel darf ich verraten.«

»Hast du mal nachgelesen, was die nach meinem Weggang gemacht haben.«

»Lüttke hat eigentlich ganz gut angefangen. Weil du damals geschrieben hast, man solle sich die beiden Söhne noch mal vornehmen. Die Initiative dazu kam aber nicht von Lüttke selbst, sondern von Rolfes, unserem Chef. Der hat ja viel von dir gehalten. Es ging bei Lüttkes Ermittlungen vor allem darum, festzustellen, was für Geld und Schmuck Frau Zeisig besaß und wie das mit ihren Verbindungen in die Schweiz aussah. Gegen die Zeisig war nämlich in den Achtzigern wegen Devisenvergehen ermittelt worden. Sie hat große Summen auf ein Nummernkonto transferiert. Aber wen sollte Lüttke noch fragen, sie war ja tot. Er hat immerhin festgestellt, dass Frau Zeisig ein Bankschließfach besaß, in dem Goldbarren im Wert von 180000 DM lagerten.«

»Das war alles noch da?«

»Ja. Außerdem besaß sie, wie du weißt, einiges an Schmuck und …«

»Ihre Pelze.«

»Lüttkes Mitarbeiter haben damals ihren Besitz veranschlagt und kamen auf 450000 bis 500000 DM. Dazu noch das Haus. Das alles zusammen haben sie auf weit über 700 000 geschätzt. Viel Geld für eine Frau, die offenbar in den späten Fünfzigern und frühen Sechzigern nur ein paar Jahre gearbeitet hat. Diese Werte werden wohl ihre Söhne eingestrichen haben. Viel Geld, gemessen daran, was für Typen das waren. Leben die eigentlich noch?«

»Günther Zeisig soll heute Nachmittag aussagen, Thomas ist für morgen geladen. Aber was du über ihren Besitz gesagt hast, bestätigt doch, was uns schon damals durch den Kopf ging. Die Einzigen, die wirklich etwas von der Ermordung hatten, waren ihre Söhne.«

»Eine Amethystbrosche soll damals verschwunden sein.«

»Hat Thomas Zeisig behauptet!«

»Ausgesagt.«

»Einverstanden. Ein Schmuckstück im Wert von ungefähr 300 Euro nach heutiger Zählung. Gleichzeitig trug die Tote Schmuck im Wert von …«

»Du vergisst den Zettel in der Küche.«

»Den hat Rabach geschrieben. Weil er noch dreißig Mark zu kriegen hatte.«

»Und das ist für dich kein Motiv?«

»Dass er sie wegen dreißig Mark erwürgt?«

»Vielleicht ist er zu ihr gefahren, hat sein Geld gefordert. Ihr wusstet doch damals schon, dass sie geizig war.«

»Wegen dreißig Mark? Und dann lässt er ihr die Kette, die Ohrringe und die Ringe?«

»Könnte er nicht einfach wütend geworden sein, weil

er meinte, dass ihm das Geld zusteht? Er war neunzehn, er war in der Klemme, er wäre nicht der erste junge Mann, dem die Sicherung durchbrennt.«

»Alles nur Theorie.«

»Findest du nicht, dass du Rabach ein bisschen zu sehr in Schutz nimmst?«

»Ist das seine DNA, die ihr nachgewiesen habt?«

»Darüber darf ich nicht sprechen.«

»Kennst du den Richter?«

»Wie heißt er?«

»Rusenberg.«

»Ach, der macht das? Lächelt er wieder?«

»Er lächelt viel. Wie ist er so?«

»Er wirkt wie ein freundlicher älterer Herr …«

»Mich hätte er eben fast rausgeschmissen.«

»Ich sage das nur privat. Nur unter uns. Rusenberg ist nicht milde. Aber korrekt. Und er steckt in einer Klemme. Das Verfahren ist wackelig, und man hat es vermutlich ihm aufgedrückt, weil er bald aufhört. Nur, welcher Richter möchte schon mit so einer unklaren Sache aufhören. Die Staatsanwaltschaft hat zudem sehr viel Energie in dieses Verfahren gesteckt, Rabach saß zehn Monate in U-Haft …«

»Er soll ihn also verurteilen.«

»So einen Auftrag gibt es bestimmt nicht. Ich denke, Rusenberg wartet, genau wie der Staatsanwalt, auf das Ergebnis der DNA-Untersuchung. Warum wollte er dich denn rausschmeißen?«

»Weil ich was gesagt habe.«

»Dazwischengerufen also. Mal wieder wütend geworden, weil was falsch läuft. Ich hoffe, du hast nicht irgendwen zusammengeschissen.«

»Als ob ich so was je getan hätte.«

»Ihr Bier, einmal mit, einmal ohne. Dann die Nürnberger und … einen Gurkensalat. Sie sind sicher, dass Sie nichts essen wollen?«

»Doch, meinen Gurkensalat.«

»Prost.«

»Prost. Weißt du, wo sie beerdigt wurde?«

»Wer?«

»Na, Vera, wer denn sonst.«

Als Günther Zeisig am Nachmittag den Gerichtssaal betritt, erkennt Manz ihn nicht wieder. Er erinnert sich an einen schlaksigen, etwas phlegmatischen Mann, Ende dreißig. Jetzt sieht er jemanden, der nicht wie siebzig aussieht, sondern wie Ende achtzig. Es dauert eine Weile, bis er an seinem Tisch angekommen ist, und dann gibt es auch noch Schwierigkeiten beim Hinsetzen. Der Mann, der ihn gebracht hat, schiebt anschließend den Rollator ein Stück zur Seite.

»Sie sind eine Stunde zu spät!«

Der Mann, der ihn gebracht hat, macht eine kleine Verbeugung. »Es tut mir leid. Ich bin der Pfleger von Herrn Zeisig. Ich habe erst heute von dem Termin erfahren.« Der Pfleger verlässt den Saal.

Günther Zeisig fängt sofort an zu reden. Er wirkt gut gelaunt.

»Gott, was für eine Aufregung!«

»Schön, dass Sie es so leicht nehmen, Herr Zeisig.«

»Ist ja sonst alles nicht leicht für mich.«

»An was für einer Erkrankung leiden Sie, wenn ich fragen darf?«

»Diabetes«, sagt Zeisig.

Suff, denkt Manz.

»Wir sind hier, um herauszufinden, ob der Mann, der rechts von Ihnen auf der Anklagebank sitzt, für den Tod Ihrer Mutter verantwortlich ist.«

»Ob er sie erwürgt hat.«

»Erkennen Sie ihn? Haben Sie ihn in den letzten Jahren mal gesehen?«

»Nein.« Zeisig sagt das, ohne sich den Angeklagten überhaupt angesehen zu haben. Er fügt hinzu: »Ist das denn überhaupt nötig?«

»Was?«

»Dass jetzt noch verhandelt wird. Ich meine, sie ist schon so lange tot.«

»Sie haben kein Interesse zu erfahren, wer Ihre Mutter getötet hat?«

»Wenn Sie mich so direkt fragen.«

»Nun gut, das hängt nicht von Ihnen ab.«

»Vom Staat. Weil es ja immer was zu tun geben muss.«

»Ich finde, Sie haben jetzt genug geplappert.«

»Was wollen Sie denn noch wissen? Das wurde doch damals schon alles durchgekaut.«

Der Richter lächelt, er versucht es jedenfalls.

»Wir müssen uns die Arbeit trotzdem machen.«

»Dann aber schnell.«

Diese Bemerkung löst allgemeine Heiterkeit im Gerichtssaal aus, selbst der Staatsanwalt kann sich ein Lächeln nicht verkneifen.

»Ist heiß heute«, setzt Zeisig nach. »Morgen sollen wir 35 Grad kriegen!«

»Damals war es kalt, denn Ihre Mutter wurde im Dezember ermordet. Am 14. Irgendwann zwischen 13 und 15 Uhr.«

»Also, wenn Sie mir mit so genauen Daten kommen … Aber wo ist überhaupt das Problem? Sie haben ihn doch. Es war der Ungar. Sie hat diese Jungen ja ständig mit ins Haus genommen. Ich hab ihr wie oft gesagt, irgendwann murkst dich einer von denen ab. So ist es ja dann auch gekommen. Aber ob der es nun war, der da sitzt?«

»Er heißt Milán Rabach. Sagt Ihnen der Name was?«

»Nein. Sollte er?«

»Nun, Sie haben den Namen damals ins Spiel gebracht. Sie sagten aus, Ihre Mutter habe kurz vor der Ermordung jemanden kennengelernt, der Milán heißt.«

»Kann schon sein, dass ich dachte, dass es einer von denen war. Aber der Name Milán? Da klingelt nichts. Es wird irgendwer vom Hermannplatz gewesen sein, dem ihr Schmuck aufgefallen ist.«

»Da Sie den Schmuck erwähnen. Sie und Ihr Bruder haben damals ausgesagt, Ihrer Mutter sei eine Amethystbrosche gestohlen worden. Wir haben hier ein Foto Ihrer Mutter, auf dem das Schmuckstück gut zu erkennen ist.«

Die Gerichtsdienerin bringt ihm den Abzug. Er betrachtet das Foto und nickt.

»Die hatte sie oft an, und die war nicht mehr da, als

wir ihre Sachen zusammen mit der Polizei durchsucht haben. Ich weiß nicht, ob noch mehr fehlte, für mich sah ihr Schmuck alles gleich aus. Aber an die Amethystbrosche erinnere ich mich. Ein großer lila Stein mit kleineren drum herum. Die hat sie oft getragen. Und die war nicht mehr da.«

»Damals wurde der Besitz Ihrer Mutter geschätzt. Der belief sich auf über 700 000 DM. Wer hat das eigentlich geerbt? Ich habe in den Unterlagen weder ein Testament noch sonst ein Dokument gefunden, aus dem hervorgeht, wohin das Erbe gegangen ist.«

»Das wird mein Bruder haben.«

»Sie haben nichts geerbt?«

»Bei mir ist nichts angekommen. Vielleicht hat auch Chris das gekriegt, der war ja ihr Prinz. Chris ist der Sohn meines Bruders.«

Die Beisitzerin ergreift das Wort.

»Sie haben damals ausgesagt, Ihre Mutter hätte Sie manchmal verprügelt.«

»Mich und meinen Bruder.«

»Weitere Kinder hatte ihre Mutter nicht?«

»Davon war jedenfalls nie die Rede. Aber wer weiß das schon? Sie war ja mal für zwei Jahre in Paris. Als die Mauer gebaut wurde, war das. Uns hat sie bei einer Freundin gelassen. Vielleicht ist da was passiert. Also, dass es noch ein Kind gibt. Sie hatte ja viele Männer. Wenn sie von einem genug hatte, hat sie ihn rausgeschmissen, da kannte die nichts.«

»Gab es mal Streit mit einem dieser Männer?«, hakt die Beisitzerin nach.

»Sicher. Vor allem, wenn sie nicht gezahlt haben.«

»Wofür wurde gezahlt?«

»Weiß ich nicht. Ich glaube, sie hat Geld verliehen.«

»Dass Frau Zeisig Geld verliehen hat, steht auch in den Protokollen von Kriminaldirektor Manz.« Sie wendet sich an Manz. »Von wem hatten Sie damals diese Auskunft?«

»Das hat der Nachbar ausgesagt. Herr Thomsen, der auch …«

Die Beisitzerin unterbricht ihn mit einer Handbewegung und erklärt dem Richter: »Thomsen, das war der, der dem Ermittler Lüttke gegenüber erklärt hat, er habe Herrn Rabach am Tag des Mordes auf dem Grundstück gesehen. Da gibt es eine ganze Reihe von Widersprüchen in seinen Aussagen. Ich meine, wir sollten Herrn Manz dazu hören.«

»Wenn es nicht zu lange dauert.«

Die Beisitzerin sieht Manz an. »Ich hatte heute Vormittag den Eindruck, dass Sie uns mit einiger Dringlichkeit etwas über den Zeugen Thomsen sagen wollten.«

»Richtig. Ich möchte auch jetzt noch mal darauf hinweisen, dass Thomsen damals ausgesagt hat, er habe an dem Tag, an dem Frau Zeisig getötet wurde, niemanden auf dem Grundstück bemerkt, da er den ganzen Tag damit beschäftigt war, im Keller Regale anzubringen. Er war sich, was das anging, absolut sicher. Wir haben den Keller inspiziert und da waren Regale neu angebracht worden.«

»Das sagten Sie bereits heute Vormittag.«

»Richtig. Nur wurde es nicht ins Protokoll aufgenommen.«

»Gibt es sonst noch etwas, das Sie uns in Bezug auf Herrn Thomsen mitteilen wollen?«

»Allerdings. Thomsen hatte sich von Frau Zeisig bei zwei Gelegenheiten jeweils 3000 Mark geliehen. Er erklärte mir, sie sei sehr genau gewesen, was die Rückzahlungen anging. Er habe einen Vertrag unterzeichnen und hohe Zinsen zahlen müssen. Er sagte weiter aus, dass Frau Zeisig über diese Verleihgeschäfte Buch führte. Wir haben dieses Buch damals nicht gefunden. Das Haushaltsbuch war da, aber eben nicht diese Aufzeichnungen, in denen es offenbar um hohe Beträge ging. Ich frage mich daher, ob das Beschäftigungsverhältnis von Herrn Thomsen sowie seine Kontobewegungen seinerzeit von Herrn Lüttke ausermittelt wurden. Ich hatte das in meinem Memo vom Januar 1991 dringend empfohlen. Für gewöhnlich wurden meine Memoranden abgearbeitet, sie hatten, damit das hier klar wird, die Qualität einer Anweisung, die zu befolgen war.«

»Offenbar ist das nicht geschehen«, erklärt die Beisitzerin. »Jedenfalls findet sich nichts dazu in den Unterlagen, die dem Gericht vorliegen.«

»Was hat der Staatsanwalt dazu zu sagen?«, fragt Manz in knapp dienstlichem Tonfall.

»Nichts hat er dazu zu sagen. Im Übrigen sind Sie mir gegenüber nicht weisungsbefugt.«

»Hm.«

»Was Herr Lüttke im Einzelnen versucht hat«, erklärt der Richter, »werden wir nicht vollständig aufklären können. Und ich möchte zum wiederholten Mal darauf hinweisen, dass wir hier gegen Herrn Rabach verhandeln, nicht gegen Herrn Lüttke oder andere an der Ermittlung Beteiligte.«

»Soll die Aussage von Kriminaldirektor Manz diesmal ins Protokoll aufgenommen werden«, fragt der Mann hinter dem Monitor.

Der Richter nickt.

»Also diesmal doch.«

»Ja, sie wird aufgenommen. Fragen Sie doch bitte nicht ständig nach.«

»Wenn ich noch etwas hinzufügen darf?«, fragt Manz. Die Beisitzerin nickt.

»Herr Thomsen war zugegen, als die Tote gefunden wurde. Er wurde von den Brüdern geholt, da sie keinen Schlüssel hatten. Es war offenbar üblich, dass er in Notfällen die Tür mit einem Schraubenzieher und einem Spachtel öffnet, um die Brüder ins Haus zu lassen, und …«

»Ich merke schon, worauf Sie wieder und wieder hinauswollen«, unterbricht ihn der Staatsanwalt. »Herr Thomsen könnte sich noch mal Geld von ihr geliehen haben, und als es ans Zurückzahlen ging, brachte er sie um. Es ist vieles möglich, aber wir verhandeln hier, der Vorsitzende hat das mehrfach angemerkt, gegen Herrn Rabach.«

Die Beisitzerin nickt. »Danke für Ihre Auskünfte, Herr Manz.«

»Werde jetzt eigentlich ich vernommen oder dieser Herr?«, fragt Günther Zeisig. »Ich möchte irgendwann mal wieder nach Hause, und mein Pfleger hat nicht ewig Zeit.«

»Wir werden uns Mühe geben, Sie nicht länger als nötig zu belästigen.«

Zum ersten Mal schaltet sich der Beisitzer zur Rechten des Richters ein.

»Es geht mir noch mal um die Erbschaft.«

»Darüber weiß ich nichts, ich habe nie was bekommen. Darum hat sich damals mein Bruder gekümmert. Der pflegt ja auch seit damals ihr Grab. Ich wollte mit alldem nichts zu tun haben.«

»Darf ich fragen, was Sie damals beruflich gemacht haben?«

»In einer Gärtnerei ausgeholfen.«

»Als Ungelernter?«

»Ich habe Grünzeug zusammengerecht oder Äste zum Laster gebracht. Dafür braucht man kein Abitur.«

»Uns interessiert der Dezember 1990. Könnte man sagen, dass Sie damals als Hilfsgärtner tätig waren?«

»Schon.«

»Oder ohne Arbeit? Sie haben ja Ihre Mutter viel herumkutschiert.«

»Kann sein, dass ich mal ohne Arbeit war.«

»Und da hat Sie ein Erbe von über 700 000 DM nicht interessiert?«

»Ich habe nichts bekommen. Wollte ich auch nicht. Das hat alles mein Bruder oder mein Neffe. Und jetzt sage ich Ihnen was, ob das hier nun reinpasst oder nicht. Ich mochte meine Mutter nicht besonders. Geprügelt wurden wir und nicht mit der Hand. Ich wollte weder mit ihr noch mit ihren Klunkern oder ihrer Beerdigung was zu tun haben.«

»Könnte man sagen, dass Sie froh waren, dass Ihre Mutter ermordet wurde?«

»Nein. Ich sage nur, dass ich mit alledem abgeschlossen habe. Und ermordet habe ich sie auch nicht. Das war entweder irgendein Penner vom Hermannplatz …«

Warum sagst du nicht der Ungar, damals warst du dir doch so sicher.

»… oder einer von denen, die Schulden bei ihr hatten. Die kamen ja auch ständig ins Haus. Dauert das hier noch lange? Ich weiß nichts mehr und will nach Hause. Ich darf nicht zu lange sitzen.«

Der Richter wartet nicht ab, ob sich noch jemand meldet: »Sie sind hiermit entlassen. Die Frage ist, ob wir Herrn Manz heute Nachmittag überhaupt noch benötigen. Er hat ja eben schon eine ganze Reihe von Aussagen gemacht.«

Mehrere Köpfe werden geschüttelt.

»Dann sehen wir uns nächsten Dienstag.«

Als Manz nach Hause kommt, ist Christine bereits von ihrem Vortrag in Mainz zurück.

»Ich hatte dich gestern Abend erwartet.«

»Ich war müde und hab bei Jabłoński übernachtet. Er und Katja lassen dich grüßen.«

»Hat Jan dich also ein bisschen unter seine Fittiche genommen.«

»Kann man so sagen. Sie freuen sich beide auf Norwegen.«

»Und? Was ist rausgekommen?«

»Beim Prozess? Noch nichts. Es geht Dienstag weiter.«

»Konntest du helfen?«

»Hab alles gesagt, was ich weiß.«

»In freundlichem Tonfall?«

»Wie denn sonst? Wollen wir in den Garten? Ich habe Sehnsucht nach meiner Liege. Dich habe ich auch vermisst. Ist nichts mehr für mich, so alleine in einer anderen Stadt. Warst du noch mal bei Julia?«

»Nur für zwei Stunden.«

»Und?«

»Er wohnt noch immer im Hotel, aber sie telefonieren regelmäßig.«

»Das ist doch idiotisch! Wie kommt denn die kleine Emma damit klar?«

»Eigentlich ganz gut.«

»Die ist sechs! Wie erklärt Julia ihr denn, dass der Vater nicht mehr zu Hause wohnt?«

»Sie hat ihr gesagt, dass es Streit gab.«

»Einfach so. Ganz direkt.«

»Besser, als wenn sie mit einer Lüge anfängt. Wir wissen ja noch nicht, wie es ausgeht.«

Als sie es sich auf ihren Liegen bequem gemacht, angestoßen und ein paar Schluck getrunken haben, lässt Manz sich berichten, wie Christines Vortragsreise war, wen sie getroffen hat und ob es Fortschritte gibt, was die Umsetzung der neuesten Gesetzesänderungen angeht.

Irgendwann unterbricht sich Christine.

»Sag mal, würde es dich stören, wenn Julia und Emma eine Weile bei uns wohnen?«

»Natürlich nicht.«

Manz' Unterkiefer bewegt sich, als würde er kauen, dann steht er auf und verkündet: »Ich werde den Rasen mähen.«

»Am Samstag?«

»Ich war weg, wann sonst hätte ich ihn mähen sollen? Ich muss mich ein bisschen abregen.«

»Weshalb?«

»Weil mein Schwiegersohn ein Idiot ist! Wie kann er so was machen?«

»Wir wissen doch noch gar nicht, ob er ein Verhältnis mit seiner Kollegin hat.«

»Es ist mir egal, was wir wissen. Und um ehrlich zu sein, Julia hat auch einen Knall! Denkt da denn niemand an das Kind?«

»Wenn er sie vielleicht betrügt?«

»Dann muss sie … Ach, lass mich, ich will mähen.«

»Ich dachte, wir fahren am Wochenende vielleicht für zwei Tage nach Prag.«

»Hab ich nichts gegen, aber jetzt will ich mähen.«

»Du bist wütend.«

»Ein bisschen.«

»Hau bitte nichts kaputt in deinem Schuppen.«

»Als ob ich so was je getan hätte!«

Die Stimme der Gerichtsdienerin hallt durch den Gang.

»Der Zeuge Zeisig!«

Manz sitzt diesmal zusammen mit den beiden Jurastudenten und der Frau von Milán Rabach in der zweiten Bankreihe. Vor ihnen drei Journalisten. Weitere Personen scheint der Fall nicht zu interessieren.

Thomas Zeisig hat sich etwas besser gehalten als sein kleiner Bruder, doch auch er wirkt deutlich älter, als er eigentlich ist. Er wird, als er eintritt, von seiner Frau begleitet, die schräg hinter Manz Platz nimmt. Im Gegensatz zu ihrem Mann hat sie sich ziemlich zurechtgemacht. Manz dreht sich kurz zu ihr um und sieht etwas, das er kaum glauben kann. Ihm wird ganz heiß, er rechnet mit einer spektakulären Eröffnung.

Nichts dergleichen passiert.

Der Richter stellt die Personalien fest und fragt Thomas Zeisig zunächst, wie die Tote damals aufgefunden wurde. Erneut geht es um den Schlüssel, den Nachbarn und den Geranientopf. Manz wartet.

Merkt denn hier niemand was?

Dann fragt die Beisitzerin nach dem Verbleib des Erbes. Thomas Zeisig hat dazu nicht viel zu sagen.

»Ich habe keinen Pfennig gesehen.«

»Gar nichts?«

»Nein.«

Nach dieser Eröffnung melden sich die beiden Verteidiger zu Wort und fordern das Gericht auf, dass, »bevor wir hier weiterverhandeln«, erst mal geklärt werde, was mit dem doch recht umfänglichen Erbe geschehen sei.

»Dieses Erbe könnte ein erheblich triftigerer Beweggrund für den Mord an Regina Zeisig gewesen sein als der angebliche Raub einer Amethystbrosche, die unserem Klienten seit nunmehr achtundzwanzig Jahren unterstellt wird.«

Der Richter gibt der Verteidigung Zeit, ihre Bedenken vorzutragen. Während sie das tut, schüttelt der Staatsanwalt mehrfach demonstrativ seinen Kopf, ehe er sich schließlich zu Wort meldet.

»Es ist nicht Aufgabe des Gerichts herauszufinden, was vor achtundzwanzig Jahren mit dem Erbe von Frau Zeisig geschehen ist. Selbst wenn wir etwas herausfänden, wäre es nur ein Indiz. Außerdem sind alle mit dem Erbe zusammenhängenden Vorgänge, so sie strafbar waren, mit Sicherheit verjährt. Hier geht es ausschließlich darum, auf Grundlage gesicherter Beweise oder Aussagen festzustellen, ob der Angeklagte schuldig ist oder nicht, und vor allem, ob es um Mord geht oder nur um ein Tötungsdelikt. Denn ein Tötungsdelikt, und ich denke darauf setzen Sie, wäre verjährt.«

Während der Staatsanwalt das sagt, dreht sich Manz noch einmal zu der Frau von Thomas Zeisig um.

Er bemüht sich, meint schon überdeutlich in seiner Mimik, seinen kleinen Gesten zu sein. Trotzdem dauert es eine ganze Weile, ehe es ihm endlich gelingt, mit einem der Verteidiger Blickkontakt aufzunehmen. Manz zeigt unauffällig auf die Frau von Thomas Zeisig schräg hinter sich. Der Verteidiger versteht nicht, was das soll.

Manz' kleine Zeichen und die fragenden Blicke des Verteidigers fallen dem Richter schließlich auf.

»Was ist da los? Herr Manz, ich habe Sie bereits mehrfach aufgefordert, sich nicht einzumischen. Wenn Sie sich daran nicht halten, muss ich Sie bitten, den Saal zu verlassen.«

Manz kann nicht anders, er war zu lange Kommissar, als dass er das unter den Tisch fallen lassen könnte.

»Die Brosche!«

»Was ist damit?«, fragt der Richter unwirsch zurück.

»Sie trägt die Brosche. Die Frau des Zeugen trägt die Amethystbrosche.«

Zuerst versteht der Richter nicht, die Beisitzerin zu seiner Linken klärt ihn auf. Dann muss Frau Zeisig nach vorne kommen und ihre Brosche abnehmen. Sie wird belehrt, dass sie keine Aussage machen muss, die ihren Mann belastet. Erst nachdem diese Belehrung im Protokoll aufgenommen ist, fragt sie der Richter.

»Woher haben Sie diese Brosche?«

»Die hat mir mein Mann geschenkt, sie gehörte seiner Mutter.«

Der jüngere Verteidiger steht auf: »Das dürfte dann die Brosche sein, die damals als gestohlen angegeben wurde. Die Brosche, deren Diebstahl man unserem Mandanten immer zur Last gelegt hat, die Brosche, deren angeblicher Diebstahl das hier verhandelte Tötungsdelikt überhaupt zu einem vorsätzlichen Mord machen würde.«

Der Richter schweigt. Der Staatsanwalt schweigt. Sein Gesicht zeigt keine Regung. Viel irritierender findet Manz, dass auch das Gesicht des Angeklagten keine Regung zeigt. In diesem Moment, so meint er, platzt der gesamte Prozess. Bereits in den nächsten fünf Minuten wird möglicherweise entschieden, dass

Milán Rabach ein freier Mann ist. Denn wenn damals nichts gestohlen wurde, gab es auch keinen Vorsatz, also keinen Mord.

Und dieser entlastende Umstand interessiert ihn nicht im Geringsten!

Zum ersten Mal beschleicht Manz das Gefühl, dass möglicherweise nicht sein Nachfolger Lüttke Fehler begangen hat, sondern er.

Stumpf, wie eingekapselt.

Manz hatte den Angeklagten in den Verhandlungspausen erlebt, denn der Richter hatte ihm zweimal gestattet, kurz mit seiner Frau zu sprechen. *Da war er doch lebhaft.* Jetzt, im Moment der Befreiung, wirkt er so abgeschottet, als müsste er sich vor etwas schützen.

Der Richter hat sich sortiert und die Verteidiger beruhigt.

»Herr Zeisig, ist das die Brosche Ihrer Mutter?«

»Schon.«

»Sie haben damals angegeben, sie sei gestohlen worden. Man ist den Besitz Ihrer Mutter mit Ihnen durchgegangen, und Sie sagten, die Amethystbrosche würde fehlen. Darauf gründete sich der Verdacht, Ihre Mutter sei ermordet worden, um sie zu bestehlen.«

»Und?«

»Wie kommt die Brosche jetzt in den Besitz Ihrer Frau?«

»Ich habe sie ihr geschenkt.«

Der Richter vergleicht die Brosche mit der auf dem Foto. Die Beisitzerin tut das auch, nickt, nachdem sie ihre Brille abgesetzt hat.

»Wie konnten Sie das, wenn die Brosche doch damals gestohlen wurde?«

»Wahrscheinlich ist sie wieder aufgetaucht, als ich den Hausstand aufgelöst habe. Oder später, als wir Sachen zum Sperrmüll gebracht haben.«

»Wir beantragen die Aufhebung des Verfahrens gegen unseren Mandanten.«

Der Staatsanwalt schüttelt den Kopf. Der Richter ebenfalls.

»So einfach geht das nicht.«

Manz ist beinahe froh, das zu hören.

Warum? Noch vor fünf Minuten wäre er doch anderer Meinung gewesen. Aber er war lange genug Ermittler, kann in Gesichtern lesen. Er würde den Richter gerne auf das Gesicht, den gesamten körperlichen Zustand von Milán Rabach hinweisen. Er tut es nicht. Was sollte er auch sagen, jeder kann es sehen.

Er schützt sich vor irgendwas, hat Angst. Warum fühlt er sich nicht befreit, wo er doch jetzt befreit sein sollte?

Manz beherrscht sich, hält den Mund, er möchte nicht aus dem Gerichtssaal gewiesen werden.

Hat der verrückte Jabłoński am Ende recht, und Rabach hat sie in einem Wutanfall umgebracht? Wegen dreißig Mark?

Manz versucht sich zu erinnern, warum er ihn damals nicht länger und schärfer vernommen hat.

Weil er sich freiwillig gemeldet hat, und weil ich die Brüder bereits in Verdacht hatte.

Ein unverzeihlicher Fehler.

Er hatte die Arbeit seiner Nachfolger, ihre Entscheidung, sich auf einen einzigen Verdächtigen zu konzentrieren, für stümperhaft gehalten. Aber wusste er, was Lüttke und Landowski damals gedacht, was für einen Eindruck sie hatten, bei der Vernehmung von Milán Rabach?

Viele Stunden ohne anwaltlichen Beistand.

Wollten sie ihn brechen, weil sie spürten, dass dieser höfliche neunzehnjährige Ungar etwas zu verbergen hat? Hatten sie deshalb der Aussage von Rabachs Frau geglaubt, als sie ihr Alibi widerrief?

Manz muss nicht lange warten, um Antwort auf seine Frage zu erhalten, denn nachdem das Gericht Thomas Zeisig entlassen hat, betritt die erste Frau von Milán Rabach den Raum. Sie begrüßt ihren Ex wie einen guten Freund, die Begrüßung wird ebenso herzlich erwidert.

Genau da setzt der Richter an.

»Sie haben Ihren geschiedenen Mann eben sehr freundlich begrüßt.«

»Warum nicht?«

»Nun, damals haben Sie ihn schwer belastet. Obwohl … Zuerst haben Sie ihn nicht belastet, im Gegenteil. Da haben Sie ausgesagt, er habe den Tag, an dem Frau Zeisig ermordet wurde, mit Ihnen verbracht. Am Wannsee und in Charlottenburg.«

»Ich hatte mich um einen Tag vertan.«

Der Richter verzichtet auch diesmal auf sein Lächeln.

»Das müssen Sie uns bitte etwas genauer erklären.«

»Ich habe mir im Februar oder März 91 meinen Dienstplan noch einmal angesehen. Eigentlich aus ganz anderen Gründen. Da habe ich dann festgestellt, dass ich am 14. Einrichtung hatte. Für die Hauptprobe von *Don Giovanni*.«

»*Don Giovanni*, verstehe.«

Der Richter wirkt müde und ratlos. Die Beisitzerin springt für ihn ein.

»Bei Ihrer ersten Vernehmung durch Herrn Manz meinten Sie, Ihr Mann esse gerne Asiatisch, Italienisch, auch Griechisch. Wenn deutsches Essen, dann möge er Bouletten und Currywurst. Kommissar Manz fragte Sie nach diesen Vorlieben, weil in der Wohnung der Ermordeten Reste eines Hähnchens gefunden wurden, obwohl sie doch Vegetarierin war. Ich habe das Protokoll Ihrer Vernehmung vorliegen. Sie haben damals sehr viele Speisen aufgezählt, wirklich sehr viele, Herr Manz war unnachgiebig, hat immer weiter nach den Leibspeisen Ihres Mannes gefragt. Von Hähnchen haben Sie kein Wort gesagt. Bei Ihrer Vernehmung durch Kommissar Lüttke, nicht mal vier Monate später, wurde Ihnen die gleiche Frage gestellt. Da sagten Sie aus, Hähnchen mit Pommes sei seine Lieblingsspeise gewesen. Wie kommt es zu diesem Widerspruch?«

»Es tut mir leid, das weiß ich nicht mehr. Aber dass ich so ausdrücklich auf Hähnchen hingewiesen habe, kann ich mir kaum vorstellen. Milán mochte asiatisches Essen immer am liebsten.«

»Die Verteidiger von Herrn Rabach haben hier dargelegt, dass Sie sich damals von Ihrem Mann scheiden lassen wollten. Stimmt das?«

»Ja. Wir wurden Ende 91 geschieden.«

»Die Verteidigung hat zwei Zeugen ausfindig gemacht, die beide ausgesagt haben, Sie hätten sich damals danach erkundigt, ob eine Scheidung schneller ginge, wenn Ihr Mann unter Mordanklage stünde. Können Sie dazu etwas sagen?«

»Dass ich so etwas gemacht hätte, um schneller geschieden zu werden? Bestimmt nicht. Das Einzige, was ich mir vorstellen kann ... Es war eine Scheidung, ich war nicht gut auf Milán zu sprechen. Vielleicht habe ich mal irgendwem gegenüber erwähnt, dass er vor Kurzem in einem Mordfall mit der Polizei zu tun hatte.«

»Darf ich fragen, warum Sie sich damals haben scheiden lassen?«

»Wir passten nicht zueinander. Milán war noch sehr jung, ich auch. Er hat mich häufig belogen, wie ich bald feststellen musste. Ich konnte ihm nicht mehr vertrauen.«

Der Staatsanwalt schaltet sich ein. »Keiner möchte mit einem notorischen Lügner verheiratet sein, das verstehe ich natürlich. Obwohl eine Scheidung nach nur acht Monaten schon etwas ungewöhnlich ist.«

»Besser rechtzeitig als zu spät.«

»Eine noch junge Ehe wird also ganz plötzlich geschieden ...« Der Satz klingt für Manz, als spräche der Staatsanwalt zu sich selbst, als würde er laut überlegen.

»Wie ich schon sagte ...«

»Weil er Sie häufig belogen hat.«

»Ja.«

»Könnte nicht genau das Gegenteil der Fall gewesen sein? Nämlich, dass Ihr damaliger Mann ehrlich war, dass Sie sich haben scheiden lassen, weil er Andeutungen gemacht hat oder Ihnen vielleicht sogar gestand, dass er Frau Zeisig ermordet hat?«

»Ermordet? Nein! Dann wäre ich doch sofort zur Polizei gegangen.«

Der Staatsanwalt lässt nicht locker. »Sie wären zur Polizei gegangen? Sie sind doch zur Polizei gegangen. Im März 91. Bei dieser zweiten Vernehmung sagten Sie aus, Sie könnten ihm für den 14. kein Alibi geben. Sie sagten weiter aus, Ihr Mann sei Ende Dezember 1990 völlig überstürzt in der Deutschen Oper aufgetaucht, wo Sie damals gearbeitet haben.«

»Ich arbeite dort immer noch, ich bin inzwischen technische Leiterin der Abteilung Licht.«

»Ihr Mann, so haben Sie Herrn Lüttke erklärt, sei an Ihrem Arbeitsplatz aufgetaucht und hätte Sie dazu gebracht, mit ihm nach Ungarn zu fliegen. Die Ermittler haben diesen plötzlichen Aufbruch als Flucht gewertet.«

»Also erst mal möchte ich hier erklären, dass ich zwar nur kurz mit Milán verheiratet war, aber ich glaube ihn doch ganz gut zu kennen.«

»Auch heute noch? Stehen Sie in Kontakt?«

»Nein, ich spreche von damals. Er hat mich manchmal belogen, vor allem was seine Arbeitsverhältnisse angeht, aber ich kann mir absolut nicht vorstellen, dass er jemanden ermordet. Dazu wäre er gar nicht fähig.«

»Er hat Ihnen damals kein Geständnis gemacht?«

»Nein!«

»Und er ist auch nicht mit Ihnen nach Ungarn geflohen.«

»Ich würde doch nicht mit einem Mörder verreisen!«
Manz spürt die Wirkung von viel Adrenalin.

»Also, welche Ihrer Aussagen stimmt nun? Waren
Sie am fraglichen Tag mit Ihrem Mann zusammen oder
nicht?«

»An dem Tag, als Frau Zeisig ermordet wurde, war
ich nicht mit ihm zusammen.«

»Da sind Sie sich ganz sicher«, hakt der Staatsanwalt
nach. »Sie werden unter Umständen vereidigt.«

»Ganz sicher.«

»Ich stelle also fest: Herr Rabach hat für den Tattag
kein Alibi. Niemand weiß, wo er sich damals aufgehalten hat.«

»Ich würde die Zeugin ungerne vereidigen«, erklärt
der Richter. »Dafür liegt das alles viel zu lange zurück.«

Der Staatsanwalt geht nicht darauf ein, wendet sich
erneut an die Zeugin. »Was ist mit dieser Flucht nach
Ungarn? Ihr damaliger Mann wurde am 21. Dezember
90 von Herrn Manz vernommen. Bereits am nächsten
Tag ... am nächsten Tag! ... sind Sie zusammen mit ihm
nach Ungarn geflogen.«

Einer der Verteidiger hebt seine Hand, steht auf, einen
Stapel Papier in der Hand. Er kommt aber nicht dazu,
sein Anliegen vorzutragen, denn die Zeugin fährt mit
ihrer Aussage fort.

»Ich habe mir in Vorbereitung auf diesen Prozess
meine Dienstunterlagen von damals noch einmal angesehen, und da ist tatsächlich etwas, was mich wundert.«
Sie holt einige Papiere aus ihrer Handtasche. »Ich habe

nämlich damals, also zwei Tage vor Weihnachten, tatsächlich den Dienst getauscht und mir eine Woche frei genommen.«

»Am 22. Dezember.«

»Ja.«

»Also einen Tag nach der Vernehmung Ihres damaligen Mannes durch Herrn Manz.«

»Ich weiß nicht, wann diese Vernehmung stattfand, Milán hat mir nichts davon gesagt. Ich weiß nur, dass ich meinen Dienst getauscht habe.«

»Dürfen wir das sehen?«, fragt der Richter. »Kommen Sie bitte nach vorne.«

Sie tritt vor, präsentiert ihren alten Dienstplan.

»Sehen Sie? Das sind meine Dienste für Ende Dezember. Und diese acht Tage, das ist hier alles durchgestrichen. Das muss sehr kurzfristig geschehen sein, denn der Dienstplan für die Feiertage wurde erst einige Tage vorher erstellt. Da oben steht das Datum, wann der Plan ausgegeben wurde. Ich habe offenbar mit einem Kollegen getauscht.«

»Sie haben Ihre alten Dienstpläne aufgehoben?«, fragt die Beisitzerin.

»Die sind für mich wie ein Tagebuch. Wenn ich weiß, für welche Stücke wir eingerichtet haben, dann weiß ich meistens auch, was da sonst war.«

»Interessant.«

»Als ich das gestern sah, fiel mir wieder ein, dass Milán damals tatsächlich in die Oper kam und meinte, wir müssten sofort nach Ungarn fliegen. Wir sind dann nach Schönefeld gefahren und gleich abgeflogen. Ich konnte nicht mal mehr nach Hause, um einen Koffer zu packen.«

Der jüngere Verteidiger unterbricht sie: »Das haben Sie auch damals ausgesagt. Plötzlicher Abflug nach Ungarn. Von Schönefeld aus. Bleibt es bei dieser Aussage, oder wollen Sie auch das noch mal korrigieren?«

»Korrigieren? Warum? Wir sind von Schönefeld aus geflogen. Das weiß ich noch, weil ich versucht habe, mir dort das Nötigste zu kaufen.«

»Also Flucht nach Budapest von Schönefeld aus?«, fragt der Verteidiger in etwas überspitztem Ton.

»Flucht habe ich nicht gesagt!«

»Sehr hastiger und unerwarteter Aufbruch.«

»Ja.«

»Von Schönefeld aus. Mit der Interflug.«

»Ja. Wir sind immer mit der Interflug geflogen, wenn wir Miláns Eltern in Budapest besucht haben. Ich glaube, anders ging es damals gar nicht.«

»Anders als mit der Interflug.«

»Ja, man musste die nehmen.«

Sie darf sich wieder setzen, der Richter und die beiden Beisitzer beraten sich eine Weile, interpretieren den alten Dienstplan. Als sie damit fertig sind, meldet sich der ältere Verteidiger zu Wort.

»Wir haben uns selbstverständlich erkundigt. Diese angeblich so plötzliche Flucht unseres Mandanten soll am 22. Dezember 1990 stattgefunden haben. Also zwei Tage vor Weihnachten. Manche Kinder besuchen ihre Eltern zum Fest.«

»Bitte zur Sache.«

»Die Mauer war zwar ein Jahr vorher gefallen, aber es hatte sich nicht alles sofort geändert. Flüge mit der Interflug, und die flog damals tatsächlich von Schönefeld nach Budapest, Flüge dieser Art mussten eine Woche vor Abflug gebucht werden. Anders ging es nicht. Das ist alles in diesem Schriftstück niedergelegt, das wir als Beweis dem Gericht übergeben.«

Der Richter fühlt sich überfordert. »Das können wir jetzt natürlich nicht alles studieren ...«

»Es steht drin, was ich eben gesagt habe. Flüge mit der Interflug nach Budapest mussten eine Woche vor Abflug gebucht werden. Ausnahmen gab es nicht. Die Reise kann also unmöglich völlig unerwartet oder überstürzt stattgefunden haben.«

Der Richter berät sich mit seiner Beisitzerin. Die Zeugin ist irritiert.

»Soll ich jetzt dazu etwas sagen?«

»Wenn Sie etwas zu sagen haben.«

»Ich glaube, das stimmt. Ich meine mich zu erinnern, dass wir unsere Flüge nach Budapest tatsächlich immer eine Woche vorher buchen mussten.«

»Na also!« Der Verteidiger setzt sich wieder und ... freut sich zu früh.

»Das hieße dann«, fährt sie fort, »dass Milán schon eine Woche vorher wusste, dass wir fliegen würden, dass er da schon gebucht hat.«

»Eine Woche vorher«, ergänzt der Staatsanwalt, »das wäre dann der Tag nach der Ermordung von Frau Zeisig gewesen.«

Es kommt zu einem längeren Disput zwischen Verteidigung und Staatsanwaltschaft, der damit endet, dass der Richter erklärt, das alles seien Vermutungen, der Angeklagte könne das Ticket auch schon einige Tage vor dem 14. gekauft haben, und ein Zusammenhang zwischen einer möglichen Tat und einem gekauften Flugticket sei bestenfalls ein Indiz und keinesfalls zwingend. Er entlässt die Zeugin, ohne sie zu vereidigen.

»Wir sehen uns um 14 Uhr in diesem Raum und hören den Enkel von Frau Zeisig sowie die Forensikerin, die das DNA-Gutachten erstellt hat. Danach ist die Beweisaufnahme abgeschlossen. Wenn gewünscht, können die Plädoyers im Anschluss gehalten werden, das Gericht würde dann bereits am Donnerstag sein Urteil verkünden.«

Dann könnte ich am Freitag mit den anderen am Rudertraining teilnehmen, schießt es Manz durch den Kopf.

Die Verteidiger begrüßen den Vorschlag eines vorgezogenen Plädoyers mit einem Lächeln, der Staatsanwalt wirkt nicht sehr erfreut, stimmt aber zu.

Manz versteht diese plötzliche Eile. Der Prozess hat eine Wendung zugunsten des Angeklagten genommen, und er, Manz, hat seinen Anteil daran.

Hätte ich das mit der Brosche verschweigen sollen? Warum ist die außer mir niemandem aufgefallen?

Manz sitzt wieder im Paulaner, seine Gedanken rattern.

»Ein Weizen?«

»Ja.«

»Wieder alkoholfrei?«

»Nein, bringen Sie mir ein normales.«

»Dazu den Gurkensalat?«

»Ich nehme heute die Nürnberger.«

Als sie gegangen ist, kommt Manz ein Gedanke.

Wir sind immer von einem Einzeltäter ausgegangen.

Unter Einzeltäter summiert Manz auch die Möglichkeit, dass es die Brüder gemeinsam waren, denn Einzeltäter ist nur sein Ausdruck für einen Willen.

Zwei Brüder, ein Wille. Die Alte muss weg. Wegen ihres Geldes, wegen dem, was sie uns angetan hat. Hab ich das nicht damals gedacht? Was hat die Brüder verdächtig gemacht? Dass sie so schlecht über ihre Mutter sprachen? Hätten sie das getan, wenn sie die Täter waren?

Nein, schwerer wog, dass sie ihn so eindeutig und plump auf den Ungarn hinwiesen und beide von Erwürgen sprachen. *Zu einem Zeitpunkt als das noch niemand wissen konnte.* Die von den Brüdern gelegte Spur hatte ihn und Vera zu Milán Rabach geführt. *Wir haben ihn gesucht, aber …* Der Neunzehnjährige fand sich ganz artig bei der Polizei ein und machte eine glaubwürdige, nachvollziehbare Aussage. *Inklusive Gardinenstange und versetzter Spüle.* Vera und er hatten bei ihm kein Motiv gesehen. Abgesehen von der Brosche, die angeblich verschwunden war.

Und genau da, meint Manz nun, stimmt etwas nicht.

Hat die Frau von Thomas Zeisig die Brosche wirklich rein zufällig getragen? Ist sie so dumm, so vergesslich, so leichtsinnig? Nein, die Brosche taucht auf, als es für Milán Rabach um Kopf und Kragen geht. Sie entzieht dem Verfahren die Grundlage.

Auch Rabachs Frau hatte ihn ja zunächst entlastet, ihm ein Alibi verschafft. Somit wären die Brüder ins Visier geraten. Aber genau in diesem Moment waren sie auf einen weiteren möglichen Täter gestoßen, auf den wiederum hatte Milán Rabach sie hingewiesen. *Der verrückte Enkel, ihr Prinz, drogenabhängig, ständig in Geldnot.*

In Manz' Kopf geschieht etwas, das man als assoziativen Sprung ins Gebüsch bezeichnen könnte. Er sieht ein Bild, das er betrachtet hat, als er sechs oder sieben Jahre alt war. Seine Mutter hat ihm dabei vorgelesen. Die kolorierte Zeichnung stammt aus einem Kinderbuch. Eine Landschaft ist zu sehen. Zwei Bäume, einige Hügel, eine Brücke, die über einen Bach geht, ganz hinten ein Waldrand. Im Zentrum ein Hase, der mit langen Sprüngen diese Landschaft durchquert.

Nur ist der Hase nicht allein!

Hinter verschiedenen Bäumen, über den Kämmen der Hügel, an der Brücke und auch hinten am Waldrand, *überall Igel. Wo immer Vera und ich hingerannt sind, tauchte ein neuer Igel auf.*

Und da versteht Manz, woran sie damals nicht gedacht hatten. Vera und er hatten aus der Tatsache, dass beide Brüder den Ungarn verdächtigten, geschlossen, dass sie einem Ausländer etwas anhängen wollten.

Die beiden haben ja mehr als deutlich durchblicken lassen, dass sie Ausländer nicht mochten, dass sie mit denen nichts zu tun haben wollen. Dabei gehörte möglicherweise auch Milán Rabach zur Familie der Igel.

Weder er noch Vera waren auf den Gedanken gekommen, dass Milán Rabach und die Brüder Zeisig sich möglicherweise kannten.

Frau Zeisig kam aus Ungarn …

Ist es nicht denkbar, dass Milán Rabach für die Brüder Zeisig gar kein Fremder war? Dass sie lange nicht so dumm und gleichgültig waren, wie sie sich damals gaben?

Vielleicht haben sie sich genau überlegt, wie sie Vera und mich am besten im Kreis herumschicken.

Dann noch der Nachbar und die Geschichte mit dem Schweizer Nummernkonto, der geheimnisvolle Franzose, die Tatsache, dass Frau Zeisig angeblich oft Geld verliehen hat und sehr hart war beim Zurückfordern. Und natürlich Frau Rabach, die ihren Mann zuerst entlastet, dann aber, als Manz' Nachfolger Lüttke den Brüdern Zeisig auf den Pelz rückt und sie in die Enge treibt, plötzlich bei der Polizei auftaucht und nun doch ihren Mann belastet, woraufhin Lüttke die Brüder in Ruhe lässt.

Viele Igel, ein Plan.

Manz trinkt sein Bier etwas hastig, und die Erleichterung stellt sich dann auch schnell ein. Sie hat drei Buchstaben, die alle groß geschrieben werden. DNA.

Vorher jedoch, Manz findet es beinahe ärgerlich, wird das Gericht noch den Enkel von Frau Zeisig befragen.

Ihr Prinz, ihr Liebling, der Einzige, dem sie vertraute.

Christoph Zeisig erscheint in Begleitung seines Betreuers, denn er kann sein Leben nicht mehr alleine führen. Eine äußerst seltene Erkrankung, die weder der Enkel noch sein Betreuer dem Gericht gegenüber näher benennen wollen. Irgendetwas mit dem Gedächtnis.

»Hat das was mit dem Drogenkonsum von damals zu tun?«, fragt der Richter den Betreuer. Der zuckt mit den Schultern.

Christoph Zeisig sagt aus, er habe damals ein normales Verhältnis zu seiner Großmutter gehabt, sie habe es immer gut mit ihm gemeint, war stets großzügig. Dann setzt er etwas hinzu. Offenbar ist das nicht abgesprochen, denn sein Betreuer versucht, ihn daran zu hindern.

»Ich sollte alles erben, und was habe ich gekriegt? Keinen Cent!« Der Betreuer unterbricht ihn, sagt, er solle schweigen.

Bei näherer Befragung und Vorhaltung der damaligen Zeugenaussagen korrigiert sich der Enkel ein wenig. »Ja, manchmal habe ich mir Geld von ihr geliehen und es wohl nicht immer zurückgezahlt.«

»In meinen Unterlagen steht, Sie seien drogenabhängig gewesen. Sie haben Lösungsmittel … sagt man noch ›geschnüffelt‹?«

»Das ist lange her. Der bin ich nicht mehr, ich bin seit über zwanzig Jahren clean.«

»Das freut mich für Sie.«

Christoph Zeisig wirkt gepflegt, trägt einen gut sitzenden Anzug mit weißem Hemd und Krawatte.

Genau wie Milán Rabach. Zwei damals noch junge, vielleicht reizbare Männer, die dringend Geld brauchten …

Manz wird in seinen Gedanken unterbrochen, denn Christoph Zeisig wird laut.

»Ich weiß gar nicht, was das hier soll! Wen haben Sie da überhaupt angeklagt?«

»Nun, wir wollen feststellen, ob Herr Rabach Ihre Großmutter am 14. Dezember 1990 in ihrer Wohnung erwürgt hat.«

»Das ist doch Blödsinn! Die wurde von meinem Vater und meinem Onkel ermordet, das weiß doch jeder in der Familie!«

Sein Betreuer schreitet ein: »Bleib ruhig, Christoph, wir haben doch alles besprochen.«

»Warum soll ich ruhig bleiben, wenn es um Mord geht? Das waren mein Vater und sein Bruder, die haben sie abgemurkst. Die haben sie immer schon gehasst. Sie war ja auch ein richtiges Miststück!«

Manz verfolgt diesen plötzlichen Ausbruch des Zeugen, ohne sich groß darüber zu wundern. Ihn irritiert nicht einmal, was nun vorne geschieht.

Der Betreuer, der Richter, sogar die beiden Verteidiger versuchen, Christoph Zeisig zu beruhigen. Die Gerichtsdienerin tritt ein paar Schritte vor, doch sie muss nicht eingreifen. Gemeinsam gelingt es den vieren, den Zeugen davon abzubringen, weitere Aussagen zu machen. Das Ganze ist so grotesk, dass selbst Milán Rabach aus seinem Winterschlaf erwacht, den Kopf ein wenig dreht, das Geschehen mit Interesse betrachtet und zuletzt sogar lächelt. Die Einzigen, die etwas von diesem Lächeln mitbekommen, sind Manz und die Beisitzerin.

Nachdem es endlich gelungen ist, den Zeugen zu beruhigen, hat es der Richter eilig, ihn aus dem Gerichtssaal zu entfernen. Er entscheidet, auf eine Vereidigung zu verzichten. Wofür der Betreuer sich mit einem Nicken bedankt, ehe er seinen Pflegling zügig hinausbringt.

Danach dauert es ein paar Momente, ehe der Vorsitzende sich gesammelt hat. »Ich denke, wir sind uns alle einig, dass wir dieser Aussage nicht zu viel Gewicht beimessen sollten.«

Der Staatsanwalt, die Beisitzer, sogar die Schöffen nicken. Der Richter blickt in Richtung der Verteidiger. Auch die scheinen einverstanden. Was Manz kaum noch wundert.

Der eigentliche Zweck der Übung ist ja erreicht. Milán Rabach entlasten. Aber freut euch nicht zu früh, jetzt kommt die wichtigste Zeugin.

Der Richter blickt auf seine Uhr. »Wir sind erneut früher dran als geplant und haben als letzten Zeugen der Beweisaufnahme …« Leicht überfordert blickt er die Beisitzerin zu seiner Linken an.

»Forensisches Gutachten. Frau Schüre«, sagt sie.

»Die DNA-Auswertung. Richtig, die fehlt noch.« Mit Blick auf die Saaldienerin: »Sehen Sie doch bitte nach, ob Frau Schüre schon da ist.«

Manz spürt, wie sein Körper sich anspannt. Jetzt endlich wird die Expertin kommen und diesem Durcheinander ein Ende bereiten.

Zunächst betreten zwei Fotografen den Saal, drängen nach vorne und bemühen sich, Aufnahmen des Angeklagten zu machen. Ohne Erfolg, denn der schützt sein Gesicht. Nach dieser überfallartigen Aktion müssen sie den Gerichtssaal verlassen. Zwei der verbliebenen Journalisten zücken Block und Stift, der Dritte startet sein iPad.

Nachdem der Richter ihn darauf hingewiesen hat, dass er mit dem Gerät keine Fotos machen darf, betritt eine Frau Anfang dreißig den Gerichtssaal.

Als Manz sie sieht, denkt er, *wenn ich nichts über sie wüsste und hätte raten müssen, ich hätte gesagt: eine Laborantin.* Er begrüßt, was er sieht, begreift, dass die unbestechliche Wahrheit gar kein anderes Gesicht haben kann als ein durchschnittliches, eines, das keine Aufmerksamkeit auf sich zieht.

Wie alle Zeugen nimmt auch die Forensikerin an dem kleinen Tisch Platz und wird vom Richter darauf hingewiesen, dass sie die Wahrheit sagen muss.

Sie antwortet mit einem kaum hörbaren: »Ja.«

Manz ist noch immer so überdreht, dass er mit dem Gedanken spielt, das Orakel von Delphi habe sicher auch eine so dünne Stimme gehabt.

Die Forensikerin holt eine Mappe aus ihrer Tasche, setzt ihre Brille auf. Der Körper des Staatsanwalts strafft sich. Er wirkt jetzt dominanter und wacher als zuvor.

Es ist still geworden, der Richter macht es kurz. »Also Frau Schüre, was ist bei Ihrer Untersuchung herausgekommen?«

»Das lässt sich nicht mit einem Satz sagen.«

Sie blättert in ihren Unterlagen. Manz nimmt eine leichte Verhärtung im Gesicht des Staatsanwalts wahr.

Noch immer sehen alle sie an. Selbst Milán Rabach blickt in Richtung der Expertin.

Ach, nun doch ein wenig besorgt?

»Ich möchte zunächst einmal sagen, dass die Asservate achtundzwanzig Jahre alt waren. Außerdem war die Spur, die damals gesichert wurde, sehr schwach. Wir fanden Material auf den Fingernägeln ihrer rechten Hand.« Sie hebt den Kopf, erklärt: »Es wurden damals die Fingernägel der Toten gesichert, das war 1990 bereits das übliche Vorgehen, da die DNA-Analyse schon zur Anwendung gekommen war. Allerdings waren die Spuren in diesem Fall viel zu schwach, als dass man sie seinerzeit hätte auswerten können.«

»Ich muss Sie kurz unterbrechen«, sagt der Jüngere von Rabachs Verteidigern. »Warum fanden sich nur Spuren an den Fingernägeln der rechten Hand?«

»Das kann ich Ihnen nicht sagen, ich weiß nicht, was damals in der Wohnung passiert ist.«

»Natürlich. Aber wenn Frau Zeisig sich gegen einen Angreifer gewehrt hätte, hätte sie das nicht mit beiden Händen getan?«

»In den meisten Fällen ist das so, richtig. Aber wir hatten auch Fälle, in denen das Opfer festgehalten wurde. Von einem zweiten Täter zum Beispiel. Wenn sie nur einen Arm frei hatte, zur Abwehr …«

Also möglicherweise zwei Täter. Manz fühlt sich in seiner Igeltheorie bestätigt.

»Was auch immer damals passiert ist, wir fanden nur Material an den Fingernägeln der rechten Hand. Und zwar auf dem Rücken der Fingernägel. Zeigefinger,

Mittelfinger und Ringfinger. Mir lag wie gesagt nur sehr wenig Material zur Auswertung vor.«

»Was bedeutet das?«, fragt der ältere Verteidiger.

»Dass damals nur wenig Material übertragen wurde.«

»Weil ihre Abwehr schwach war?«

»So etwas kann viele Gründe haben. Einen habe ich eben ausgeführt.«

»Dass ein zweiter Täter sie festgehalten hat.«

»Zum Beispiel. Es ist aber auch möglich, dass eine Spurenübertragung vor oder nach der Tat stattfand.«

»Eine Spurenübertragung, verstehe«, wiederholt der Verteidiger, wobei er verständig nickt. »So was passiert nicht zwingend durch direkten Kontakt. Für eine Spurenübertragung spricht auch die Tatsache, dass nur Spuren auf den Fingernägeln der rechten Hand nachgewiesen wurden. Frau Zeisig war Rechtshänderin.«

»Woher wollen Sie das wissen?«, fragt der Staatsanwalt.

»Das steht in dem graphologischen Gutachten, das seinerzeit angefertigt wurde«, erklärt der Verteidiger. »Herr Manz erwähnte ja bereits am ersten Verhandlungstag, dass seinerzeit ein forensisches Handschriftengutachten angefertigt wurde. Es ging um den Zettel, auf dem *Milán, 30 Mark* stand.«

»Den hat aber Herr Rabach geschrieben.«

»Richtig. Zum Vergleich wurde seinerzeit das Haushaltsbuch von Frau Zeisig herangezogen. Der Gutachter stellte unter anderem fest, dass beide Vergleichsstücke von Rechtshändern verfasst wurden. Und das ist der Staatsanwaltschaft seit fast drei Jahrzehnten bekannt.«

Der Staatsanwalt verlagert sein Gewicht, der Vorsitzende richtet sich erneut an die Zeugin. »Heißt das, die Spur wurde möglicherweise gar nicht während eines Kampfes übertragen?«

»Wie ich sagte: Ich weiß nicht, was damals geschehen ist, ich wurde nur beauftragt, die Spuren zu untersuchen.«

»Spurenübertragung! Das haben wir von Anfang an gesagt!«

»Und das hat das Gericht auch zur Kenntnis genommen. Fahren Sie fort.«

Die Forensikerin spricht zwanzig Minuten, ohne dass jemand sie unterbricht. Sie erläutert, dass die Spur nur mit einem sehr aufwendigen Verfahren auszuwerten war. Es geht um Ergänzungen von teilzerstörten Gensequenzen, um chemische Schnitte und Ersetzungsvorgänge. Das alles erläutert sie für jeden einzelnen der drei beteiligten Fingernägel von Regina Zeisig. Als sie fertig ist mit ihrem Bericht, nickt der Richter, der, wie es aussieht, mit seiner Geduld am Ende ist.

»Ich habe verstanden, dass es äußerst schwierig war. Wie lautet das Ergebnis?«

»Die Spur auf dem Fingernagel des Ringfingers war nicht mehr auszuwerten. Die Spur auf dem Mittelfinger kann mit großer Sicherheit dem Vergleichsmaterial des Angeklagten zugeordnet werden. Für den Zeigefinger gilt das Gleiche, auch wenn da die Wahrscheinlichkeit einer Übereinstimmung deutlich geringer ist.«

»Gott!«

Es folgen ein paar Sekunden Stille, dann spricht der jüngere Verteidiger aus, was er bereits vorher gewusst zu haben schien: »Spurenübertragung. Sie hat irgendwas angefasst, das unser Mandant auch mal berührt hat. Er war ja kurz zuvor in der Wohnung, um Handwerksarbeiten durchzuführen. Ein einziges Wischiwaschi! Und wegen diesem Ergebnis saß unser Mandant zehn Monate in Untersuchungshaft!«

Der Richter studiert seine Unterlagen, der Staatsanwalt blickt weit weg, ins Leere.

Vielleicht sieht er dort seine Felle schwimmen.

Die Forensikerin blättert in ihrem Bericht.

Der Richter will gerade etwas sagen, als sie ihn, diesmal mit etwas kräftigerer Stimme, unterbricht. »Darf ich bitte diesen Abschnitt durchlesen, ohne gestört zu werden? Danke.«

Ihr selbstbewusstes Auftreten veranlasst den Richter erneut, sein väterliches Lächeln aufzusetzen. Es wird von niemandem erwidert. Alle warten und sehen in Richtung einer Frau, die ihren eigenen Bericht studiert.

Endlich hebt sie den Kopf. »So ein Wischiwaschi scheint mir der Befund nicht zu sein. Da gab es schon eine Übertragung.«

»Durch den Angeklagten?«, fragt der Richter.

»Durch den Angeklagten.«

»Wie hoch ist die Wahrscheinlichkeit, dass diese Übertragung während eines Kampfs stattgefunden hat?«

»Das kann ich nicht sagen.«

»Ungefähr.«

»Da möchte ich mich nicht festlegen.«

»Aber Sie verstehen, dass dieses Gericht ein Urteil zu fällen hat.«

»Natürlich.«

»Und dass dieses Urteil in hohem Maß von Ihrer Aussage abhängt.«

»Wurde denn nicht ermittelt?«

»Es hängt in hohem Maße von Ihrer Aussage ab, glauben Sie mir. Also geben Sie uns bitte Ihre Einschätzung.«

Sie überlegt ein paar Sekunden und erklärt dann mit klarer, selbstbewusster Stimme: »Es tut mir leid, das kann ich nicht, das wäre unseriös.«

Der Staatsanwalt verliert die Geduld: »Sie werden doch zu irgendeinem Ergebnis gekommen sein!«

»Das angewandte Verfahren habe ich erläutert, mein Bericht liegt dem Gericht vor. Mehr kann ich nicht sagen. Ich bin Wissenschaftlerin, ich stelle keine Vermutungen an.«

Manz weiß, was das bedeutet. Ihm ist auch klar, in was für einer Zwickmühle die Forensikerin steckt. Das Ergebnis weist in Richtung Milán Rabach, jedoch nicht mit ausreichender Eindeutigkeit. *Und Angeklagte werden in Deutschland nicht verurteilt, nur weil etwas wahrscheinlich ist.*

Die Zeugin wird nicht vereidigt. Die Beweisaufnahme ist abgeschlossen.

Die Schlussplädoyers nach der Mittagspause ergeben nichts Neues, das Gericht erklärt, dass das Urteil am Donnerstag verkündet wird.

Manz meint, ihm sei etwas schwindelig, als er aufsteht. Genau wie der Staatsanwalt ist er sich doch sicher gewesen, dass nun endlich alles zu dem einen oder anderen Ende käme. Nichts in die Richtung ist geschehen.

Wenn das Gericht sich bei seinen Beratungen nicht zu einem sehr waghalsigen Urteil durchringt, steht der Freispruch bereits fest.

Milán Rabach kann nichts nachgewiesen werden, wichtigen Hinweisen auf eine mögliche Tatbeteiligung der Brüder Zeisig wurde nicht mit der nötigen Gründlichkeit nachgegangen. Auch der Enkel sowie der Nachbar von Frau Zeisig wurden nicht weiter belästigt.

Manz erhebt keinen Anspruch mehr auf eigene Gedanken und Theorien. Es ist ihm egal, dass jetzt wieder die Möglichkeit besteht, dass er damals doch recht hatte und es einer der Brüder, der Enkel, der Nachbar war. Am Ende wird ein Urteil stehen, eine Entscheidung, die zu respektieren ist.

Als Manz den Gang betritt, entdeckt er Jabłoński, der geduldig auf der Bank sitzt.

Er steht auf, als er Manz sieht. »Du lächelst? War was komisch?«

»Hat nichts mit dem Prozess zu tun.«

Manz hat gelächelt, weil die Forensikerin eben an ihm vorbeiging. Mit strammen Schritten, als hätte sie es eilig. *Sehr irdisch.* Und er hatte sie doch tatsächlich einen Moment lang mit dem Orakel von Delphi verglichen.

»Wieder ein Hefe?«

Manz nickt.

»Dazu bitte den italienischen Krustenbraten mit Kräuterkartoffeln.«

»Für mich das Gleiche.«

»Zweimal Krustenbraten, und zwei Hefe.«

Manz reicht ihr die Speisekarten und fragt: »Warum wird eigentlich in einem bayrischen Restaurant italienischer Krustenbraten serviert?«

»Weil wir das in Berlin nicht mehr so eng sehen wie früher.« Sie geht Richtung Tresen.

»Und?«, fragt Jabłoński. »Was denkst du?«

»Na, ich vermute, er schmeckt wie bayrischer Krustenbraten.«

»Das meinte ich nicht.«

»Sie werden ihn freisprechen.«

»Da bist du dir sicher?«

»Weil wir es vergeigt haben. Vera und ich genauso wie unsere Nachfolger. Ich kann zu unserer Entschuldigung sagen, dass wir nicht mal zwei Wochen mit dem Vorgang zu tun hatten. Weißt du eigentlich, wo Vera damals beerdigt wurde?«

»Am Südstern.«

»Waren viele Kollegen da?«

»Ja. Rolfes hat eine sehr persönliche Rede gehalten. Fast schon zu persönlich, fand ich. Es hat sie ja kaum einer näher gekannt. Warum fragst du?«

»Das gesamte Erbe von Frau Zeisig ist spurlos verschwunden. Wer hat das? Auch das Haus muss doch verkauft worden sein. Da muss es ja Unterlagen geben. Aber daran war das Gericht nicht interessiert. Egal. Worauf trinken wir?«

»Norwegen.«

»Gute Idee.«

Jabłoński wischt sich den Mund mit dem Handrücken ab.

»Ich hatte doch neulich erwähnt, dass in den Achtzigern gegen Frau Zeisig ermittelt wurde. Ich habe mir den Vorgang noch mal angesehen. Geldwäsche. Große Beträge. Ein Franzose war damals an ihren Devisenschiebereien beteiligt.«

»Den gab es tatsächlich?«

»Solche Leute sind nicht ohne. Vielleicht hatte sie Schulden bei ihm ...«

»Noch ein Igel.«

»Wie?«

»Nichts. Milán Rabach hat Glück gehabt.«

»Glück? Ich dachte, du hältst ihn für unschuldig.«

»Ich verdächtige niemanden mehr.«

»Aber?«

»Er ist ein komischer Mensch. Hat an dem ganzen Verfahren innerlich überhaupt nicht teilgenommen. Nur ein einziges Mal hat er eine menschliche Reaktion gezeigt. Und zwar in dem Moment, als sich herausstellte, dass sich die Brosche, die damals angeblich verschwunden ist, im Besitz der Frau von Thomas Zeisig befindet. Und das schon all die Jahre. Ausgerechnet als er entlastet wurde, schien er beunruhigt.«

»Ist das dem Gericht aufgefallen?«

»Der Beisitzerin.«

»Was soll sie damit anfangen?«, fragt Jabłoński. »Bei uns wird niemand verurteilt, weil er komisch guckt.

Wahrscheinlich haben seine Verteidiger ihn dazu verdonnert, den Mund zu halten und keine Faxen zu machen.«

»Niemand wird je erfahren, wer sie getötet hat. Und das war ein wirklich brutaler Mord.«

»Du bist jetzt Richter?«

»Verstehe ich nicht.«

»Na, du hast eben das Urteil vorweggenommen.«

»Was sollen sie denn anderes tun, als ihn freizusprechen?«

Es wird bereits dunkel, und Manz weiß auch diesmal nicht wirklich, warum er tut, was er tut. Es kommt ihm vor, als wären es mehr die Beine als sein Verstand, die ihn führen. Immerhin ist es dann aber doch sein Mund, der beim Blumenhändler am U-Bahnhof Südstern nach einem Strauß Rosen verlangt.

Am Ende steht er erneut auf dem Friedhof, auf dem Regina Zeisig liegt. Manz wandert ziellos umher, liest Geburts- und Sterbedaten von Menschen, die er nicht kennt.

»Wieder auf der Suche? Aber gewiss doch, gewiss.«

Vor ihm steht der Alte, der ihn einige Tage zuvor zum Grab von Regina Zeisig geführt hat.

»Soll ich Sie wieder hinbringen, Herr Kommissar?«

Und da sagt Manz, als sei das eine Selbstverständlichkeit: »Eine Kollegin von mir liegt hier irgendwo. Sie wurde im Frühjahr 1991 beerdigt.«

»Da müssen wir natürlich erst mal das Buch konsultieren.«

Erst das Orakel von Delphi und jetzt er. Wirklich ein Spaßvogel, denkt Manz und folgt ihm.

Das Buch weiß alles, der Alte bringt ihn zum Grab.

»Das dahinten. Das, vor dem die junge Frau steht. Aber denken Sie bitte dran, dass wir in zwanzig Minuten schließen.«

»Aber gewiss doch, gewiss«, sagt Manz, geht die letzten vierzig Meter und erschrickt.

Vera.

Ja, dort steht Vera. Sie ist Mitte dreißig, und sie ist es, kein Zweifel. Die Neugier ist stärker als die Furcht. Manz nähert sich der Frau. Auf dem Stein steht, was dort zu stehen hat, die Geburts- und Sterbedaten von Vera Steinig. Und doch steht sie da und blickt aufs Grab.

Manz spricht leise, er möchte sie nicht erschrecken. »Verzeihen Sie.«

Sie sieht ihn an, sie ist es.

»Ich bin ein ehemaliger Kollege Ihrer ... Sie sind nicht ihre Tochter, oder? Vera hat nie davon gesprochen, dass sie ein Kind hatte.«

»Sie war meine Tante.«

Manz legt die Rosen ab, stellt sich neben die junge Frau.

»Ich heiße Manz, vielleicht hat Ihre Tante den Namen mal erwähnt?«

»Manz? Nein, sagt mir nichts, tut mir leid. Aber ich war damals erst sieben.«

»Natürlich.«

Sie stellt ihm keine weiteren Fragen, und er schafft es nicht, ihr noch etwas zu sagen.

Auf der Rückfahrt nach Dresden fühlt Manz sich erschöpft.

»Einen Nizza-Salat bitte und ein Bier.«

Die Bedienung geht, Manz wendet den Kopf nach rechts.

Die nächtliche Landschaft ist nicht zu sehen, dafür blickt er in sein eigenes Gesicht. Leicht unscharf, die Konturen verdoppelt. Was natürlich daran liegt, dass die Scheiben des ICE aus mehreren Schichten bestehen.

Zunächst wartet Manz, wie er meint, in Ruhe auf sein Essen und sein zweites Bier, doch dann glaubt er, sich an etwas zu erinnern, das ihn mehr und mehr irritiert.

Er hatte damals durchaus etwas empfunden. Den Wunsch nach Nähe. *Vera. Ausgerechnet!* Eine Frau, die so rational war, ja beinahe steif. *Ihr ist es vielleicht ähnlich gegangen, mit mir.* Sie hatte sich ihm vorsichtig genähert. Und er war empfänglich gewesen. *Christine war ja ständig weg.* Es war zu ersten scheinbar unabsichtlichen Berührungen gekommen. Schließlich hatte Vera ihn zu sich eingeladen. *In ihrem Wohnzimmer stand ein Sofa, und ... eine schöne Wohnung hatte sie. Am Rand des Tiergartens.*

»Ein Nizza-Salat, ein Bier.«

»Danke.«

Er lässt den Salat stehen, trinkt Bier. Sein Verstand lässt nun einiges aus. Weil er sich nicht sicher ist, was in welcher Reihenfolge geschah. *Wie hat es aufgehört?* Er hatte sie besucht wie schon einige Male zuvor. Ihr Verhältnis bestand ja wenigstens vier Wochen. *Oder sechs?* Sie hatten sich wie immer auf dem Sofa geküsst.

Dann war etwas geschehen, aber da ist er sich schon wieder unsicher. Hatte er sich irgendwie ungeschickt angestellt? Präzise, ja beinahe körperlich meint er sich an ihre Abwehr zu erinnern. Sie hatte ihn an den Oberarmen gegriffen, von sich weggedrückt und gesagt: »Lass, ich will das nicht mehr.«

Im nächsten Moment meint Manz, er habe alles verdreht und nicht sie hätte das gesagt, sondern er.

Das war die Trennung gewesen.

Muss ein paar Tage vor der Sache mit Frau Zeisig passiert sein, und sie hat sich nichts anmerken lassen. Kein Hinweis, kein Blick, nichts.

Einmal noch hatte er versucht, die unklare Begegnung auf dem Sofa zu klären. Auf dem Hermannplatz auf dem Weg zur Apotheke war das geschehen. Aber sie war, wie so oft, schon zu weit voraus gewesen. Hatte sich umgedreht und gesagt, »jetzt komm doch bitte! Komm.«

Kein Wort von ihr während unserer gesamten Ermittlungen, kein Vorwurf. Offenbar hat unsere Affäre ihr nicht viel bedeutet.

Bei der Befragung der Frau von Milán Rabach hatte er sie zum letzten Mal gesehen.

Kopfschmerzen.

Er leert sein Bier, ordert ein drittes, bereut sofort, es bestellt zu haben. Christine wird ihn in Dresden abholen. *Willst du ihr halb besoffen in die Arme fallen?*

Er trinkt dennoch weiter. Das Bier tut seine Wirkung, und es fällt ihm immer leichter, sich alles zu erklären. Denn das, was ihn seit dem Schreiben der Staatsanwaltschaft so beschäftigt hat, seine Schuldgefühle Vera und Christine gegenüber, die rühren nicht von seiner Affäre her. Nein, er hat einfach etwas Unbedeutendes aufgebauscht. Er hat gemeint, in seinem Arbeitszimmer wie ein Profi zu arbeiten und war dabei durch und durch sentimental geworden.

Ich habe doch nie an sie gedacht, all die Jahre. Geliebt? Wenn, dann nur zwei oder drei Wochen, und eine große Liebe scheint das nicht gewesen zu sein. Eher Einsamkeit, bei ihr vermutlich auch.

Wie ist es Milán Rabach gegangen? Hat auch er nicht mehr dran gedacht, all die Jahre? Ist das nicht die naheliegendste Erklärung für seine mangelnde Anteilnahme am Verfahren?

Ist vorher und nachher nie straffällig geworden. Ich auch nicht.

Das ist ja die Grundlage seiner Ehe. Ehrlichkeit. Ein einziges Mal nur, in fast fünfzig Jahren, war er unehrlich gewesen.

Kurz bevor der Zug Dresden erreicht, zahlt er und geht anschließend an den Tresen des Bordbistros. »Haben Sie vielleicht Kaugummi?«

»Ja, aber nur mit Pfefferminzgeschmack.«

»Sehr gut, ich nehme ein Päckchen.«

Er kaut zwei Streifen, wickelt die Reste sorgfältig ein und entsorgt sie, zusammen mit der angebrochenen Packung, in einen Mülleimer. Er meint, nun sei der Biergeruch gründlich beseitigt. So kann er Christine ohne Bedenken küssen, wenn er in Dresden ankommt.

Zu Hause erwartet ihn eine Überraschung. Julia ist da. Und sie ist nicht allein gekommen.

»Opa!«, ruft Emma. »Komm rauf! Mutti und ich schlafen oben, in deinem Arbeitszimmer.«

Er geht hoch. Und tatsächlich, sie haben alles umgeräumt und Matratzen ausgelegt. Seine alte Schreibtischlampe, unter der er während der Recherche gearbeitet hat, dient jetzt seiner Enkelin zur Beleuchtung ihrer Kinderbücher.

Kurze Zeit später, während Julia Emma ins Bett bringt, sitzt er mit Christine im Wohnzimmer. Er hat das Fotoalbum rausgeholt, möchte mit ihr darin blättern.

»Warum?«

»Kann ich gar nicht sagen, vielleicht weil Julia und Emma da sind.«

»Nicht jetzt«, antwortet sie hart. Manz erschrickt, wechselt sofort das Thema.

»Jabłoński hat mich zwei Mal im Gericht besucht.«

»Nenn ihn doch bitte Jan.«

»Er meinte, du hättest ihm Bescheid gegeben.«

»Ich dachte, du freust dich.«

»Du hast seine Telefonnummer?«

»Seit Ewigkeiten. Hast du denn überhaupt nie irgendwas mitgekriegt? Er hat uns so oft besucht. Schon als wir gerade nach Dresden gezogen waren.«

»Ach ja, eure Waldspaziergänge.«

»Ach ja.«

»Wie lange wird Julia bei uns wohnen?«

»Länger.«

»Aber sie wird doch ihren Mann nicht verlassen, nur

weil der von seiner Sekre … Kollegin geschwärmt hat! Das ist doch Blödsinn!«

»Meinst du?«

»Was ist denn los mit dir, heute Abend?«

»Nichts. Was sollte schon sein?«

Julia betritt das Wohnzimmer, Emma ruft von oben.

»Opa, kommst du noch, mir was vorlesen?«

So liegen sie zwei Minuten später Kopf gegen Kopf auf den Matratzen. Diesmal hat er das Buch ausgesucht.

»Hasen gehen nicht zur Schule«, erklärt Emma, kaum, dass das Buch aufgeschlagen zwischen ihnen liegt.

»Kannst du die Bilder überhaupt richtig sehen?«

Für Emma stehen sie auf dem Kopf.

»Das ist der Lehrer.«

»Das ist der Lehrer.«

»Der ist dick.«

»Weil er viel nachdenkt und dabei viel zu oft in seinem Stuhl sitzt.«

Manz beginnt zu lesen, Emma betrachtet die Bilder. Ihm ist früher schon aufgefallen, dass sie sich viel besser konzentrieren kann als seine anderen Enkel. Emma hat auch viel mehr Geduld. Manchmal, wenn er umblättern will, hält sie ihn zurück.

»Nicht, ich habe noch gar nicht alles gesehen.«

Während Emma sich in Ruhe die auf dem Kopf stehenden Bilder ansieht, betrachtet Manz ihr Gesicht. Es wirkt, so meint er zunächst, viel zu ernst für eine Sechsjährige. *Wird an ihrer Augenfarbe liegen. Hoffentlich hat sie nicht auch noch mein Kinn geerbt.*

»Ich finde, der da guckt komisch.«

»Finde ich auch.«

»Und dem wird gerade das Ohr lang gezogen. Als Strafe.«

»Dabei haben Hasen schon so lange Ohren.«

»Aber der Lehrer tut ihm doch weh!«

»So was darf man ja heute auch nicht mehr machen. Na, gucken wir mal, wie es weitergeht, das wissen wir ja noch nicht.«

»Doch«, sagt sie sachlich. »Der Fuchs will die Hasenkinder fressen. Da ist er. Und da auch. Und da. Ich finde, er sollte den Lehrer fressen. Als Strafe.«

»Na, ob das dann gerecht ist?«

»Er ist böse.«

»Finde ich nicht.«

Manz liest weiter. Irgendwann nimmt er eine Bewegung an der Tür wahr. *Wie lange steht sie da schon?* Er meint, dass Christine ruhiger wirkt und ihr Blick sanfter ist als vorhin im Wohnzimmer.

Als er am nächsten Morgen aufwacht, ist es fast zehn. Christine, Julia und Emma sind schon aus dem Haus. Im Wohnzimmer liegen zwei aufgeschlagene Zeitungen auf dem Tisch.

FEHLURTEIL!, hat die BZ ihren kurzen Bericht getitelt. Der *Tagesspiegel* schreibt ausführlicher und stellt nach einer Zusammenfassung der Fakten die Frage, ob es nicht ein Trugschluss sei, sich immer mehr auf die Ergebnisse der DNA-Analyse zu verlassen. Es bestehe dabei stets die Gefahr, dass Unschuldige für etwas angeklagt würden, das sie nie getan haben.

Manz trinkt seinen Kaffee. Was soll er tun, jetzt, wo er nichts mehr zu tun hat? Er fühlt sich in einem unausgegorenen Zwischenzustand gefangen, glaubt nicht, dass er in seine alten Gewohnheiten zurückwill.

Zwei Wochen später ist sein Adrenalinspiegel wieder ganz oben. Jetzt geht es um alles.

»Pullt!«

Sie müssen hart trainieren, wenn sie beim Wettkampf gegen die Victoria eine Chance haben wollen.

Und Manz ist nicht ganz im Takt.

»Du ziehst zu stark!«

Wolfgang gibt die Kommandos. Ein Vierer ohne Steuermann, sie müssen sich umstellen. *An mir soll es nicht liegen!*

Der Urteilsspruch in Berlin hatte ihn nicht überrascht.

»Sie sind somit ein freier Mann.«

Die Staatsanwaltschaft konnte Milán Rabach keinen Mord nachweisen, und ein möglicher Todschlag ist längst verjährt.

Am Ende der Urteilsbegründung hatte der Richter den Staatsanwalt mit deutlichen Worten abgekanzelt: »Dieser Fall hätte, bei so unklarer Beweislage, nie zur Anklage kommen dürfen.«

Und doch hat der Freispruch von Milán Rabach einen Haken. Denn nach der Verlesung der Urteilsbegründung wandte sich der Richter noch einmal ganz direkt an ihn.

»Wir haben lange beraten, und ich darf Ihnen sagen,

Herr Rabach, Ihr Freispruch war eine sehr knappe Sache. Sie verdanken ihn letztlich dem Rechtsgrundsatz, dass zugunsten des Angeklagten zu entscheiden ist, wenn auch nur der leiseste Zweifel an seiner Schuld besteht. Ich bin mir sicher, dass Sie Regina Zeisig am 14. Dezember 1990 ermordet haben. Und das war laut Gutachten des damaligen Gerichtsmediziners eine extrem grausame Tötung, die letztlich auf ein langsames Ersticken des Opfers hinauslief. Wenn ich mich irre, bitte ich um Entschuldigung, und wenn ich recht habe, müssen Sie das ab jetzt mit Ihrem Gewissen abmachen und vor Ihrer Familie verantworten. Der gesetzliche Weg ist hier zu Ende.«

Milán Rabach hatte genickt. Und wie immer hatte er es getan, *wie ein Kellner aus alter Zeit, wenn er Trinkgeld bekommt.*

So knapp war es also am Ende gewesen. Das Schicksal von Milán Rabach hatte am seidenen Faden gehangen.

Hätte sich die Forensikerin ein bisschen anders ausgedrückt, hätte sie nur ein klein wenig deutlicher ausgesprochen, was sie zu glauben schien …

Sie hatte es nicht getan. Sie hielt sich an das, was sie mit Sicherheit aussagen konnte.

Nach der Urteilsverkündung hatte sich das Gericht zurückgezogen. Durch eine Tür rechts hinter dem Richtertisch. Der Angeklagte war von seinen Söhnen umarmt worden, seine Frau hielt sich zurück, machte sogar einen Schritt nach hinten, als er auf sie zuging.

Zuletzt war der Verhandlungsraum beinahe leer.

Nur die Beisitzerin stand noch hinter dem Tisch des

Gerichts. Ihr Blick und der von Manz waren sich begegnet, und Manz hatte den Eindruck, sie sei erschöpft. Dann hatte sie plötzlich eine Bewegung mit der rechten Hand gemacht. Mit ausgestrecktem Zeigefinger. Als wolle sie Manz etwas zeigen. Sie deutete auf verschiedene imaginäre Punkte. Es ging im Zickzack hin und her und endete stets da, wo es begonnen hatte. Manz hatte genickt. Er wusste nicht, ob man ihr als Kind die Geschichte von dem Hasen und den Igeln erzählt hatte, aber sie war offenbar zu einem ähnlichen Schluss gekommen, wie er.

»Pullt!«

Es ist noch früh, über der Elbe Nebelbänke. Auf eine davon fahren sie zu. Wolfgang, der unter drei Bürgermeistern im Berliner Bausenat tätig war, Henning, der Notar, Theo, der sich beruflich für Elektroautos eingesetzt hat, Manz, der Kommissar. Jeder hätte eine Menge zu erzählen. Über seinen Beruf, der ja für sie alle ihr Leben gewesen war.

»Pullt, ihr Schlappschwänze!«

Die Frauen sind nicht dabei, für sie ist sechs Uhr zu früh. In vier Wochen werden sie dabei sein. Auch den verrückten Jabłoński wird er in Norwegen wiedersehen.

»Pullt!«

Die Ruder gehen flach übers Wasser, Manz riecht den Fluss und zieht voll durch.

Er hat seine Reise in die Vergangenheit noch nicht ganz vergessen. Doch der Vorgang ist abgeschlossen, das Urteil gesprochen. Bis jetzt, so hat ihm Jabłoński berichtet, wurde von keiner Seite Berufung eingelegt.

Während der ersten Tage nach seiner Rückkehr war es Manz vorgekommen, als hätte man ihn noch einmal in den Ruhestand geschickt. Am vierten Tag war ihm, während er gerade zusammen mit Christine den Frühstückstisch deckte, ein verrückter Einfall gekommen.

»Ich finde, jeder sollte zweimal in den Ruhestand geschickt werden. Beim ersten Mal lernt man, beim zweiten Mal weiß man dann, wie es geht.«

»Und du weißt das jetzt?«

Die nächsten Wochen brachten eine Veränderung.

Manz hatte nichts beschlossen, es war einfach passiert. Eine Lust, sich vielfältiger zu betätigen und zu zeigen, hatte ihn befallen. Er war mit Christine nach Dresden gefahren, um sich einen Anzug zu kaufen. Dafür hatte sie ihn zum Tanzen auf die Zizzeninsel begleitet.

Der wirkliche Donnerschlag allerdings ereignete sich erst vier Wochen nach seiner Rückkehr. Manz war an diesem Abend später als sonst vom Ruderklub heimgekehrt, er war auf Wegen gegangen, die er kaum kannte und hatte den Garten zuletzt durch die kleine, schwergängige Pforte betreten, die er sonst nie nahm.

Im Garten blieb er stehen, zog den Kopf leicht nach hinten und betrachtete, was er sah, wie ein Wunder. Unten wie oben flutete Licht mit einer Intensität durch die Fenster ihres Hauses, dass sich regelrechte Strahlen ergaben.

Wie ein Raumschiff …

Aber das war es nicht, etwas viel Irdischeres veranlasste ihn zu starren. Durch die großen Terrassenfenster bot sich ein Bild … Es war noch immer Hochsommer, und doch musste er plötzlich an Weihnachten denken, an die Jungfrau mit dem Kinde und an die Heiligen Drei Könige. Christine stand mitten im Wohnzimmer ganz oben auf ihrer geliebten Trittleiter und war gerade dabei, eine Glühbirne einzuschrauben.

Und da kam es ihm vor, als hätte er etwas Entscheidendes endlich erkannt. Er war sich sicher, musste sofort reagieren, etwas Bedeutsames tun.

Und so geschah es.

»Sag«, fragte er, als er übereilt das Zimmer betrat. »Wollen wir nicht gleich morgen früh in die Stadt fahren und eine Reise nach Tibet buchen?«

Zum Glück reagierte er schnell. Zum Glück verfügte er noch immer über die nötige Kraft. So konnte er sie auffangen.

Plötzlicher Schwindel? Oh Gott!

Sie sahen sich mit weit aufgerissenen Augen an, und eine zwiespältige Aufwallung durchfuhr seinen Körper. Christine beruhigte ihn, während er sie noch in seinen Armen hielt, erklärte, es sei nichts weiter, sie habe sich nur ein wenig gewundert.

Hintergrund

Die Geschichte orientiert sich lose an einem Prozess, der vor vielen Jahren stattfand. Ich habe die Verhandlung seinerzeit verfolgt, einiges notiert und zum Abschluss sogar ein Protokoll angefertigt. Ich darf sagen, ich staunte sehr, als ich dieses Protokoll Jahre später wiederfand, wunderte mich vor allem, dass ich mir damals die Zeit für eine derartige Recherche genommen hatte.

Auf teilweiser Grundlage meines alten Protokolls und in Erinnerung an die Art, wie die Zeugen sprachen – das war das Wichtigste –, habe ich nun die vorliegende Geschichte geschrieben. Sollte also etwas zu verrückt, ja beinahe ausgedacht wirken, so mag das sein, entspricht aber – was die Verhandlung angeht – faktisch weitgehend dem, was tatsächlich passiert ist.

Dass die Szenen aus dem Privatleben des damaligen Hauptermittlers Manz nicht Gegenstand der Verhandlungen waren, versteht sich. Einen solchen Hauptermittler gab es nie. Und selbstverständlich wurden vor Gericht nur Ergebnisse präsentiert, keine Ermittlungsarbeit dargestellt. Nun, ein Prozess ist kein Roman.

Matthias Wittekindt

Matthias Wittekindt, geboren 1958 in Bonn, vergisst beim Schreiben oft alles um sich herum. Das passiert ihm in seiner Berliner Stadtwohnung genauso wie im Garten seines Hauses in Schmöckwitz am Zeuthener See, wo er im Sommer gern arbeitet. Nachmittags kommt dort immer mal ein Nachbar oder jemand vom Ortsverein vorbei, sagt, dass der Grill angeworfen wurde, und fragt, ob Wittekindt nicht Lust habe vorbeizukommen. »Klar, ich schreibe das hier nur noch schnell zu Ende ...« Manchmal wird ihm dann abends noch ein übrig gebliebenes Würstchen vorbeigebracht. Der Vorteil: Er bleibt schlank. Und: Er kommt gut voran, sodass er sich immer mal ein paar Tage freinehmen kann, um etwas mit seiner Frau zu unternehmen, was nicht das Geringste mit seiner Arbeit zu tun hat. Aufgewachsen ist Matthias Wittekindt in Hamburg. Nach einem Studium der Architektur und Religionsphilosophie in Berlin und London hat er u. a. als Architekt, als Regisseur und als Theater- und Hörspielautor gearbeitet. Seit 2011 konzentriert er sich ganz auf seine von der Kritik hochgelobten Kriminalromane. 2014 erreichte Wittekindt mit seinem Roman *Marmormänner* den dritten Platz des Deutschen Krimipreises, mit *Die Tankstelle von Courcelles* gelangte er 2019 auf Platz zwei. Matthias Wittekindt hat eine erwachsene Tochter.

DER GANZE SIMENON

Die erste deutschsprachige Gesamtausgabe

DER GANZE MAIGRET

Alle 75 Maigret-Romane und 28 Maigret-Erzählungen. In neuen oder grundlegend revidierten Übersetzungen. Ausgewählte Romane mit Nachworten von Andrea Camilleri, Tim Parks, Karl-Heinz Ott, Rüdiger Safranski, Jean-Luc Bannalec und vielen anderen.

DIE GROSSEN ROMANE

Alle 117 großen Romane, einige seit Jahrzehnten endlich wieder lieferbar. Teilweise in neuen oder vollständig revidierten Übersetzungen. Mit Nachworten von Friedrich Ani, John Banville, Julian Barnes, William Boyd, Axel Hacke, Daniel Kehlmann, Martin Mosebach, Joyce Carol Oates, Hans-Ulrich Treichel und vielen anderen. Eine Kooperation der Verlage Kampa und Hoffmann und Campe.

AUSSERDEM

Zum ersten Mal alle Erzählungen, viele davon als deutsche Erstveröffentlichungen, literaturkritische Essays, Reportagen, autobiographische Schriften, Briefe und Gespräche.

>»Manche fragen mich:
Was soll ich von Simenon lesen? –
Ich antworte: Alles!«
André Gide

EIN NEUER MAIGRET
ZUM ERSTEN MAL AUF DEUTSCH

Georges Simenon
Maigret im Haus der Unruhe

Roman
Deutsch von Thomas Bodmer
Deutsche Erstausgabe
Mit einem Nachwort von Daniel Kampa

Wie Maigret zur Welt kam, davon hat Simenon selbst am
schönsten erzählt: sein Schiff, das im Hafen von Delfzijl repariert werden musste, »zwei, drei Gläschen Genever«, die
Vision eines Mannes von »mächtiger, unbeweglicher Sta-
tur«, und wenige Tage später war der erste Fall geschrieben:
Maigret und Pietr der Lette. Eine wunderbare Geschichte,
die nur einen Haken hat: Sie stimmt nicht. Denn Maigret
war schon vorher da – im *Haus der Unruhe* nämlich, das
nun zum ersten Mal auf Deutsch zu besichtigen ist …
    Es ist spät geworden, der Quai des Orfèvres ist verwaist.
Nur bei Kommissar Maigret bullert noch der Kanonenofen. Endlich findet er die Zeit, einen überfälligen Bericht
zu schreiben, da bekommt er überraschend Besuch: Eine
junge Frau bekennt sich eines Mordes für schuldig. Doch
als Maigret nach einem dringenden Telefonat in sein Büro
zurückkehrt, ist die Frau verschwunden. Maigret wird sie
wiederfinden – in einem »anständigen« Haus in einem Vor-
ort, in dem alle etwas zu verbergen haben. Und alle haben
sie Angst. Denn ein Mieter ist tot – er wurde ermordet.

»Eine Weltsensation!«
Cornelia Hüppe / RBB, Potsdam

»Maigret in früher Bestform.«
Gerrit Bartels / Tagesspiegel, Berlin

KAMPA VERLAG

Dashiell Hammett
Der Malteser Falke

Kriminalroman
Aus dem amerikanischen Englisch von pociao
Mit einem Nachwort des Autors
und einem Essay von Heiko Arntz

Der berühmteste Krimi der Welt –
endlich neu übersetzt!

Sam Spade und sein Partner Miles Archer betreiben in San
Francisco eine Privatdetektei. Alles beginnt mit einem
scheinbar harmlosen Auftrag: Die umwerfende »Miss
Wonderly« bittet die beiden Detektive darum, ihre kleine
Schwester aufzutreiben, die durchgebrannt ist mit einem
Mann. Doch schon in der nächsten Nacht gibt es zwei
Tote. Und einer davon ist Archer, mit dessen Frau Spade
eine Affäre hat. Dann erscheint ein schmächtiger Typ bei
Spade und bietet ihm 5000 Dollar für die Wiederbeschaf-
fung einer kostbaren Vogelskulptur – nur um ihn gleich
darauf mit einer Pistole zu bedrohen und sein Büro nach
dem »Malteser Falken« zu durchsuchen. Schnell wird klar:
Die beiden Fälle hängen zusammen, und Miss Wonderly
ist nicht die, für die sie sich ausgibt.

»Hammett schrieb für einen Cent pro Wort und erfand
eine ganze Literatur. Moderner kann kein Klassiker sein.«
Wiglaf Droste